인문치료총서 8

인문치료와 문학, 그리고 언어

강원대학교 인문과학연구소 (엮음)
김익진, 유강하, 유건상, 이민용, 정성미 (지음)

강원대학교 출판부

책머리에

인문학은 인간의 진정한 가치와 삶의 궁극적 의미를 탐구하는 학문, 즉 인간이 인간답게 살 수 있는 가장 기본이 되는 학문이다. 그러나 산업발달의 결과 인문학보다는 과학이나 기술 같은 실용주의 학문을 중시하게 되고, 인간성이나 삶의 질의 실현보다는 생산성을 갖춘 실용적 인간을 추구함에 따라 현대사회에서 인문학의 위상이 추락하면서 위기론이 제기되기도 한다. 그렇다면 이러한 시점에서, 그 어느 때보다 물질적 풍요와 육체적 건강을 누리는 현대인은 과거보다 확실히 행복한가? 우리는 현재 세계보건기구(WHO)가 "건강이란 단순히 질병이 없거나 허약하지 않은 것뿐만이 아니라, 신체적 · 정신적 · 사회적으로 완전히 안녕한 상태에 있는 것이다"라고 정의한 건강한 상태인가? 그렇지는 않을 것이다. 고도로 발달한 물질문명과 날로 복잡해지는 사회구조와 삶의 양식은 현대인을 정신적으로 더욱 피폐하게 만든다. 인간성의 상실, 잘못된 신념, 전도된 가치관에서 비롯된 폭력과 각종 범죄 등이 세계 도처에서 난무한다. 이러한 사회 전반적인 문제들 이외에도 개인적인 실패와 좌절, 실연, 사별 등의 여러 가지 문제들이 우리를 정신적 위기로 내몬다.

공리주의자 밀(J. S. Mill)이 "행복한 돼지보다 불행한 소크라테스가 되고 싶다"는 말로, 소설가 두진쩨프가 인간은 "빵만으론 살 수 없다"는 말로 물질적 풍요보다 정신적 풍요가 더 중요함을 강조했듯이, 인문치료학은 이러한 시대적 요구에 부응하여 탄생한 학문이다. 인문치료는 현대인들의 정신적 위기를 극복하기 위해 인간의 인간다운 가치를 탐구하고 소외된 인간성을 회복하고자 하는 인문학의 여러 분야, 즉 문학, 철학, 역사, 어학, 예술 등의 통합적 활동이다. 다시 말해 인문치료란 정서적·정신적 문제들로 고통받고 있거나 혹은 그러한 고통에 노출될 가능성이 있는 개인이나 집단에게 인문학적 방법을 활용해 자아통찰과 인식론적 변화를 유도함으로써 정서적·정신적 건강을 확보하게 하는 통합적 위기 극복과정이다.

인문치료는 인문학을 치유적으로 활용하는 것이고, 문학과 언어는 인문학의 중요한 한 부분이다. 그러므로 문학과 언어를 통해 인문치료의 중요한 한 부분을 만들어 나갈 수 있다. 이 책은 전통적으로 우리의 마음을 다스리고 마음의 고통과 상처를 어루만지는 역할을 해왔던 문학과 언어의 치유적 기능을 살려서 인문치료의 발전을 도모하려고 한 것이다. 인문치료의 이론적 기초 중에서 중요한 부분을 문학과 언어의 치유적 기능에서 찾고 이것을 개인과 사회의 여러 영역에서 적용하는 방법을 모색하고 마음을 반영하는 언어 자료를 분석해 봄으로써 인문치료를 구체화한 것이 이 책의 목적이다.

이 책은 강원대학교 인문과학연구소 인문한국(HK) 인문치료사업단의 총서 시리즈의 일환으로 인문치료사업단 소속 어문학 전공 교수들이 어문학과 관련해서 인문치료의 이론과 방법론, 임상사례

등을 연구한 것이다. 이 책은 크게 5부로 구성되어 있다. 제1부에서는 문학의 치유적 기능과 그 의미를 다루면서 문학을 중심으로 한 인문치료의 치료적 근거를 연구하고 있다. 구체적으로 살펴보면 「문학과 은유의 치유적 기능 및 활용」에서는 은유의 개념과 속성을 살펴보고 은유가 치유적으로 활용되는 방법을 고찰한다. 「프로이트의 정신분석학과 내러티브 인문치료」에서는 서사학과 내러티브의 관점에서 정신분석학을 연구하고 내러티브를 활용한 치료의 가능성을 살펴본다. 그리고 「문학텍스트에서 찾는 '과학적'이라는 말의 의미」에서는 인문한국사업의 일환인 인문치료 연구가 시작되던 시점부터 지금까지 꾸준히 제기되 온 문제 중의 하나인 인문치료의 효과를 과연 '과학적'으로 증명할 수 있는가에 대한 대답을 문학텍스트를 통해 탐색한다.

제2부에서는 문학과 인문치료의 관계를 개인적 관점에서 치유적으로 다루었다. 글쓰기와 시, 수필을 통해서 문학이 구체적으로 개인의 치유에 어떻게 활용될 수 있는지 다루고 있다. 「글쓰기를 통한 늙음의 수용과 극복」은 예이츠의 후기시에 드러나는 늙음의 수용과 치유과정을 살펴봄으로써 창의적 글쓰기가 어떻게 시인을 치유로 이끌었는지를 살펴본다. 「예이츠의 사랑시에 나타난 절망과 치유」는 예이츠의 모드 곤에 대한 사랑시에 나타난 실연의 극복 및 치유과정을 문학치료적 관점에서 고찰한다. 「박완서의 『한 말

씀만 하소서』에 나타난 애도와 치유언어의 특징」은 저자가 아들을 여읜 슬픔의 경험을 글을 쓰면서 애도와 치유의 과정을 거쳐 큰 슬픔을 딛고, 신과 화해하고, 인생에 대한 성숙한 성찰을 하게 되는 과정을 언어를 중심으로 다룬다.

제3부에서는 사회적 맥락에서 문학이 치유적으로 활용될 수 있는 가능성과 방법 등을 인문치료의 관점에서 다루고 있다. 「신화와 사회적 치유의 담론」은 사회 집단의 내면적 스토리로서 사제왕 살해 스토리를 다루는 한편, 그러한 사회적 집단 내면의 스토리에서 발현한 신화로서의 스토리를 다른 한편으로 다루면서 이 두 차원의 스토리가 상호작용을 하면서 불안을 치유하는 측면에서 영향을 주고받은 것으로 파악한다. 「'도가니 신드롬', 치유의 한 징후」는 청각장애인 특수학교와 청각장애인 생활시설에서 실제로 있었던 장애아동에 대한 성폭력 사건이 소설과 영화로 만들어지면서, 즉 문학화되면서 해결의 실마리를 찾았던 과정을 통해 문학의 사회적 치유력을 논한다. 그리고 「환상, 치유를 갈망하는 또 하나의 목소리」는 환상적인 소재와 묘사를 통해 언론의 자유가 제한된 중국의 억압적인 현실을 비판한 리루이의 소설 『人間』을 치유의 미래를 향한 저자의 노력이자 과정으로 탐색한다.

제4부에서는 문학 중심의 인문치료의 실제를 다루고 있다. 여기서는 창작과 시를 통해서 문학이 치유적으로 활용되는 구체적인 사례를 제시하고 있다. 「문학 창작을 통한 치유: 미래자서전 쓰기」

는 실제 대학 수업에서 진행되었던 사례를 소개한 것이다. 한 사람의 일생을 적는다는 의미의 자서전을 역으로 생각하여, 한 번도 겪어보지 못한 미래를 허구로 그려냄으로써 보다 건강하고 적극적이며 긍정적인 현재를 살아갈 수 있음을 밝히고자 하였다. 「시 중심의 인문치료: 중년여성의 행복 찾기」는 갱년기를 거치면서 신체적 변화와 심리적 위축감, 고립감 등에 직면한 중년여성의 문제를 시 감상 및 창작을 통한 행복감 증진에 초점을 두어 접근한 인문치료 임상사례이다.

마지막으로 제5부에서는 인문치료 활동을 통해 얻은 글을 언어적으로 분석하여, 언어학과 문학을 통합한 인문치료의 실제를 다루고 있다. 「결혼이민자의 글쓰기를 통한 치유와 언어 분석」은 '하루'라는 일상적인 삶에 대한 기록(일기)을 통해 자신을 이해하고, 주변 사람과 관계를 맺고, 한국문화, 한국을 알아갈 수 있도록 결혼이민자들 대상으로 하는 인문치료 사례 연구로 인문치료 활동 후 첫 일기와 마지막 일기의 어휘를 분석하여 여성결혼이민자들의 삶의 변화에 대한 추이를 살폈다. 「여성결혼이민자의 상실과 애도 언어」는 47편의 생활수기를 통해 그들의 부적응 사례를 파악하고, 결혼과 이민, 두 이동이 주는 상실의 문제들을 관계, 환경, 문화, 언어, 꿈의 상실로 유형화하여 살펴보았다. 잘 떠남을 통한 새로운 관계의 통로로서 언어가 갖는 의미는 여성결혼이민자들의 새로운 정체성과 연관되는 중요한 문제임을 보여주었다.

이 책의 출판으로 문학과 언어의 치유적 기능을 활용한 인문치료가 사회적으로 널리 관심을 끌고 활용되어서 개인적으로나 사회적으로 더욱 건강하고 행복한 삶이 전개되는 바탕을 다지는 계기가 될 수 있을 것이라 기대한다. 그리하여 이를 계기로 문학과 언어를 통한 인문학적 실천이 더욱 활성화될 수 있을 것이며, 인문학의 효용성과 가치를 살릴 수 있는 가능성이 더욱 많이 열릴 수 있을 것이라 기대한다.

2013년 5월

저자를 대표하여
유 건 상

| 차 례 |

Ⅲ. 문학과 사회적 치유

Ⅳ. 문학 중심 인문치료의 실제

Ⅴ. 언어 중심 인문치료의 실제

I
문학과 치유적 기능

문학과 은유의 치유적 기능 및 활용

프로이트의 정신분석학과 내러티브 인문치료

문학텍스트에서 찾는 '과학적'이라는 말의 의미

문학과 은유의 치유적 기능 및 활용

이 민 용

1. 들어가는 말

이 글의 목적은 은유의 치유적 기능과 활용을 인문치료의[1] 관점에서 살펴보려는 것이다. 요즘 은유에 대한 관심이 여러 방면에서 커지고 있다. 전에는 은유가 수사적 기교나 미적 표현을 위해 문학 속에서만 사용되는 언어 표현이라고 흔히 생각되었다. 그래서 은유를 논리적 · 언어적 · 문법적으로 예외적인 것으로 간주하여 본격적인 논의 대상에서 제외시킨 경우가 많았다. 그러나 은유는 시인의 전유물도 아니고 일탈 언어도 아니며 특수 용법만의 언어도 아니다(박영순, 2000: 108). 다음 장에서 더 언급될 은유의 개념과 범주에 관한 논의에서도 드러나겠지만, 은유는 문학에서만 쓰이는 것도 아니다. "우리의 일상 언어와[2] 사고에서 은유가 넓게 퍼져 있다."(레이코프, 존슨, 2008: 11). 은유는 우리의 생각과 의사소통 표현에서 큰 역할을 하고 있다. 그래서 이것은 광고, 언론[3] 등 문학 외의 다른 분야에서도 많이 활용되고 있고, 가장 권력적인 정치판에서도 드물지 않게 사용되고 있다. 이는 2010년 벽두부터 세종시 문제를 놓고 한나라당에서 '미생의 약속(尾生之信)'과 '증자의 돼지(曾參烹彘)' 고사성어를 동원하여 정몽준 대표와 박근혜 전 대표 사이에 주고받은, 그리고 '집안에 든 강도' 비유를 통한 이명박 대통령과 박근혜 전 대표 사이에 벌어진 논박에서도 알 수 있다.[4)]

한편 세상의 본질을 직접적으로 파악하기는 쉽지 않다. 그래서 삶에 대한 이해는 간접 매개를 통해 가능한 경우가 많다. 그리고 어떤 내용을 전달할 때 간접적으로 표현하는 것이 더 효과적인 경우도 많다. 이런 점에서 "간접표현의 대표격이라고 할 수 있는 은유"(박영순, 2000: 3)에 대한 이해는 세상과 인간에 대한 이해를 풍부하게 해줄 수 있다. 은유는 일찍이 그리스 시대 플라톤과 아리스토텔레스의 철학 및 문학 저술에서도 관심의 대상이었다. 그러나 플라톤이 『국가론』에서 이데아론을 통하여 예술과 같은 은유적인 것에 대하여 말한 것처럼, 은유는 그 동안 본질과 거리가 멀고 본질에 대한 접근을 방해하는 장식적이고 부차적인 것이라고 생각하는 경향이 많았었다. 은유가 본격적인 주목을 받기 시작한 것은 18세기 말부터라고 하는데, 요즘에는 문학뿐만 아니라, 언어학 · 철학 · 심리학 등에서도 관심을 많이 받고 있다.

이 글에서는 인문치료의 관점에서 은유의 치유적 기능과 활용에 관해 연구해보고자 한다. 치유적 은유는 외국에서 밀튼 에릭슨 Milton H. Erickson, 자크 라캉 Jacques Lacan 등의 정신의학자, 심리학자, 상담학자들에 의해 부분적으로 다루어지고 있었다. 우리나라에서도 요즘 상담 및 심리치료와 문학치료 분야에서 은유를 활용하고자 하는 프로그램이 조금씩 등장하고 있다. 그러나 여기서 은유는 대부분 치료의 부수적 수단이나 단순한 기법 정도로서만 다루어지고 있는데, 이것은 은유의 치유적 활용에 대한 이론적 기반을 충분히 다져놓지 못한 상황에서 비롯된 것이라고 할 수 있다. 국내에서 은유에 관하여 치유의 관점에서 연구된 것은 상담학 · 아동학 · 어학 전공 학자들의 연구가 조금 있을 뿐이고, 은유의 본고장이라고 생각되었던 문학계에서 다루어진 연구는 거의 없다. 은유의 치유적 활용에 관한 인문학적 연구와 인문치료적 접근이 필요한 이유가 여기에 있다.

은유는 인문학을 치유적으로 활용하는 인문치료에서 인문학의 가치와 방법을 실현하는 방향으로 유용하게 활용될 수 있다. 인문치료는 문학과 어학 · 철학 · 역사학 · 예술을 포괄하는데, 은유는 이 분야에서 모두 관심의 대상이기 때문이다. 이 글에서는 은유를 인문치료에 효과적으로 활용하는 길을 모색하기 위해, 다음 장에서 치유의 관점으로 은유의 개념과 범주 및 특성을 점검해본 다음에, 은유가 지닌 치유적 기능의 근거와 이유를 살펴보고, 마지막 장에서는 은유를 치유적으로 활용할 수 있는 구체적 방법에 관해 논의해 보겠다.

2. 치유의 관점에서 본 은유 개념의 범주

은유를 의미하는 영어 단어 'metaphor'는 그리스어 'μεταφορά'에서 왔으며, 어원상 'meta'('너머로', '위로')와 'pherein'('옮기다', '나르다'), 혹은 'phora'('옮김', '전이')의 합성어에서 비롯되어 '의미론적 전이', 즉 한 말에서 다른 말로 그 뜻을 실어 옮기는 것을 말한다(아리스토텔레스, 『시학』 1457b 5-15). 결국 이것은 'to speak about x in terms of y', 즉 x를 y의 견지에서 말하는 것이다. 그래서 예를 들면 '인생은 연극이다'라는 문장은 인생을 연극의 입장에서 말한 은유인 것이다(박영순, 2000: 34 / 김욱동, 1999: 111). "은유의 본질은 한 종류의 사물을 다른 종류의 사물의 관점에서(in terms of) 이해하고 경험하는 것이다."(레이코프, 존슨, 2008: 24). 그래서 아리스토텔레스가 언급한 것처럼 은유는 미지의 것을 우리가 잘 알고 있는 것으로 넘겨서 그것을 통해 알게 해 준다(Fuhrmann : *Aristoteles: Poetik.*, 2001: 21, 1457b).

우리가 '은유' 개념을 처음 접한 것은 학교에서 국어 수업을 받을 때였을 것이다. 그때부터 많이 알고 있는 은유는, 비유법 중의 하나로서 직유나 환유 등과 비교되는 좁은 의미의 은유 개념이다. 예컨대 대학 교양과목의 교재로 활용되었을 어떤 책에서는 자신의 사상과 감정을 다른 사람에게 효과적으로 전달하는 표현 기술이 수사법이라고 하면서, 이 "수사법에는 비유법, 변화법, 강조법의 커다란 세 영역이 있고 이것을 세분하면 60여 가지가 된다"고(김용구 외, 1996: 181) 밝히고 있다. 이 책에 따르면 수사법의 하위 분류인, 강조법에는 과장법 · 반복법 · 점층법 · 대조법 · 미화법 · 열거법 · 억양법 · 연쇄법 등이 있고, 변화법에는 대구법 · 역설법 · 반어법 · 설의법 · 도치법 · 돈호법 · 문답법 · 명령법 · 현재법 등이 포함되며, 비유법에는 직유법, 은유법, 의유법(擬喩法), 풍유법 등이 있다. 다시 말해 이 책에서 주장되는 은유는 60여 가지가 되는 수사법 중의 하나이고 구체적으로는 수사법의 세 분류 중의 하나인 비유법에 속하는 것이다.

한편 김욱동은 이런 은유를 다시 세분하기도 한다. 그는 우리말의 은유를 품사에 따라 명사 은유, 형용사 은유, 부사 은유, 동사 은유 등으로 세분한다(김욱동, 1999: 123-140). 예컨대 그는 "황금의 팔"이라는 표현을 황금처럼 '소중한 팔'이라는 의미의 명사 은유로 예를 들고 있고, "창백한 슬픔", "찬란한 고독" 등을 형용사 은유로, "아직도 내겐 슬픔이 우두커니 남아 있어요"(유행가 「동행」)와 같은 표현을 부사적 은유로, "경제를 되살리다", "패배를 맛보다"와 같은 표현을 동사 은유로 소개하고 있다. "창백한 슬픔"의 경우, 축어적 표현에서는 시각적인 색깔로 표현할 수 없는 '슬픔'이라는 감정을 여기서는 '창백하다'고 은유적으로 표현하고 있다는 것이다.

은유는 환유와도 많이 비교된다. 예컨대 역사적으로 우리가 알고 있는 사실인 "수양대군이 조카를 죽이고 왕관을 차지했다"라는 표현에서도 환유를 찾아볼 수 있다. 여기서 왕관은 왕의 자리를 의미한다. 수양대군이 단종 왕이 갖고 있던 금으로 된 왕관이 갖고 싶어서 조카를 죽였다는 뜻이 아니다. 왕은 보통 왕관을 쓰기 때문에 여기서 왕관이 왕의 자리, 왕의 신분을 나타내는 환유로 표현된 것이다. 은유가 유사성을 기반으로 만들어진다면 환유는 이처럼 인접성을 기반으로 만들어진다. 그래서 로만 야콥슨이 얘기해 유명해진 대로 은유가 계열체적·공시적 성격을 갖는다면, 환유는 결합체적·통시적 성격을 지닌다.

은유는 그리스시대부터 아리스토텔레스의 『시학』이나 『수사학』에서도 다루어지고 있었고 사회적으로도 웅변이나 변론 등에서 필요에 따라서 관심을 받고 있었다. 전통적으로 이것의 주된 영역은 문학이나 수사학이었다고 할 수 있다. 그런데 은유를 이렇게 좁은 의미로만 이해해야 하는 것은 아니다. 은유는 요즘 언어학, 철학, 아동학 등에서도 관심의 대상이 되고 있다. 여기서 다루어지는 은유는 주로 넓은 의미의 은유이다. 미국의 인지언어학자 G. 레이코프와 철학자 M. 존슨은 은유가 언어적 현상만이 아니라 언어, 사고, 사회, 뇌, 몸에 속하는 것으로서 삶의 수단이라고 주장한다(2008: 35). 그래서 은유는 개념체계이다(졸탄 쾨벡세스, 2009: 36 / 김욱동, 1999: 108). "우리가 생각하고 행동하는 관점이 되는 일상적 개념체계의 본성은 근본적으로 은유적이다"(G. 레이코프, M. 존슨, 2008: 21). 레이코프와 존슨은 이러한 은유에 대해 다음과 같이 말한다. "우리의 주장 중 가장 중요한 것은 은유가 단순한 언어의 문제, 즉 낱말들의 문제가 아니라는 것이다. 오히려 우리는 인간의 사고 과정의 대부분이 은유적이라고 주장하려고 한다. 이것이 인간의 개념체계가 은유적으로 구성되고 규정된다는 말의 의미이다. 언어적 표현으로서 은유가 가능한 것은 바로 인간의 개념체계 안에 은유가 존재하기 때문이다"(2008: 23).

철학자 폴 리쾨르 Paul Ricoeur 역시 그의 저서 『살아있는 은유 La métaphore vive』 등에서 은유의 개념을 넓게 받아들인다. 그가 다루는 은유는 아리스토텔레스가 다루었던 낱말 차원의 은유를 넘어 단어 · 문장 · 담론 세 차원의 것이다(심스, 2009: 125). 은유 개념의 폭과 깊이를 달리 생각할 수 있는 점을 이렇게 의미론적으로만 볼 수 있는 것은 아니다. 통사론적으로도 살펴볼 수 있다. 앞에서 예를 든 것처럼 은유는 낱말 차원에서 살펴볼 수도 있지만, 문장 차원의 은유를 생각할 수 있고, 문단과 문단의 연결체 차원의 은유도 생각할 수 있다. 김욱동은 이런 은유를 '확장 은유'라고 한다. "확장 은유란 여러 행이 결합하여 하나의 은유를 만들거나 작품 전체가 하나의 은유가 되는 경우를 가리킨다"(김욱동, 1999: 152). 세상의 현실을 구조적으로 유사하게 재구성하여 보여준다는 점에서 은유의 기본적인 속성, 즉 유사성과 차별성의 결합이 관철된 것이라고 할 수 있다.

치유적 관점에서 보았을 때는 넓은 의미의 은유가 활용의 효용성이 더 크다고 할 수 있다. 물론 좁은 의미의 은유가 치료에 쓸모없다는 것은 아니다. 예컨대 어린 청소년 내담자에게 "넌 거기서 가장 반짝이는 보석이야"라는 표현으로 적절한 상황에서 상담을 했을 때 일상적인 건조한 말로 대화를 하는 것보다 더 효과가 클 수도 있을 것이다. 그러나 보다 큰 치료 효과를 위해서는 은유의 개념을 넓게 상정할 필요가 있다. 그래서 좁은 의미의 은유뿐만 아니라 상징과 직유, 환유 등을 포함하는 비유법으로 확대하고, 그 범주도 단어적 표현을 넘어 개념적 은유, 문장과 담론으로 확대할 필요가 있다. 요즘 철학과 언어학에서 논의되고 있는 은유도 이러한 개념의 은유라고 할 수 있다.

치유적 관점에서 접근하는 이 글에서도 은유는 넓은 의미, 즉 비유로서의 은유를 포괄하고, 언어 은유뿐만 아니라 개념 은유, 이미지 은유까지 모두 포함하는 의미로 사용하려고 한다. 이것은 실제 치료 현장에서 자기 모습과 비슷한 인형이나, 나무, 돌멩이를 가져와서 자신에 대해 설명하도록 하고, 이에 대해 참석자들과 함께 피드백 · 쉐어링 하게 하는 장면에서도 확인할 수 있다. 그래서 이 글에서 은유를 인문치료와 함께 논의할 때는 의미론적으로는 상징과 환유 등까지 포함하여 비유 전체로까지 확장된 넓은 은유 개념을, 통사론적으로는 문장이나 담화까지도 포함하는 넓은 의미의 은유 개념을 사용하기로 한다. 은유의 치유적 활용에서는 은유를 넓은 의미의 개념으로 사용하는 것이 중요하기 때문이다. 이러한 은유의 속성으로 여러 가지 언급할 수 있는데, 이에 관해서 다음 장에서 그 기능과 함께 살펴보기로 하자.

3. 치유의 관점에서 본 은유의 속성과 기능

그러면 이러한 은유를 치유적으로 활용할 수 있는 근거는 무엇인가? 그것은 은유에는 치료에 유용한 속성이 있기 때문이다. 은유의 이런 속성으로는 유사성과 차별성, 창의성, 개방성 · 다의성 · 유연성, 간접성 · 우회성, 표현의 보편성과 개별성, 효과성 등이 있다. 특히 은유는 새로운 세계를 열어주고 미처 깨우치지 못했거나 제대로 인식하지 못한 진리를 확실하게 알게 해줄 수 있는 기능이 있다. 은유의 기본 속성으로 대표적인 것으로 두 단어나 개념들의 차별성을 잇는 유사성을 들 수 있다. 그래서 은유의 가장 중요한 두 요소는 유사성과 차별성이라고 할 수 있다. 아리스토텔레스가 은유 개념에 대해 말하면서 '은유는 한 사실(A)에서 다른 사실(B)로 어떤 낱말을 옮겨서 쓰는 것이다'(『시학』, 1457b 5-35)라고 했을 때 그 한 사실(A)과 다른 사실(B)은 일단 다르다는 것으로 전제가 되어 있다. 즉 차별성이 전제되어 있는 것이다. A, B 양자가 완전히 같으면 은유가 성립할 필요도 없고, 아주 비슷하면 은유의 참신한 효과가 거의 없기 때문이다. 그러나 어떤 낱말이 한 사실에서 다른 사실로 옮겨서 사용되려면 그 두 사실(A, B) 사이에 어떤 유사성의 다리가 있어야 건너갈 수 있다. 그래서 은유의 핵심은 서로 다른 A와 B를 연결하는 유사성이라고 할 수 있다. 아리스토텔레스가 『수사학』 제3권에서(1406b) 예로 드는 '아킬레우스는 사자다'라는 은유에서 보면 아킬레우스와 사자는 아주 다르다는 차별성이 있다. 그런데 아킬레우스는 용맹하다는 점에서 사자와 유사성이 있다. 그래서 일상 논리로는 아킬레우스가 사자일 수 없지만 은유적으로는 '아킬레우스가 사자다'라는 표현이 성립할 수 있는 것이다. 이렇게 은유는 다른 것들 사이의 유사성을 기반으로 해서 만들어진다. 은유의 효과는 차별성이 큰 두 개념을 참신한 유사성으로 연결하여 표현할 때 가장 커진다. 은유는 이처럼 유사성의 다리를 놓아 어떤 것을 다른 것에 연결시켜줌으로써 새로운 의미를 열어주어 원래의 의미를 확장시키는 역할을 한다.

넓은 개념의 은유는 진리를 좀 더 뚜렷하게, 논리적으로 전달하는 도구가 될 수 있다. 은유의 이런 성격은 일찍이 그리스 시대 아리스토텔레스도 알고 있었다. 그에 따르면 "일상어는 오직 우리가 알고 있는 것만을 전달한다. 무엇인가 새로운 것을 얻게 되는 것은 바로 은유를 통해서이다"(*Aristotle, Rhetoric*, 1952: 1406b). 은유로 연결되는 보조관념을 통해 원관념은 그 의미가 확장되고 새로운 세계로 연결된다.

앞에서 넓은 개념의 은유는 비유와 비슷한 의미로 볼 수 있다고 언급했었는데, 김욱동은 다음과 같이 말한다. "비유에 대한 태도는 크게 두 가지로 나뉜다. 단순히 글이나 말을 아름답고 화려하게 꾸미는 장식으로 보려는 태도가 그 하나요, 진리를 좀 더 뚜렷하게 그리고 논리적으로 전달하려는 도구로 보려는 태도가 다른 하나이다. 앞의 태도에 따르면 비유는 마치 소장(小腸)과 대장(大腸) 사이에 달려 있는 맹장(盲腸)과 같아서 있어도 그만 없어도 그만이다. 한편 뒤의 태도에 따르면 비유는 간장(肝腸)이나 췌장(膵臟)처럼 없어서는 안 될 아주 중요한 것이다. 처음에는 비유를 부수적인 것으로 보려는 첫 번째 입장이 훨씬 우세하였다. 지금까지 적지 않은 사람들이 비유란 진리를 전달하는 데에 방해가 되었으면 되었지 결코 도움이 되지 않는다고 생각해 왔다. 그러나 서양에서는 줄잡아 18세기 말엽부터 비유를 필수적인 것으로 보려는 두 번째 입장이 점차 설득력을 얻기 시작하였다. 최근에 이르러서는 비유를 아예 이 세계를 인식하는 데 꼭 필요한 도구로 보려는 태도가 널리 퍼져 있다."(김욱동, 1999: 82). 첫 번째 입장에 섰던 사람들은 플라톤, 공자, 존 홉스나 존 로크 같은 경험론자들이었다. "플라톤이 비유를 하찮게 여긴 것은 진실이 화려한 비유에 가려진다고 생각하였기 때문이다. 동양의 플라톤이라고 할 공자(孔子)도 '교언영색

선의인(巧言令色 鮮矣仁)'이라고 하여 그럴듯한 말로 번지르르하게 발라 맞추는 말이나 알랑거리는 낯빛을 하는 것은 어진 사람이 취하여야 할 도리가 아니라고 하였다."(김욱동, 1999: 58). 그런가 하면 두 번째 입장의 계열에 선 학자들은 아리스토텔레스를 비롯하여 프랑스의 철학자 폴 리쾨르, 스피치 행위 이론의 관점에서 이런 주장을 한 존 설 John Searle, 프랑스 해체주의를 미국에 소개하는 데에 크게 기여한 폴 드 만 Paul de Man, 미국의 인지언어학자 조지 레이코프 George Lakoff와 미국의 철학자 마크 존슨 Mark Johnson 등이다.

넓은 의미의 은유인 개념 은유를 통해서 새로운 사고가 열릴 수도 있다. 은유가 치료에 유용하게 사용될 수 있는 근거가 여기에 있다. 인문치료는 수술이나 약제가 아니라, 개인상담이나 집단상담을 통해 이루어진다. 심리적 문제에 사로잡힌 내담자에게 문제가 해결될 수 있는 새로운 길을 언어를 통해 제시해주는 것이 치료적 상담이다. 이때 내담자의 문제를 해결할 그 새로운 길은 그 문제와는 다른 것이기는 하지만 문제를 안고 있는 동일한 내담자의 내면에서 나와야 한다(Corsini & Wedding, 2008: 3). 치유는 상담가나 인문학적 치유 요소의 도움을 받는 것과 더불어, 최종적으로는 내담자가 가지고 있는, 문제에 물들지 않은 또 다른 내적 힘으로 이루어져야 한다. 이 새로운 해결책은 그 문제와 연결되어 있지만 새로운 대안을 가지고 있는 것이어야 한다. 차별성과 유사성의 변증법이라고 할 수 있는 은유의 기본 원리가 여기서도 작동될 수 있는 이유가 여기에 있다.

새로운 의미의 세계로 다리를 놓아주는 은유의 성격은 추상적인 개념을 표현하는 경우에 더욱 빛을 발한다. "추상 개념은 은유 없이는 완전하지 않다. 예를 들어 사랑은 마법, 매력, 미침, 결합, 양육 등에 대한 은유가 없이는 사랑이 아니다."(레이코프, 존슨, 2008: 414). 추상 개념인 '사랑'의 의미를 우리가 알 수 있는 길은 대부분 구체적인 은유 표현을 거침으로써 가능하다. 사랑이 엄마, 연인과 연결되는 명사적 은유로 표현되거나 포근함, 따뜻함을 표현하는 형용사적 은유로 표현되는 경우, 우리는 사랑을 쉽게 알 수 있다. 사랑을 주제로 하는 텍스트 차원의 은유적 이야기를 통해서라면 더욱 구체적으로 알 수 있을 것이다.

대표적인 추상 개념인 신을 우리가 이해할 수 있는 경우도 은유적 표현이 있기 때문에 가능하다. 기독교의 신, 이슬람교의 신, 힌두교의 신에 대해 우리가 아는 것은 그 신들에 대한 은유적인 표현을 통해서이다. 예컨대 그리스신화의 주신 제우스나 게르만신화의 주신 오딘은 제우스나 오딘에 관한 신화적 에피소드를 통해서 알 수 있을 뿐이다. 그래서 인문치료에서 사랑과 관련된 문제로 마음의 아픔을 느끼는 내담자나, 종교적인 문제로 심리적 문제를 안고 있는 내담자를 치료할 때와 같이 추상적인 문제로 고민을 안고 있는 내담자에게는 은유로써 치료적 접근을 하는 것이 좋을 것이다.

은유는 또한 무의식과 관련해서도 의미가 있다. 은유를 통해 무의식에 비교적 쉽게 접근할 수 있기 때문이다(졸탄 쾨벡세스, 2009: 27 / 김욱동, 1999: 83). 꿈이 무의식의 표현이라면 은유는 꿈과 유사하다. 꿈은 그 표현이 은유적이다. 연상, 조합, 응축 등을 특징으로 하는 꿈꾸는 과정은 은유가 만들어지는 것과 비슷하다. 은유적 표현에는 무의식이 반영된 경우가 많다. 그래서 무의식의 문제를 안고 있는 내담자를 치료하는 경우 은유를 수단으로 하여 내담자의 무의식에 접근하고, 내담자의 무의식 속 문제들을 표출시킬 수 있을 것이다. 프로이트와 그의 친구 브로이어 Josef Breuer 가 정신분석학의 기점(起點)을 이루었다고도 평가되는 책 『히스테리 연구』를 1895년에 출간했는데, 이 책의 기본을 이룬 〈안나 O.양 Fräulein Anna O. 사례 연구〉에서 우리는 은유의 이런 기능에 주목할 수 있다. 비록 친구 브로이어가 한 임상이었지만 프로이트도 처음부터 잘 알고 있었던 이 사례 연구에는 은유적 표현의 치유적 기능이 잘 나타나 있다.

> 그녀의 이야기는 언제나 슬픈 내용이었는데, 그 중에서 몇 가지 이야기는 매혹적이었으며, 한스 안데르센의 〈그림 없는 그림책〉 스타일이었다. 짐작컨대 그 책이 모델인 것 같다. 이야기의 처음이나 중요 시점에서는 으레, 불안한 마음으로 병상 옆에 앉은 소녀가 등장한다. 다른 주제로 이야기를 꾸미기도 했다. 그녀는 이야기를 끝낸 후 곧 깨어났는데, 확실히 진정된 상태, 혹은 그녀가 이름 붙이길 "편안한" 상태에 놓였다. (Breuer and Freud, *Studies on Hysteria*, Volume II(1893-1895), 1957: 29).

안나는 중병에 걸린 아버지를 불안 속에서 한밤중에 간호하다 섬망 상태에 빠져 무서운 환영을 보게 된 후 몸이 경직되고 신경이 마비되는 고통을 겪기 시작한다. 그래서 팔다리가 마비되고 평소 쓰던 독일어를 잊어버리고 영어로만 말하는 등 여러 가지 장애로 고통을 당하던 그녀는 자주 공상과 자기최면 상태에 빠져들었다.[5] 위에서 이야기의 처음이나 중요 시점에 으레 등장하는, 불안한 마음으로 병상 옆에 앉아 있는 소녀는 안나 자신의 은유적 표현이고, 그 소녀를 중심으로 한 이야기는 안나의 무의식의 은유적 표현이었다고 할 수 있다. 그녀는 이 상태에서 위와 같이 무의식적으로 은유적 이야기를 함으로써 그런 신체적 · 정신적 고통에서 벗어나 안정을 찾는 경험을 자주 하게 된다. 그녀가 그런 증상의 원인이 된 "사건에 관해서 이야기하면 증세는 영구히 사라진다. 이런 방식으로 그녀의 마비된 수축과 지각 마비, 여러 시각 장애, 청각 장애, 신경통, 기침, 손떨림, 그리고 언어 장애가 이야기함으로써 해소되었다"(Breuer and Freud, 53). 여기서 그녀가 환상 속에서 안데르센 동화 스타일의 이야기들을 함으로써 치료 효과를 얻었다는 면에서 보면 이것은 '은유적 이야기 치료'라고 불러도 될 것이다. 이때 프로이트가 한 최면, 암시적 압박에 의한 회상, 자유연상은 은유적인 것이었다.

한편 무의식까지는 아니더라도 의식 속에 감추어진 욕망을 드러내게 하는 데에도 은유는 유용하다. 의식의 억압과 통제를 회피할 수 있는 우회로를 은유가 제공하기 때문이다. TV 드라마 〈겨울연가〉 제2편에 나오는 이야기 돌려짓기 놀이에서도 이를 알 수 있다. 여기서 준상과 유진은 서로 사랑하는 관계이며, 상혁은 유진을, 채린은 준상을 짝사랑하는 관계이다. 이들이 산장에 가서 이야기 돌려짓기 놀이를 한다. 이들은 영희와 철수, 민수를 주인공으로 등장시켜 이야기를 만들며 논다. 그런데 이러는 과정에서 점차 영희는 유진, 철수는 상혁, 민수는 준상으로 은유되면서 준상, 유진, 상혁, 채린은 자신들의 애정 관계를 놀이 속에서 은유적으로 표현한다. 상혁은 철수가 영희에게 하는 태도로써 유진을 언제나 다 받아들이며 사랑하는 자신의 마음을 표현한다. 한편 채린은 준상을 사이에 놓고 자신과 삼각관계에 있는 유진을 염두에 두고 '민수가 영희를 차버렸습니다'고 표현한다. 그리고 유진은 산장에 오기 전에 준상으로부터 받았다고 생각하는 배신의 상처를 이야기 속에서 "영희는 민수가 했던 말이 전부 거짓말이라는 것을 알았습니다"라고 표현하자, 준상은 다시 이야기 속에서 민수가 영희에게 하는 말로 "미안해"라고 말한다. 그런 후 이 은유적 이야기 놀이에서 용기를 얻은 준상은 놀이판에서 먼저 빠져나간 유진을 뒤따라가 '모든 게 오해였다'며 유진의 심리적 상처를 다독이며 화해를 시도한다. 이 장면과 여기에 곧이어 연결되는 장면, 즉 산속에서 길 잃은 유진을 상혁과 준상이 서로 찾으려 경쟁하다 준상이 먼저 유진을 구해준 장면은 〈겨울연가〉의 전체 구도를 결정하는 아주 중요한 장면들인데, 은유를 통해 효과적으로 표현되고 있다.

은유는 치료적 전달과 표현에서도 유리하다. 은유는 인간의 신체 경험에서 비롯된 경우가 많다(졸탄 쾨벡세스, 2009: 27). 그래서 은유적 표현은 인종·국적·언어·문화의 차이를 뛰어넘어 전달될 수 있는 보편성이 있다. 물론 다른 것들과 마찬가지로 은유도 이런 차이들 안에서 이해되어야 하는 경우도 많지만, 이런 당연함을 넘어서 은유가 이런 차이들을 뛰어넘을 수도 있다는 점은 주목할 만하다. 낯선 내담자와 상담가가 만나서 이루어지는 치료적 대화에서 은유적 표현은 서로의 낯섦과 다름을 우회하여 연결할 수 있는 길을 마련해준다. 문학치료의 장점 중의 하나가 상담가와 내담자에게 어색하고 대립적인 대면 관계에서 벗어나서 시나 이야기, 연극을 놓고 삼각구도로 같이 접하면서 그 매개를 통해 부드럽게 상담할 수 있는 기회를 준다고 할 수 있는데, 은유가 여기서 중요한 역할을 할 수 있다.

은유는 앞서 말한 대로 인간의 보편적 신체 경험에서 비롯되는 경우가 많아서, 감성적 표현에도 큰 장점과 힘을 가지고 있다. 사실 시어(詩語)에서 제일 큰 비중을 차지하고 있는 것이 은유이다. 우리가 문학작품에서 정신의 황홀감과 같은 어떤 감동을 느낄 때는, 은유적 표현에서 비롯된 경우가 많다. 현대인이 가지고 있는 마음의 문제 중에서 상당 부분은 정서적인 것들이다. 우리의 행복감과 불행감은 그래도 물질적 차원보다 정서적 차원에서 더 많이 비롯된다고 할 수 있다. 이러한 정서적 문제에 치료적으로 접근할 때 감성적 표현에 유용한 은유의 다리를 통하면 더 쉬울 것이다.

"진리를 좀 더 뚜렷하게 그리고 논리적으로 전달하려는 도구"로서의 은유에 속하는 것으로 대표적인 것으로 의인화가 있다. 홍금자(洪金子) 시인의 시 「포크레인」에서도 이것을 확인할 수 있다.

밤새
어둠을 뚫고
비만한 포크레인이
뒤뚱거리며 나온다

거대한 몸집 내세워
헐크의 괴성으로
원시의 땅을 덮는다

키 작은 마을이
아우성을 한다

우린 햇빛을 그리워한다고
만종(晩鐘)의 평화를 사랑한단다.

이 시에는 은유 중에서도 의인법이 주로 표현되어 있다. 포크레인이 사람처럼 거대한 몸집으로 비만하고 뒤뚱거리며, 헐크의 괴성을 지른다. 마을은 사람처럼 키가 작고 아우성을 친다. 마을이 우리처럼 햇빛을 그리워하고 만종의 평화를 사랑한다. 우리는 이 시에서 땅을 파는 기계로만 알고 있던 포크레인을 통해 재개발의 어두운 면을 생생하게 느끼게 된다. 재개발의 수단이 되는 포크레인이 비만한 몸짓, 어둠의 세력, 탐욕에 살이 쪄서 제대로 걷지도 못하는 몸집으로 은유적으로 표현된다. 괴물처럼 소리를 높이 지르며 햇볕 따사로운 원시의 땅을 갈아엎고 문명이라는 야만의 그늘을 드리우게 한다. 우리는 키 작은 집들을 쓸어버리고 높은 빌딩을 짓고 가난한 사람들의 삶을 그늘지게 하는 재개발의 어두운 단면을 이런 은유적 표현을 통해 또렷하게 인식하고 느끼게 된다.

김동명의 시 「내 마음은」의 한 구절을 보자. “내 마음은 호수요. 그대 저어 오오.” 여기서 ‘마음’이라는 축어적 표현이 ‘호수’라는 은유적 표현으로 나타나 있다. 호수의 성질을 마음에 연결시킨 표현이다. '내 마음은 호수'라는 표현이 명사적 은유라고 한다면 "그대 저어 오오"에서는 '그대가 나에게 오다'라는 축어적 의미가 '배를 타고 노를 저어오다'라는 동사적 은유의 표현으로 되어 있다. 이런 은유적 표현은 "내 마음은 호수처럼 고요하다"할 때의 직유와 비교된다. 이 표현에서는 내 마음이 호수와 같고, 고요하다는 면에서 같다는 점이 명시적으로 드러난다. 이런 점에서 은유는 직유보다 더 간접적이고 다양한 의미를 함축한다. "내 마음은 호수요"라는 은유적 표현에서는 내 마음이 '호수'인 이유는 내 마음이 '호수처럼 고요하다'는 면에서 그럴 수도 있지만, '호수처럼 맑다'는 면에서 그럴 수도 있고, '호수처럼 (배를 띄우고 그 배의 운행에 따라) 물결진다'는 것을 의미할 수도 있으며, 상황에 따라 "호수처럼 평화롭다 · 아름답다 · 정겹다" 등의 의미를 함축할 수도 있다. 아무튼 자연의 일부인 호수와는 전혀 다른 추상적인 '마음'이 그 어떤 유사한 관점에서 호수와 연결되어 '마음'이 구체적으로 표현되고 그 의미 영역을 넓히고 있는 것이다.

넓은 의미의 은유는 마음의 문제 때문에 고민하고 고통스러워하는 사람에게 자신의 문제를 편하게 직면해서 문제 해결에 나서게 해준다는 장점도 있다. 직면은 해석과는 다르다. 자신의 심리적 문제에 대한 직면은 그것에 대한 단순한 해석과 달리 불편과 괴로움을 동반한다. 그래서 우리는 알면서도 자신의 문제를 숨기고 회피한다. 이럴 때 자신의 문제 그 자체는 아니지만 이와 유사한 형태로 은유적으로 표현된 것을 다루면 좀 더 쉽게 자신의 문제와 직면할 수 있다. 이런 은유적 모델은 또한 실제 문제를 해결하려고 했을 때 소요되는 시간과 노력을 절약시켜주는 유익함도 있다. 그리고 그렇게 하다가 실패했을 때 안게 될 물질적 · 시간적 손해와 좌절감 같은 감정적 손실을 대폭 줄이게 된다. 다른 말로 하면 일종의 심리적 시뮬레이션을 은유를 통해 할 수 있는 것이다. 군대에서 적에 대한 '워 게임(war game)' 시뮬레이션을 통해, 실제로 군인들이 아까운 인명을 잃거나 비싼 전쟁 물자를 허비하는 일 없이, 전쟁의 진행과 승패를 점검하고 예측해 보는 것과 같다. 이것 모두 차별적인 둘을 유사성으로 연결하는, 확장된 은유의 치유적 유용성이라고 할 수 있다. 은유의 두 속성, 즉 유사성과 차별성 중에서 유사성 때문에 자신의 심리적 문제를 직면할 수 있지만, 은유의 차별성 덕분에 불편함 없이 편하게 직면할 수 있는 것이다.

넓은 의미의 은유로서, 확장된 은유는 삶의 비유로서 간접체험을 제공할 수도 있다. 소녀들이 연애소설을 많이 읽는 이유도 스스로 경험하고 싶고 언젠가는 겪게 될 사건들을 은유적 작품 속에서 간접적으로 추체험(追體驗)함으로써 사랑의 여러 문제들을 간접적으로 경험하고 그 문제들을 해결하는 심리적 훈련을 미리 해보는 것이라고 할 수 있다.

4. 은유의 치유적 활용 방법

앞 장에서 은유가 갖는 치료적 속성과 기능에 관해서 언급했다. 이를 바탕으로 이번 장에서는 은유가 치유적으로 활용되는 경우나 은유를 치유적으로 활용할 수 있는 방법에 관해 구체적으로 논의해보기로 하자. 우선 앞장에서 먼저 말했던 은유의 개척적 측면에 관해서 얘기해보자. 앞에서 우리는 은유가 다른 어떤 것과의 유사성을 찾아내어 이를 매개로 해서 그 다른 곳으로 나아가는 길을 개척해서 새로운 인식이나 깨달음, 정서를 열어주는 기능을 한다고 보았다. 이런 점을 살려서 은유를 치유적으로 활용할 수 있을 것이다. 어떤 사람이 힘든 마음의 문제에 빠져서 허우적거리고 벗어날 수 없을 때 그 상황에서 가능한 정서적 · 인지적 탈출구를 담고 있는 은유적 표현을 활용하여 그 문제를 분석하게 하고 해결책까지 암시할 수 있을 것이다. 예컨대 세계문학의 고전 『천일야화』에서 보면, 사리야르의 왕은 샤라자데의 이야기를 통해 자신의 심리적 병리 상태를 깨닫고 거기서 벗어난다. 샤라자데의 이야기는 샤리야르 왕의 상태와 관계 없어 보이지만 그 속에는 관계된 내용을 담고 있는 경우가 많았다. 아리스토텔레스의 형상질료론이나 미메시스 이론, '언어는 연습'이라고 주장하는 비트겐슈타인의 언어관의 경우와 같이 해결책을 은유적 표현 속에 담아 전달하는 것이다. 이것은 특히 은유가 지니고 있는 다의성과 간접성에 힘입은 바가 크다고 할 수 있다.

앞에서 은유는 인간의 신체 경험을 비유적으로 표현한 경우가 대부분이어서 표현에 보편성이 크다고 보았다. 이런 점에서 은유의 일종인 의인법은 치유적으로 많이 활용될 수 있을 것이다. 예컨대 치료에서 무엇보다 중요한 것은 내담자가 가지고 있는 문제, 내담자가 짓눌려 벗어나지 못하는 문제에서 내담자가 벗어나서 성찰하는 것이 중요하다. 이것은 내러티브 치료에서 문제를 외재화하는 방법에도 유용하게 활용될 수 있다. 문제를 외재화하는 데에는 의인법이 중요하다. 그 문제를 부정적인 인물로 형상화시켜 격리시키거나 공격하게 함으로써 문제를 극복하게 할 수도 있다. 한편 대화에서도 은유적 대화가 중요할 수가 있다.

신화시대에서도 의인법은 치유적으로 쓰였다고 여겨진다. 고대 게르만족은 전투의 공포와 죽음에 대한 두려움을 승리의 신이자 저승낙원의 주재자인 오딘(Odin), 혹은 보탄(Wotan) 신에 대한 믿음과 의지로써 진정시킬 수 있었다. 싸움터에서 전사들을 도와주고 용맹하게 싸우다 죽은 전사들의 영혼을 오딘의 천상 낙원 발할로 데려가는 여전사 발키리(Valkyrie, Walküre)의 의인법도 여기에 첨가된다. 한편 천둥과 번개에 대한 두려움은 천둥번개의 신 토르(Thor)에 대한 믿음을 통해 극복되는 효과도 있었다.

어린 아이의 두려움, 공포, 불안을 극복하고 심리적 안도감을 갖도록 하는 데에도 은유를 활용한 치료가 효과적일 수 있다. 혼자 자는 방에서 불안과 공포를 느끼는 아이를 그 방의 벽장 속에 괴물이 살고 있다는 은유적 상상력으로 치유하는 동화책도 있다(『벽장 속의 괴물』, 1989). 여기서는 아이가 그 괴물을 장난감 총으로 제압하여 친구로 삼고 괴물을 야단치는 상태에 이르러 공포를 극복한다는 내용으로 전개된다.

앞에서 은유는 정서적 측면에서 치유적 기능을 할 수 있고, 보편성의 속성을 통해 치유적 소통에서 유용할 수 있다고 언급했는데, 이런 측면에 은유를 구체적으로 활용하는 방법을 찾아볼 수도 있다. 은유의 일종인 의인법은 자신의 정체성을 표현하고 재정립해서 치료에 들어가는 데에도 중요하다. 그래서 자신을 역(逆)의인법으로 나무, 숲, 저금통, 새, 바람 등으로 다양하게 은유적으로 표현하게 하여 자신을 성찰하고 다른 사람들이 피드백으로 격려해주고 힘을 보태주며, 쉐어링으로 공감해주는 방식으로 자존감, 사회에 대한 따뜻한 감정 등을 회복하게 해줄 수 있다.

한편 이러한 의인법을 비롯한 은유는 직접적인 치료뿐만 아니라 진단에도 유용하다. 자신을 나무로 표현하게 하여 정체성을 파악할 수 있고, 집과 사람을 그리게 함으로써 내담자가 처해있는 상황과 정체성, 가족관계를 은유적으로 파악하는 방법이다. 미술치료에서는 이것이 'HTP(House-Tree-Person)' 진단법이라고 하여 가장 많이 활용되고 있다. 이러한 자기 정체성 표현은 미술치료에서처럼 그림으로 나타나게 할 수도 있지만, 매체를 다양하게 하여, 글이나 말, 행동 등으로 은유적으로 표현하게 할 수도 있다. 예컨대 문학에서는 이것을 STC검사(문장완성검사), TAT검사(주제통각검사)에서도 활용한다. 은유적으로 표현하게 하기 때문에 직접적으로 조사받는다는 느낌을 받지 않아 저항감을 줄일 수 있고 은유는 흥미를 유발할 수도 있기 때문에 이를 재미있게 할 수 있다.

은유는 NLP(Neurolinguistic Programming) 치료에서 자신을 둘로 나누어 나뉜 또 한편의 자아가 본래의 자아를 바라보며 평가해주고, 이해해주며, 두 자아가 서로 대화를 나누게 하는 기법에서도 확인할 수 있다. 이것은 자아라는 추상적인 개념을 은유적으로 구체화시켜 활용하는 것이라고 할 수 있다.

이러한 기법은 사이코드라마에서도 찾아볼 수 있다. 내담자가 주인공과 주인공의 상대 역할을 번갈아가며 수행하게 하는 것에서도 알 수 있다. 내담자가 자신을 객관적으로 높은 위치에서 조감하게 하기 위해 의자에 올라가서 내려다보기도 하고 역할을 바꾸어서 하게 하기도 한다. 또 이러한 은유 기법은 게슈탈트 심리치료에서도 부분적으로 활용되고 있다.

5. 은유의 가능성과 한계

지금까지 은유의 개념과 속성을 살펴보고 은유가 치유적으로 활용될 수 있는 이유를 찾아본 후, 구체적으로 은유가 치유적으로 활용되는 방법을 살펴보았다. 그런데 여기서 살펴본 것처럼 은유가 항상 긍정적으로 활용되는 것은 아니다. 아리스토텔레스는 은유를 육류에 집어넣는 조미료에 비유하였다(Sieveke: *Aristoteles, Rhetorik*, 1980: 1406a 참고). 양념이 지나치면 음식 본래의 맛을 훼손할 수 있듯이, 은유도 지나치면 본래의 효과를 그르칠 염려가 있다. 은유도 지나치지 않게 적재적소에 잘 활용해야 한다. 은유에서는 원관념보다 보조관념이 더 화려한 경우가 많은데, 이 두 관념이 잘 연결되지 않은 상태에서는 '쳐다보라는 달은 안 보고, 달을 가리키는 손가락만 보는' 경우가 될 가능성도 있기 때문이다.

은유는 긍정적인 면에 못지않게 부정적인 면도 지닌다. 새로운 인식작용을 불러일으킬 뿐만 아니라 그와는 반대로 고루하고 인습적인 생각을 더욱 굳건히 다지는 구실을 하기도 한다. 이것이 진실을 드러내기는커녕 오히려 그것을 감추고 숨겨버리는 기능을 맡기도 한다(김욱동, 1999: 77-79). 또 은유를 만들 때에는 그 두 단어의 다른 점들은 무시되고 어느 한 가지 유사성만 강조되는 측면에서 오는 한계도 있다. 예를 들어 '동철이는 곰이다'라는 은유적 표현에서 동철이와 곰의 여러 다른 점은 무시되고 '미련하다'는 유사점만 강조되어 부각될 수도 있다. 그래서 은유가 아닌 직접적이고 분명한 표현이나 개념도 필요한 곳에서는 제대로 사용될 필요가 있다.

그러나 은유는 이 글에서 밝힌 것처럼 유사성과 차별성, 유연성, 구체성, 보편성 등의 기능이 있어서 치유적으로 유용하게 활용될 수 있는 가능성이 많다. 은유의 이런 기능들을 잘 고려하여 은유를 치유적으로 활용하는 방법과 프로그램을 개발할 수 있다면 좋을 것이다.

1) 이 글에서 인문치료와 함께 사용하는 '치료' 혹은 '치유(healing)'는 의료적 의미보다는 인문학적 의미의 것으로서 상담치료나 상담적 심리치료, 문학치료, 독서치료, 음악치료, 미술치료에서 통칭되는 '치료(therapy)'의 연장선상에 있다. 인문학적 의미의 것으로서는 '치유'가 '치료'보다 적합한 개념이다. 그러나 앞에서 언급한 용어들에서 이미 '치료'라는 표현이 널리 쓰이고 있어서 이 글에서는 '치유'라는 용어를 주로 사용하되 가끔 '치료'라는 용어와 같이 쓰기도 할 것이다.
인문치료에 관해서는 이미 여러 글에서 언급해왔기 때문에 이 글에서 새롭게 많이 논의할 수는 없지만, 이 글의 이해를 위해 간단히 제시하면 다음과 같다. 인문치료는 문학, 언어, 철학, 역사, 예술, 심리학 등을 포괄하는 인문학과 그 관련 학문들을 기반으로 인간의 마음의 문제

해결이나 정신적 성장 및 마음의 행복을 위해 전개하는 이론적 · 실천적 활동이다. 이것은 구체적으로 인문학 정신과 인문학 구성 요소의 치유적 기능을 활용하여 인문학적 방법과 기법으로써 이루어진다. 이에 관한 보다 자세한 내용은 『인문치료』(강원대학교 출판부, 2009) 등을 참고.

2) 은유가 일상 언어 속에서도 사용되는 예로서는 '취업전쟁', '눈치작전', '꿈나무', '강 건너 불', '식은 죽 먹기' 등이 있다.

3) 은유는 정보를 언어로 전달하여 수익을 얻는 언론에서도 많이 활용된다. "부산시장 선거 앞치락 뒷치락 부산 혈투"(「동아일보」, 1998.6.5.) "정개개편은 시한 폭탄"(「동아일보」, 1998.4.25.) "뒤바뀐 창과 방패인 여와 야"(「뉴스피플」, 1998. 9.23.) (이상, 박영순, 2000: 97 참고). 한편 촌철살인의 글귀로 소비자의 심금을 붙잡으려 필사적인 광고계에서도 은유를 많이 쓴다. "그의 강한 심장을 느낀다."(대우자동차 르망), "맛은 도미, 부담은 꽁치"(삼성 팩시밀리), "한글과 컴퓨터는 잠들지 않습니다."(한글과 컴퓨터) (이상, 박영순, 2000: 106 참고).

4) 2010년 초 세종시 문제를 놓고 한나라당 정몽준 대표와 박근혜 전 대표 사이에 고사성어를 사용한 은유 논박이 있었다. 정 대표가 '미생의 약속(尾生之信)'을 들고 나오자, 이를 논박하던 박근혜 전 대표는 '증자의 돼지(曾參烹彘)'를 또 들고 나왔다. 얼마 후 이명박 대통령이 세종시 원안 고수를 고집하며 갈등하는 박근혜 전 대표를 빗대어 '집안에 든 강도가 들었는데 싸우기만 하는 가족'을 예로 들자, 박근혜 전대표가 '강도로 돌변한 가족'을 비유로 들며 맞받았던 일이 있었다.

5) 이 부분은 필자가 앞선 연구에서 이미 이야기의 치유적 기능 측면에서 다루었던 것을 은유의 치유적 기능 측면에서 다시 얘기하는 것이다. 이민용, 「이야기와 스토리텔링의 치유적 기능」, 『독일언어문학』(제43집), 2009.3., 231쪽 참고.

※ 이 글은 필자의 선행 연구(「인문치료의 관점에서 본 은유의 치유적 기능과 활용」, 『카프카연구』 (2010): 291-311)를 바탕으로 하여 집필된 것임.

프로이트의 정신분석학과 내러티브 인문치료

이 민 용

1. 문학과 정신분석학

문학은 치유적 기능을 자체적으로 품고 있어서 예로부터 우리의 마음속 고통을 어루만지고 위로하며, 마음의 문제를 해결하는 데에 도움을 주어왔다. 그래서 문학은 일찍이 치유나 치료에 활용되어 왔다. 지금도 문학은 문학치료와 인문치료, 예술치료, 심리치료에서 많건 적건 간에 잘 활용되고 있다. 이것은 심리치료의 근원을 마련한 정신분석학에서도 마찬가지이다. 프로이트 역시 문학 행위와 정신분석학이 어떤 연관성이 있음을 일찍이 알아채고 문학과 상상력에 관해 관심을 표명한 적이 여러 번 있었다. 그는 무의식의 세계를 자신이 처음 발견한 것이 아니라 시인과 철학자들이 먼저 발견했다고 --예컨대 자신의 70회 생일 때 그의 업적을 칭송하는 사람들에게 말하는 자리에서도-- 밝히기도 했다. 그는 또한 〈문학과 환상〉과 같은 글에서도 문학과 꿈, 환상, 무의식에 주목하고 문학이 정신분석학과 얼마나 관계가 깊은지 다루하기도 했다. 그런가 하면 '오이디푸스 콤플렉스'나 '에로스'와 '타나토스', '나르시즘' 등과 같이 정신분석학에서 중요한 개념들이 그가 문학과 신화에서 가져온 용어들이라는 것은 널리 알려진 사실이다. 프로이트는 노벨상 후보로 거론된 적도 있었는데, 이때 노벨의학상이 아니라 노벨문학상의 후보로 얘기되었다는 점이나, 〈늑대 인간〉 치료나 도라(Dora) 치료와 같은 프로이트의 사례 보고서에서 문학과의 유사성을 찾는 연구자들도 있다는 것도 문학과 정신분석학의 상관성을 간접적으로 뒷받침해주고 있다고 볼 수 있다(한자경 등, 2009).

한편 프로이트가 정신분석학과 관련해서 언급한 문학가와 문학작품도 적지 않다. 구체적으로 살펴보면 E. T. A. 호프만의 〈모래사나이 Der Sandmann〉, 빌헬름 옌젠의 〈그라디바 Gradiva〉, 하인리히 하이네의 〈여행화첩 Reisebilder〉, 세익스피어의 〈햄릿 Hamlet〉, 〈리처드 3세 Richard III〉, 〈맥베드 Macbeth〉, 소포클레스의 〈오이디푸스 왕〉, 그리고 도스토옙스키의 〈카라마조프 형제들〉, 〈시와 진실〉의 괴테 등이 있다. 이런 연장선상에서 문학 연구자들도 정신분석학을 통해서 문학을 조명하는 연구들을 많이 해왔다. 정신분석학을 통해 작가의 심리를 분석하고 그 작가에 의해 창조된 작품 속 인물의 심리적 모티프를 분석하는 등의 다양한 연구를 많이 해왔다.

한편 이처럼 정신분석학의 입장에서, 정신분석학을 통해 문학을 보는 것과는 반대로, 문학의 입장에서 문학을 통해 정신분석학을 보는 관점도 생겨나게 되었다. 그래서 문학의 입장에서 정신분석학을 설명하고 문학의 입장에서 주체적으로 정신분석학과 관계를 맺어가려는 견해들이 등장하였다. 이에 따르면 정신분석학의 주된 대상인 무의식 활동이나 이것의 반영인 꿈을 꾸는 과정이 기억과 상상력, 욕망 등에 의해 추동되어 은유, 직유, 환유, 비유, 상징 등의 방법으로 이루어진다는 점에서 문학 행위와 비슷하다고 간주된다. 그래서 꿈과 무의식을 분석하는 정신분석은 문학 행위나 문학 비평과 비슷하다고도 얘기되고 있다(박찬부, 1996: 110).

그런가 하면 이런 문학 중에서도 내러티브와 서사학의 관점에서 정신분석학에 접근할 수도 있다. 사실 프로이트는 정신분석학이 진술의 형태로서나, 설명의 구조로서 내러티브에 의존할 수밖에 없다는 사실을 정신분석학이 태동하던 시기부터 인식하고 있었다. 그는 1895년에 나온 『히스테리 연구』에서 "내가 쓰는 분석 사례 보고서들이 단편소설들과 같이 읽혀지고 엄격한 과학성을 띠지 못하고 있다는 사실에 나는 당혹스럽다"라고 고백함으로써 정신분석학의 서사적 성격을 심각하게 받아들이고 있었다(Breuer and Freud, 1893-1895: 160). 최근에는 도날드 스펜스(Donald Spence)와 로이 세퍼(Roy Schafer)와 같은 서사학적 정신분석학자들과 피터 브룩스(Peter Brooks), 박찬부와 같은 정신분석학적 문학비평가들이 등장하여서 "정신분석학과 문학, 특히 서사문학이 같은 뿌리에서 나온 두 가지 문화현상이라는" 주장들을 하게 되었다(박찬부, 1996: 110). 세퍼와 같은 서사론적 정신분석학자들은 정신분석학을 서사의 관점에서 접근하고 있고, 스펜스는 심리적 문제를 야기한 실제로 일어난 경험적 사실로서의 "역사적 진리"와 내러티브로 구성되는 심리적 문제에 대한 "서사적 진리"를 구별하면서 후자를 새롭게 강조한다.

그런데 이렇게 내러티브의 관점에서 정신분석학을 바라볼 수 있게 된 것은 "서사 또는 이야기가 우리 시대의 화두로 자리잡은"(오닐, 2004: 292) 현실의 반영이라고 할 수 있다. "인간이 하는 거의 모든 담화에서 서사가 나타난다는 점 때문에, 이론가들은 서사를 언어 다음 가는 인간적인 특징으로 삼는다"(애벗, 2010: 18). 프레데릭 제임슨이 '내러티브의 모든 정보화 과정'을 '인간 사고의 중심 기능 혹은 심급(instance)'이라고 설명한 것도(1981: 13) 이와 비슷한 맥락이다. 이러한 관점의 접근은 내러티브의 중요성을 1970년대에 이미 선구적으로 강조한 롤랑 바르트가 "내러티브는 모든 시대, 모든 장소, 모든 사회에 있다. 내러티브는 정말 인류의 역사와 함께 시작되었다."고(1975: 237) 주장하는 데에서도 그 근거를 확인할 수 있다. 그에 따르면 "세상에는 수없이 많은 내러티브가 존재한다. 지극히 많은 종류의 장르가 있고 그 하나하나가 다른 여러 매체를 가진다."(1975: 237). 그리고 "내러티브의 매체들 중에는 구술 또는 문자로 구체화된 언어, 정적인 그림, 동적인 그림, 몸짓 등이 있고 이러한 매체들의 적절한 혼합이 있다. 신화, 전설, 우화, 성화, 단편소설, 이야기 시, 역사, 비극, 추리극, 희극, 무언극, 회화(예를 들어 가르파치오가 그린 성 어슐러의 그림들), 유리화가 그려진 창, 영화, 지역 뉴스, 일상의 대화 등에 내러티브가 있다"(1975: 237). 롤랑 바르트는 이로써 내러티브의 개념이 문학 서사를 넘어서 예술 서사, 기술매체의 서사, 일상적 서사로까지 확대되어가는 현실을 선구적으로 잘 파악했다고 할 수 있다.

이렇게 인류 역사와 함께 해온 내러티브가 일상적인 서사, 개인 삶의 이야기로까지 확장되어 세상에 수없이 많이 존재한다는 사실은 정신분석에도 해당된다. '정신분석학은 그 자체로 서사학이다'라고 선언한 피터 브룩스(Peter Brooks)와 같은(1994: 76) 문학계의 정신분석비평가들의 활동도 이런 확장된 의미의 내러티브 차원에서 이루어지는 것이라고 할 수 있다. 정신분석은 내담자의 내러티브를 듣고 분석가가 그 내러티브를 분석하고 자신의 치료적 내러티브를 제공하고 이후 상호 내러티브를 주고받는 것이기 때문이다.

그런데 정신분석학이 문학과 문학비평, 특히 서사와 비슷하다는 논의는 문학과 문학비평에 새로운 연구의 모티프를 제공하고는 있었지만, 문학과 서사를 치유적으로 활용하는 데에 대한 본격적인 논의는 아직 아니었다. 이 글에서는 내러티브를 기반으로 해서 내러티브를 치유적으로 활용하는 면을 정신분석학에서 탐구하고 이를 바탕으로 내러티브의 치유적 활용에 의미 있는 성과를 이끌어 내는 방향으로 연구할 예정이다. 그리고 이러한 이야기에 관한 학문은 서사학(narratology)이어서 서사학의 관점에서 내러티브를 심층적으로 이해할 수 있고 이를 통해 정신분석학에 접근할 수 있을 것이다. 그래서 이 글에서는 프로이트의 정신분석학을 서사와 서사학으로 해석해서 내러티브 치료의[1] 이론적 근거를 다질 계획이다. 지금까지 정신분석학에 기대어 이루어진 문학연구들이 주로 있었지만 내러티브의 치유적 활용에 관한 연구는 아니었다. 서사를 치유적으로 활용하는 서사학의 관점에서 문학치료에 접근한 연구는 정운채 교수(2010: 191~206, 2011: 273~289) 등의 연구가 있지만, 정신분석학과 내러티브 치료를 직접 연결한 연구는 아니었다. 이 글에서는 프로이트의 엠마(Emma) 치료 사례를 내러티브의 관점에서 다루고 치유적 관점의 서사학에서 정신분석학을 연구하겠다. 구체적으로 치유적 서사와 정신분석학의 상관성을 밝히고, 이를 통해 내러티브 치료의 근거를 정신분석학에서 찾음으로써 내러티브와 정신분석학을 기반으로 한 문학치료와 인문치료에 조금이라도 발전의 계기를 마련하려고 한다.

2. 내러티브의 치유적 활용과 정신분석학

내러티브가 정신분석에서 활용되는 측면은 크게 두 가지로 생각해볼 수 있다. 하나는 내러티브가 직접적인 치료 효과를 낸다기보다는 분석가와 내담자 사이에서 주고받는 대화나 상담의 기본 수단으로서 활용되는 경우이다. 내러티브가 요즘 병원에서 정신의학 전공 의사들뿐만 아니라 일반 의사, 간호사들에게서도 주목받는 것은 이 때문이다. 의료진들은 환자의 고통을 줄여주고 환자를 낫게 하는 데에 수술이나 약물이 전부는 아니라는 점을 요즘 더 많이 생각하고 있다. 환자의 병을 진단할 때부터 환자가 자신의 질병에 대해 호소하는 이야기가 중요하고, 치료 도중에 환자가 받아들이고 느끼는 치료적 이야기 역시 치료에 중요한 요소라는 점을 더욱 인식하게 되었다. 그런가 하면 진료 후에도 의료진과 환자 사이에 주고받은 내러티브가 환자의 마음에서 살아서 작용하는 것이 중요하고, 앞으로 완쾌를 기대하는 환자의 마음 속 이야기 역시 아주 중요하다. 정신분석을 할 때도 이와 비슷하다. 정신분석가와 피분석가의 정신분석 활동 역시 근본적으로는 이러한 의료진과 환자의 기본 구도 속에서 내러티브를 주고받는 가운데에서 이루어진다. 정신분석은 기본적으로 내담자와 정신분석가가 치료실에서 만나 서로 이야기를 나누는 구조 속에서 이루어진다. 이때 그 이야기는 내담자의 자유연상이나 꿈을 중심으로 마련되며, 심리적 문제를 핵심 내용으로 하고, 내담자의 정신건강 회복을 목적으로 한다는 점에서 다른 경우의 이야기들과 다르다.

정신분석 현장에서 내러티브는 다면적이다. 정신분석 과정의 초기 면담에서는 내담자가 자신의 심리적 문제에 대해 서술하는 이야기가 있고, 내담자의 자유연상과 꿈에 나타난 이야기가 있다. 그리고 이를 듣고 분석가가 제기하는 진단의 이야기가 있고, 분석가가 피분석가의 내면에서 끌어내는 숨겨진 이야기 등이 있다. 정신분석의 주된 대상이 되는 이야기는 바로 내담자의 자유연상이나 꿈에 나타난 이야기들이다. 이렇게 보았을 때 정신분석은 내담자의 무의식에서 비롯된 이야기를 의식 차원의 이야기로 전환시키는 과정이라고 할 수 있다.

그런데 내러티브가 이렇게 정신분석을 비롯한 의료현장에서도 대화나 상담의 기본 바탕으로 활용될 수 있는 이유는 무엇인가? 그것은 내러티브가 지닌 기본 속성 때문이다. 이야기에는 스토리가 있어서 짜임새 있는 연결이 전제되는데, 이것이 이야기를 의미 추구, 가치 판단과 밀접하게 한다. 또 이야기에는 그 필수 구성 요소로 인물이 있어서 이야기를 하는 사람에게 정체성을 부여하는 힘이 있고 다른 사람과의 관계를 조명해주는 힘이 있다. 그리고 이야기는 사건을 필수 요소로서 담고 있다. 그래서 이야기에는 현실을 해석하고 이해하게 하는 힘이 있다. 또한 이야기에 함유되어 있는 인물과 사건 등을 통해 삶을 반영할 수 있다. 그리고 이야기를 추동하는 인물들을 통해 감정을 표현하고 전달하며 감동을 줄 수 있는 힘 등이 있다. 이야기가 지닌 이러한 힘에 의해 내러티브가 정신분석 현장에서도 기본 수단으로서 널리 활용되고 있다고 볼 수 있다.

한편 내러티브가 정신분석에서 활용되는 또 하나의 측면은 내러티브 행위 그 자체로서 직접 치료적 효과를 거두는 것이다. 프로이트는 1896년 '정신분석'이라는 용어를 정식으로 제시하기 이전에 이미 이 점을 확인하고 있었다. 그는 1895년에 요제프 브로이어와 함께 발행하여, 정신분석학의 기초를 놓았다는 평가를 받는 연구서 『히스테리 연구』의 뒷부분에 실린 글 「히스테리의 심리치료」에서, 이미 몇 년 전에 브로이어와 공동으로 발표했던, 히스테리 현상의 심리적 기제에 관한 예비적 보고서의 한 부분을 다음과 같이 다시 인용한다.

> 다음의 사실을 발견하고 처음에 우리는 매우 놀랐기 때문이다. 즉, '히스테리 증상을 불러일으킨 사건에 대한 기억을 뚜렷하게 상기시키는 데에 성공하고, 또 거기에 얽혀 있는 감정들을 다시 불러일으키는 데 성공하면, 그리고 환자가 그 사건에 대하여 가능한 한 자세히

서술하고 그 감정을 말로 표현하게 되면, 개별적인 히스테리 증상은 각각 곧 소멸되고 두 번 다시 일어나지 않는다'는 것이다.[2)]

내러티브는 서사이며, '서사(敍事)'는 '사건을 서술한다'는 뜻이다. 위의 인용문에서 필자가 밑줄을 그어 강조한 부분, 즉 "그 사건에 대하여 가능한 한 자세히 서술하고 그 감정을 말로 표현"한다는 것은 바로 사건을 서술하는 서사(敍事), 즉 이야기를 말하는 것이다. 여기서 프로이트는 내러티브로써 히스테리가 치료될 수 있음을 밝히고 있다. 우리는 이야기의 치유적 효능을 직접적으로 활용하는 내러티브 치료가 그 치유적 근거를 정신분석학에 둘 수도 있음을 이 글에서 알 수 있다.

그런데 위의 인용문에서 프로이트가 밝힌 바에 따르면 이렇게 내러티브를 통해 치료적 효과를 얻는 방법은 두 가지가 있다. 하나는 심리적 증상을 "불러일으킨 사건에 대한 기억을 뚜렷하게 상기시키는 데에 성공하고" "그 사건에 대하여 가능한 한 자세히 서술"하는 방법이 있고, 또 하나는 "거기에 얽혀 있는 감정들을 다시 불러일으키는 데 성공"하고 "그 감정을 말로 표현하게" 하는 방법이다. 이것은 내러티브를 활용한 인지적 이야기 치료와 정서적 이야기 치료, 2가지라고 할 수 있다. 이러한 이야기 치료의 두 가지 길은 프로이트의 다음 언급에서 더욱 구체화 된다.

우리의 치료법은 처음에 그 사건이 일어났을 때 소산되지 않은 관념의 작용력을 제거해 준다. 질식되어 있던 감정이 언어를 통해 표출되도록 함으로써, 그리고 그 관념을 정상 의식 상태(가벼운 최면)로 끌

> 어들여 연상에 의해 수정할 수 있게 함으로써, 아니면 치료자의 암시를 통해 관념을 제거함으로써(건망증을 수반한 몽유 상태라 해도) 그것이 가능한 것이다. (*Studies on Hysteria*, 1957: 255).

여기서도 내러티브 치료의 두 가지 길이 제시되고 있다. "질식되어 있던 감정이 언어를 통해 표출되도록 함으로써" 처음에 심리적 문제를 야기한 "그 사건이 일어났을 때 소산되지 않은 관념의 작용력을 제거해" 주는 정서적 내러티브 치료 하나와, "그 관념을 정상 의식 상태(가벼운 최면)로 끌어들여 연상에 의해 수정할 수 있게 함으로써, 아니면 치료자의 암시를 통해 관념을 제거함으로써" 심리적 문제를 야기한 "그 사건이 일어났을 때 소산되지 않은 관념의 작용력을 제거해" 주는 인지적 내러티브 치료의 길이 또 하나 있다. 여기서는 인지적 이야기 치료가 더욱 구체화된다. 앞선 인용문에서는 심리적 문제를 야기한 사건에 대한 기억을 단순히 뚜렷이 상기시키고 그 사건에 관한 기억을 자세히 표현하는 것이 치료에서 중요한 것이었다. 그런데 여기서는 치료자가 적극적으로 어떤 역할을 해서, 그 기억을 의식 상태로 끌어들여 연상에 의해 수정할 수 있게 하고 치료자의 암시를 통해 그 기억의 관념을 제거하도록 하고 있다.

위의 인용문에서 정서적 내러티브 치료는 흔히 널리 알려져 있는 카타르시스 치료이기도 하다. 이에 관해서는 필자가 정신분석학과 관련한 앞선 논문에서(2012. 05: 153~175) 특히 프로이트의 안나 오(Anna O.) 양 치료 케이스(case)를 중심으로 다룬 적이 있다. 그래서 이 글에서는 다음의 제3장에서 인지적 내러티브 치료의 관점에서 정신분석학을 연구하기로 한다. 이 작업은 우선 다음과 같이 서사학을 통해서 시작하게 될 것이다. 왜냐하면 서사학은 내러티브에 관한 체계적 학문이어서 이를 통해 정신분석학과 내러티브 치료의 핵심을 잘 이해하고 여기에 잘 활용될 수 있기 때문이다.

3. 프로이트의 엠마 치료에서 본 내러티브 치료

3.1 내러티브 치료와 서사학

필자는 앞선 연구에서(2011. 05: 281~302) 서사학의 관점에서 이야기를 활용한 치료에 접근하면서 내러티브의 층위와 서사 요소의 치유적 변용 등에 관해 연구하였다. 수사학에서 말하는 언술의 4모드(mode)는 논증(argumentation), 묘사(description), 설명(exposition, explanation), 내러티브이다. 이 중에서 내러티브가 논증, 묘사, 설명과 구별되는 것은 그 속에 인물, 사건, 모티프, 시점, 관점 등의 스토리텔링 요소들이 있기 때문이다. 한편 서사학에서는 내러티브를 여러 층위로 구분한다. 2층위로 구분하기도 하고, 3층위나 4층위로 구분하기도 한다. 이 중에서 "모든 현대 서사학 이론이 토대로 삼는 기초적인 층위 구분은 정확히 말해 스토리(story)와 담화(discourse), 두 층위로 나누는 것이다"(오닐, 2004: 35). 이것은 내용과 표현 층위의 구분이다. 스토리는 무엇이 일어났는가 하는 내용의 층위에 있고, 서사담화/디스코스는 그것을 어떻게 나타낼 것인가 하는 표현 층위에 있다. 그러나 스토리는 내러티브의 내용,

그 자체는 아니며 그것의 핵심적인 줄거리를 말한다. 스토리가 내러티브의 핵심 줄거리이라면, 담화는 스토리를 구체적으로 표현하여 내러티브로 구현시키는 것이다.

스토리의 구성요소로는 인물, 사건, 모티프, 시간, 공간 등이 있고, 디스코스의 구성요소로는 인칭, 시점, 관점, 심리적 거리감, 어투와 문체, 시간, 공간 등이 있다. 스토리가 시간의 자연적 순서에 따라 인과적으로 사건이 배열된 추상적인 줄거리라면, 디스코스는 이러한 스토리를 디스코스의 구성 요소를 통해 내러티브로 표현해내는 것이다. 그래서 정신분석은 이러한 요소들의 측면에서 고찰될 수 있다. 스토리 차원의 내담자 진술에서는 심리적 문제와 연관되는 인물 및 그 인물을 둘러싼 다른 인물들과의 관계, 문제되는 사건, 그리고 그 사건을 추동하는 모티프가 무엇인지 분석해내는 것이 중요하다. 그리고 그 인물이 활동하고 사건이 전개되는 시간과 공간의 배경도 눈여겨보아야 한다. 그런가 하면 디스코스 차원의 내담자 진술을 고려해서는 앞에서 언급한 디스코스의 구성요소들도 분석해야 한다.

앞 장에서 내러티브와 정신분석이 치유적으로 밀접한 관계에 있으며, 내러티브가 치유적으로 활용되는 내러티브 치료에는 정서적 내러티브 치료와 함께 인지적 내러티브 치료가 있다는 것을 확인했다. 서사학의 관점에서 인지적 내러티브 치료는 프로이트의 엠마(Emma) 치료에서도 잘 확인해 볼 수 있다. 이를 구체적으로 살펴보기로 하자.

3.2 스토리의 논리적 틈새와 심리적 문제의 발견

프로이트는 「과학적 심리학을 위한 프로젝트」에서 '엠마(Emma)'[3]의 가게 불안신경증 사례를 보고하였다. 그녀가 가게 불안신경증을 갖게 된 상황을 설명하는 프로이트의 내러티브는 다음과 같다.

> 엠마는 현재 혼자서는 가게에 갈 수 없는 증상에 빠져 있다. 그 이유로 그녀는 (사춘기가 시작된 지 얼마 되지 않았던) 12살이었던 그 당시의 기억을 꺼내놓았다. 그녀는 뭔가를 사러 가게에 들어갔었는데, 보조 점원 두 명이 --그 중의 한 명은 그녀가 기억할 수 있는 사람이었다-- 함께 웃고 있는 것을 보고 깜짝 놀라 도망쳐 나왔다는 것이다. 이와 연관해서 그녀는 그 두 남자들이 그녀의 옷을 보고 웃고 있었고, 그 중의 한 남자는 그녀에게 성적으로 기분 좋은 느낌을 주었었다고 말했다. (Sigmund Freud, *Project for a scientific psychology*. Vol. I. 1895[1966]: 353)

엠마가 프로이트에게 들려준 후속 이야기에 따르면 그녀는 위의 상황에서 갑자기 질겁해서 가게를 뛰쳐나간 후 집에 돌아가 2주 동안 앓았으며 그 후에는 손님이 없는 가게에 혼자 가지 못하는 심리적 불편 증세에 계속 시달리게 된다. 정신분석 치료는 이와 같이 심리적 문제를 안고 있는 내담자/환자의 내러티브 진술로부터 시작된다. 치료는 이러한 내러티브에서 제기된 심리적 문제를 해결하기 위한 과정이라고 할 수 있다.

그런데 위의 인용문은 엠마의 얘기를 듣고 프로이트가 진술한 내러티브이다. 이를 엠마의 내러티브로 소급해서 그 속의 스토리에 들어 있는 스토리의 구성 요소, 즉 인물(엠마, 젊은 가게 보조 점원), 시간(12살 때의 어느 날), 장소(손님 없는 가게), 사건(가게 방문, 성적으로 기분 좋은 느낌 받음, 옷을 보고 웃음, 놀라서 가게를 뛰쳐 나옴, 2주 동안 앓음, 가게 불안신경증을 갖게 됨)을 연결하여 스토리를 순서대로 나열하면 다음과 같다.

S1: 엠마는 전에 어떤 한 가게의 남자 판매원에게서 성적으로 끌리는 느낌을 받았었다.
S2: 엠마가 혼자 그 가게에 갔다.
S3: 엠마가 손님 없는 가게에서 그 남자 판매원와 또 다른 판매원을 만났다.
S4: 남자 판매원들이 엠마의 옷을 보며 웃었다.
S5: 엠마가 질겁해서 가게를 뛰쳐나왔다.
S6: 엠마가 집에 와서 2주일 동안 심하게 앓아누웠다.
S7: 엠마는 혼자서는 손님 없는 가게에 가지 못하는 불편 증상에 시달린다.

그런데 여기서 스토리들이 논리적으로 연결되지 않는다. 프로이트도 이를 알아챘다(353). 그의 말을 스토리 연결의 측면에서 정리하면 다음과 같다. 엠마의 이런 가게 경험과 가게 공포증 이야기에는 논리적 일관성이 없다. 위의 스토리 중에서 가게의 남자 점원이 엠마의 옷을 보고 웃은 것과 그녀가 깜짝 놀라 가게를 뛰쳐나간 것(S4에서 S5로의 연결), 그리고 그 남자에게서 그녀가 성적으로 좋은 느낌을 받은 사실이 제시되어 있지만 서로 연관성이 드러나 보이지 않는다. 엠마가 나이에 비해 성숙하게 옷을 입고 다니긴 했지만 웃음거리가 될 정도는 아니었다(S4). 그랬으면 그녀가 그렇게 옷을 입고 다닌 것이 그때 처음이 아니었기 때문에 그 사이에 이미 알아차리고 옷차림을 고쳤을 것이다. 그리고 옷차림이 웃음거리가 된다고 해도, 그것이 그녀가 그 후 2 주일 동안 앓았고 가게에 혼자 가는 것에 공포를 느끼게 된 증상을 설명해주지도 못한다(S4에서 S6 · S7로의 연결). 또한 이런 것들과 그 보조 점원 남자가 성적으로 엠마에게 좋은 느낌을 주었다는 것도 연관성이 없어 보였다.(S1에서 S5 · S6 · S7로의 연결). 이처럼 정신분석학적으로 보았을 때 환자는 자신의 심리적 문제를 설명해줄 수 있는 내면의 스토리가 단절적이다. 프로이트도 다음과 같이 이것을 잘 알고 있었다. "환자들이 그들의 생활사가 그들의 병력과 일치하는 한 그것을 제대로 질서정연하게 진술할 능력을 결여하고 있다는 사실은 노이로제의 특징일 뿐만 아니라 이론적으로도 중요한 의미를 지닌다 하겠다."(Freud, Vol. VII, : 17).

신경증 환자들이 상담 초기에 하는 이야기에는 병의 원인을 드러내주는 일관성 있는 논리적인 스토리가 결여되어 있다. 병에 물든 그 스토리는 오래 전에 잊힌 과거의 것이고 많은 부분은 무의식에 억압되어 있기 때문이기도 하고, 환자 스스로는 그 병의 원인을 알 수 없는 경우가 많기 때문이다. 이런 면에서 보면 자신의 문제를 설명해주는 일관된 스토리를 갖고 있지 못하다는 사실이 바로 환자임을 입증해주는 것이다. 이것을 발견해서 제시해주는 사람이 바로 치료자이다. 우리는 정신적으로 정상이지 않은 어떤 사람을 구별할 때 그 사람의 외모나 신체가 아니라 그가 하는 말을 통해서 금세 알 수 있다. 그 말 속에 있는 논리에 맞지 않는 내러티브, 상황에 맞지 않는 스토리, 횡설수설 하는 내러티브 등에서 우리는 많은 경우 정신적으로 정상인과 비정상인을 구별하게 된다. 지금까지 심리적 문제가 있는 환자를 내러티브를 통해 구별해낼 수 있는 측면을 살펴보았다. 이제 내러티브를 통해 구체적으로 문제를 진단하고 치료하는 것에 대해 알아보자.

4. 서사학으로 본 정신분석

4.1 내러티브 요소와 정신분석학적 내러티브 진단

앞에서 환자의 내러티브에서 발견되는 논리적 단절에서 환자에게 문제가 있다는 것을 확인했다. 그러면 이러한 내담자 환자의 심리적 문제의 구체적인 원인은 어떻게 밝혀낼 수 있을까? 그것은 바로 내담자의 내면에 감추어진 스토리와 무의식에 잠긴 스토리들을 드러나게 해서 내담자의 단편적이고 비논리적인 이야기를 메우고 이어주어서 논리적으로 병의 원인과 결과를 설명해주는 이야기를 구성하는 데에서부터 출발해야 할 것이다.

프로이트는 앞에서처럼 환자의 내러티브 스토리들에 틈새들이 있다는 것을 발견하고는 엠마에게 몇 달 동안 자유연상 작업을 시켜서 의미 있는 또 다른 기억을 끄집어냈었다. 그녀가 위의 사건이 벌어질 때는 전혀 기억하고 있지 않았다고 하면서 - 그렇다는 증거도 없지만 - 생각해낸 스토리를 프로이트는 다음과 같이 내레이션한다.

> 그녀는 8살 어린이였을 때 사탕 같은 것을 사려고 구멍가게에 갔었다. 그런데 그 가게 주인이 그녀의 옷 속으로 손을 집어넣어 성기를 거칠게 만지작거렸다. 이런 일을 경험하고도 그녀는 그곳에 한 번 더 갔다. 그 다음에는 더 가지 않았다. (Vol. I.: 354)

8살 엠마의 이 스토리가 12살 엠마의 가게 공포증과 어떤 연관이 있는가? 8살 때 그녀는 가게 주인 남자에게 성추행을 당하고도 마음의 상처나 신경증이 없었다. 그런데 12살 때 그녀는 아무렇지도 않아 보이는 그 가게 사건을 겪고 심하게 앓고 나서 가게 공포증에 빠졌다. 프로이트는 엠마의 이 스토리에서 보이는 틈새를 연결해서 설득력 있는 다음과 같은 스토리로 엮는다. 엠마가 8살 때 성추행을 당했지만 아직 어려서 그것이 성추행인 줄 몰랐기 때문에 마음에 상처를 입지 않았다. 하지만 12살 때 가게에 혼자 가 있던 그녀는 성적으로 끌리는 느낌을 받았던 그 남자 판매원과 다른 남자 판매원이 자신의 옷을 보고 웃자, 무의식에 있던 8살 때 가게에서 가게주인 남자가 자신의 성기를 만지던 장면이 순간적으로 연결되었다. 그런데 이제 사춘기에 접어든 그녀에게 8살 때의 그 상황이 성추행으로 해석되었고 그래서 12살 때의 가게에서도 그런 일이 벌어질까 봐 깜짝 놀라서 뛰쳐나갔다는 것이다. 정신분석은 내담자의 스토리에서 보이는 틈새를 메우고 연결해서 일관된 논리적 내러티브를 마련하는 것이라고 할 수 있다. 그 성공 여부는 내담자의 수용 반응과 증상의 호전으로 판가름이 나게 된다.

이때 프로이트가 통합해서 추정했을, 12살 엠마가 그 순간에 가게에서 내면에 쓴 내러티브는 다음과 같을 것이다: 저 남자가 내 옷을 보고 웃는다 (S1) --〉 저 남자가 나를 성추행하려고 한다 (S2) --〉 나는 그것이 두렵다 (S3) --〉 나는 가게에 혼자다 (S4) --〉 가게가 두렵다 (S5) --〉 가게 밖으로 도망쳐야겠다 (S6). 이런 내러티브의 연결은 무의식과 연결되어 순간적으로 이루어진다. 원래 정신에서 이루어지는 일은 순간적으로 이루어지지만 특히 일부는 무의식에 잠재되어 있던 것과 연결되기 때문이다. 여기서 S1의 가게점원 남자의 웃음은 엠마의 8살 에피소드와 12살 에피소드에 비슷하게 있는 것이지만 S2의 성추행 사건은 12살의 에피소드에는 없고 8살의 에피소드에만 있던 것이다. 그런데 이렇게 엠마의 서로 다른 시기의 스토리들이 연결될 수 있는 것은 무엇 때문인가? 그것은 두 에피소드의 스토리 요소들이 서로 비슷했기 때문이다. 8살 때 가게 장면에서 가게 주인이 엠마의 옷 속으로 손을 집어넣어 그녀를 성추행할 때 씨익 웃었다는 사건의 스토리가 위의 12살 가게 체험 스토리에 잘못 들어가서 스토리 오접속을 이끈 것이다. 사실 가게 보조 점원이 엠마의 옷을 보고 웃은 것은 엠마를 성추행하려는 것이 전혀 아니었는데, 8살 때의 그 스토리가 중간에 들어와 잘못 연결된 것이다. 이렇게 스토리 요소들이 잘못 연결되는 것은 심리적 문제를 분석하는 데에 아주 중요하다. 이렇게 잘못 연결된 데에는 두 장면의 스토리 요소가 너무 비슷했기 때문이다. 스토리의 핵심 요소는 인물과 사건, 모티프, 시간과 공간 등이다. 이 중에서 우선 인물의 측면에서 보면 8살 가게 장면에 등장하는 인물과 12

살 가게 장면의 등장인물들이 비슷하다. 모두 가게에는 남자 판매원이 있었고 여성으로는 어린 엠마 혼자였다. 8살 때의 가게에는 중년의 남자 주인이 있었고 12살 때의 가게에는 보조 판매원의 젊은 남자 두 사람이 있었다. 또 스토리 요소 중에서 공간의 측면에서 보면 8살 가게 장면의 공간과 12살 가게 장면의 공간은 모두 손님이 없는 가게라는 점에서 비슷하다. 또한 사건으로서 성적인 사건도 비슷하다. 8살 때의 가게 주인이 엠마의 성기를 만진 사건과 12살 때 가게에서 엠마가 보조 점원 남자에게서 성적으로 기분 좋은 느낌을 받은 일이 비슷하다. 그리고 8살 때의 가게 주인이 엠마 성기를 만지면서 씨익 웃던 사건과 12살 때의 가게 판매 보조원 남자가 엠마를 보며 웃던 일이 비슷하다. 또한 스토리의 핵심 아이템(물건)에서도 비슷한 점이 있다. 엠마의 옷이 두 장면의 에피소드에서 모두 등장한다. 8살 때의 가게 주인이 엠마의 성기를 만지려고 속으로 손을 집어넣은 엠마의 옷과, 가게 보조 점원이 보고 웃은 엠마의 옷이 두 장면에 비슷하게 나타난 핵심 물건이다. 그래서 두 장면의 스토리가 순식간에 연결되었고, 이때 그 스토리들 중의 일부 요소가 서로 잘못 조합되어 앞에서 얘기한 대로 12살 가게 장면의 스토리가 쓰인 것이다.

한편 이것을 내러티브의 스토리가 아닌 내러티브 디스코스의 측면에서 해석할 수도 있다. 이렇게 두 장면의 에피소드의 스토리들이 오접속 되고 착종된 것은 우선은 이렇게 스토리의 구성 요소들이 비슷하기 때문이지만, 근원적으로는 두 장면의 에피소드의 스토리들 사이에서 디스코스가 변화되었기 때문이다. 8살 때보다 별 문제 없었던 12살 때의 장면에서 심리적 문제가 더 심각해진 것은 스토리에 대한 디스코스 방식이 달려졌기 때문이다. 엠마는 사춘기 이전 8살의 나이가 변하고 시간이 지남에 따라 12살의 사춘기 소녀가 되어 그 스토리를 새롭게 디스코스 하게 된 것이다. 8살 어린 소녀의 입장, 관점, 심리적 거리감 등이 12살 사춘기 소녀의 그 것으로 변해서 디스코스가 새로워지는 것을 프로이트는 사후 작용(Nachträglichkeit, deferred action)이라고 부른다(프로이트, 2005: 292).

무의식 속에는 스토리가 해체되어 이미지 형태로 존재한다. 〈8살 때 가게에서 가게 주인이 씩 웃으며 엠마의 옷 속으로 손을 집어넣어 성추행했다〉는 스토리도 무의식 속에서는 가게 주인, 엠마의 옷, 성추행 행위, 가게 주인의 씨익 웃는 웃음 등이 제각각 따로따로 해체되어 무의식 속에 부유하고 있었다. 그러다가 이 스토리 잠재 요소와 비슷한 스토리 요소가 있는 상황에서 은유와 환유와 같은 비유의 유사성과 연결고리에 끌려 의식으로 나와서 스토리로 재조합될 때 그 스토리 요소들이 잘못 연결된 것이다. 그래서 8살 때 가게 주인의 씩 웃는 웃음은 12살 때 보조 점원의 웃음으로 대체되고, 이때 그 가게 주인의 웃음과 결부된 성추행도 보조 점원의 것으로 연결된 것이다. 그래서 보조 점원이 엠마를 성추행하려는 것으로 스토리가 잘못 조합된 것이다. 이때 그 잘못 조합된 스토리 연결로 인해 신경증이 생겼던 것이다. 여기서는 특히 그 연결이 엠마의 리비도(성 욕동)에 의해 추동되어 이루어졌기 때문에 그 충격 에너지가 컸다고 볼 수 있다. 그래서 엠마는 손님 없는 가게에 다시는 혼자 가기 힘든 증상에 빠지게 된 것이다. 이처럼 스토리는 시기와 상황에 따라서 재조합되고 재해석된다. 프로이트의 말처럼 "기억 흔적들의 형태로 현전하는 재료들은 새로운 환경에 따라서 시시각각으로 재배열되고 다시 쓰인다."(Vol. I.: 233.). 여기서 우리가 내러티브의 구성요소와 관련해서 알 수 있는 것은 두 가지이다. 하나는 비슷한 스토리 요소들을 통해서 자유연상을 이끌 수 있어서 심리적 문제의 원인을 발굴할 수 있다는 점이고, 다른 하나는 내러티브의 구성요소를 내러티브 치료의 진단에 활용할 수 있고 스토리를 통합하여 스토리의 틈새를 연결하는 데에 활용할 수 있다는 것이다.

지금까지 살펴본 것처럼 엠마의 불안공포 신경증의 원인을 밝히는 작업은 그녀의 과거 무의식 속 기억에 있던 심리적 문제와 연관된 스토리를 찾아서 그것이 어떻게 신경증을 유발했는지 분석하는 것이었다. 그리고 이것은 상담이나 자유연상을 통해 털어놓은 그녀의 수많은 내러티브 중에서 신경증의 원인이 된 사건의 스토리를 발굴해서 신경증을 유발하게 되기까지의 경과를 설명하는 스토리를 엮어가는 과정이라고 할 수 있다. 이것은 예컨대 짤막한 한 문단 정도의 홍길동전의 스토리가 아주 긴 소설로 표현되고, 이것이 애니메이션, 영화, 뮤지컬 등으로도 표현되는 것과 같다. 신경증은 환자 내면의 심리적 스토리들이 단절되고 잘못 연결되었기 때문이고, 이것을 밝히는 정신분석은 내담자의 증상과 관련된 수많은 내러티브 중에서 심리적 문제의 원인을 밝혀줄 스토리를 찾아서 이해시키는 작업이라고 할 수 있다. 이를 치료의 관점에서 더 논의해보자.

4.2 스토리 연결과 내러티브 활용 치료

그러면 이렇게 엠마(Emma)의 경우처럼 무의식에서 비롯된 심리적 문제를 안고 있는 사람을 내러티브를 통해 치료하려면 어떻게 해야 할까? 우선 이것은 진단과 연결된 지점에서부터 시작해야 한다. 앞에서 밝힌 내러티브 분석을 통해 드러난 스토리의 오접속, 즉 내러티브에 나타난 비합리적 사고와 행동을 인식하도록 하는 것이다. 여기서는 무의식과 연관된 것들을 의식화시켜서 인식하도록 하는 것이 중요하다. 어떤 문제의 심리적 원인이 된 사건으로부터 내담자의 행동과 증상이 비합리적으로 도출되었음을 밝히고 내담자의 내러티브 속에서 어느 부분에서 어떻게 잘못되었는지 분석하고 이해시키는 작업이 필요할 것이다. 심리적 문제의 원인이 된 사건을 중심으로 한 내러티브와 그 결과로 나타난 심리적 문제의 이야기가 합리적으로 연결되지 않는 틈새를 찾아 그 틈새를 정신'분석'하고 그 틈새를 연결할 스토리를 만들어 이해시켜야 한다. 그래서 '정신분석'은 내러티브 '분석'이 전부는 아니고 반드시 내러티브 '종합'으로 나아가야 한다.

병이 생기는 것은 스토리의 단절, 서사담화(discourse)의 변질 때문이라고 생각할 수 있다. 그러므로 연결 스토리를 발굴해서 스토리를 연결하고, 잘못된 스토리 연결과 디스코스를 설명하고 이해시키는 것도 치료이다. 스토리 연결과 디스코스의 치유적 변화를 통해 치료하는 것이 중요하고 이 때 스토리텔링의 요소와 원리가 중요하다. 엠마의 경우 12살 때의 가게 경험 이야기가 그 자체에서 그녀의 가게 공포 이야기로 합리적으로 자연스럽게 연결되지 않는 부분을 설명하고 그 틈새를 설명해줄 스토리를 찾아야 한다. 프로이트는 이러한 틈새를 메워 연결해주는 이야기를 자유연상, 꿈, 농담, 실언 등에서 찾았다. 내러티브 치료에서는 이와 함께 상상을 바탕으로 내러티브를 자유롭게 풀어 펼치는 이야기 놀이, 시쓰기, 글쓰기, 문학과 연극 등을 통해서도 엠마의 방법으로 무의식에서 억압되었던 스토리를 끌어내어 틈새 스토리를 메워서 전체 스토리가 합리적으로 연결되도록 할 수 있다. 정신분석 과정을 내러티브의 과정으로 설명하면 다음과 같다. 즉 이것은 내러티브의 표현(1차 표현: 내담자의 편안한 진술, 의식차원), 내러티브의 분석, 내러티브의 틈새 발견하기, 내러티브 끌어모으기(특히 무의식이나 망각에서)(2차 표현: 자유연상, 꿈, 상상, 시쓰기), 내러티브의 종합·연결, 내러티브 설명의 순서로 이루어진다. 그리고 여기에 내러티브 만들기, 내러티브 마음 속 굳히기, 내러티브 사회적 관계 속에 고정하기 등이 또 필요하다. 앞에서 언급한 것처럼 내러티브 끌어 모으기에서 비슷한 내러티브 요소의 활용이 중요하며, 내러티브 만들기에서는 스토리텔링 요소의 치유적 변용이 중요하다. 그리고 내러티브 마음 속 굳히기에서는 스토리텔링 치료 원리의 실현이 중요하다.

5. 서사 담화와 내러티브 치료

지금까지 서사학과 내러티브의 관점에서 정신분석학을 연구하고 내러티브를 활용한 치료의 가능성을 살펴보았다. 정신분석은 기본적으로 정신분석가와 피분석자 환자 사이에서 내러티브를 통해 이루어진다. 그리고 정신분석은 이뿐만 아니라 내러티브를 통해 진단하고 치료하는 것이기도 하다. 프로이트도 자신의 치료행위가 내러티브의 성격을 지닌다고 인식하고 있었다.

내러티브에 관한 학문은 서사학이다. 그래서 서사학의 관점에서 내러티브를 잘 분석할 수 있고, 이를 통해 정신분석학에도 잘 접근할 수 있다. 이 글에서는 서사학이 탄생하기 이전에 서사학 바깥에서 이루어진 프로이트의 정신분석 활동을 서사학의 입장에서 살펴보았다. 구체적으로 프로이트의 『히스테리 연구』에서 내러티브가 치유적으로 활용될 수 있다는 프로이트의 믿음을 확인하여 내러티브 활용 치료의 근거를 정신분석학에서 확인할 수 있었다.

그리고 프로이트의 엠마 치료 사례를 통해서는 정신분석이 내러티브 치료일 수 있는 이유를 잘 확인할 수 있었다. 정신분석은 환자가 진술한 내러티브에서 스토리의 틈새를 찾아 이를 메울 새로운 내러티브를 자유연상을 통해 발굴하고 이로써 내러티브의 틈새를 연결하여 완전한 내러티브를 재구성하는 내러티브 활동임을 확인하였다. 이때 스토리의 단절과 스토리의 잘못된 서사담화, 그리고 스토리의 오접속과 착종이 심리적 문제의 원인임을 확인하였고, 이 심리적 문제의 해결은 스토리의 요소와 서사담화의 요소들을 치유적으로 활용하는 것이 중요하다는 것을 확인했다. 이 글에서는 지면의 한계로 인해서 내러티브의 두 층위 중에서 스토리의 층위에 중점을 두었고 서사담화 차원의 정신분석학 접근은 충분히 다루지 못했다. 그러나 정신분석학을 바탕으로 한 내러티브 활용 치료는 스토리와 서사담화를 모두 충분히 고려해서 이루어져야 한다. 이런 면에서 서사담화 중심의 논의가 후속 연구에서 보완될 필요가 있다.

1) 이 글에서 내러티브 치료는 내러티브를 활용한 체계적인 치료 방법으로서의 이야기치료, 스토리텔링 치료, 그리고 마이클 화이트와 데이비스 엡스톤이 주창하여 가족치료 등에서 널리 쓰이고 우리나라에서 이야기치료로 번역되어 쓰이고 있는 내러티브 테라피 (Narrative Therapy)뿐만 아니라, 이외에도 일반적으로 내러티브를 활용한 치료라는 넓은 의미로 사용하겠다.

2) Josef Breuer and Sigmund Freud, Studies on Hysteria, The Standard Edition of The Complete Psychological Works of Sigmund Freud, Translated from the German under the General Editionship of James Strachey, In Collaboration with Anna Freud, Volume II(1893-1895), London : The Hogarth Press and The Institute of Psycho-Analysis 1957, p.255. 프로이트와 브로이어가 공동으로 발행한 이 책은 정신분석학의 기점(起點)을 이루었다고도 평가된다. 여기서 연구된 히스테리 연구가 정신분석학의 토대를 닦았다고 할 수 있다.

3) 엠마 에크슈타인(Emma Eckstein, 1865-1924)이다. 프로이트의 가장 중요한 여자 환자들 중의 하나였고, 나중에는 정신분석가가 되어 프로이트의 동료가 되었다. 그녀는 27살 때 프로이트를 찾아와서 치료를 원하면서 위가 아프고 우울증 기미가 있으며, 특히 생리 기간에 더욱 심하다고 호소했다. 이로써 그녀는 프로이트가 '지연 작용', '유혹설' 등의 정신분석학 이론을 개발하도록 하는 데에 큰 기여를 하였다. 프로이트의 『꿈의 해석』의 첫 꿈 사례로 나오는 '이르마(Irma)의 주사'라는 사례의 실제 주인공이기도 하다. (김서영, 『프로이트의 환자들, 정신분석을 낳은 150가지 사례 이야기』, 프로네시스, 2010, 516~519면 참고.)

※ 이 글은 필자의 선행연구(「내러티브를 통해 본 정신분석학과 내러티브 치료 -프로이트의 엠마(Emma) 치료를 중심으로」, 『문학치료연구』 제25집(2012)를 수정보완하여 집필된 것임.

문학텍스트에서 찾는 '과학적'이라는 말의 의미

김 익 진

인문한국사업의 일환인 인문치료 연구가 시작되던 시점부터 지금까지 꾸준히 제기되는 문제 중 하나는 인문치료가 과연 그 효과를 '과학적'으로 증명할 수 있는가 하는 것이다. 여기서 '과학적'이라는 단어는 '설득력 있는' 혹은 '객관적인' 등과 같은 의미로 이해될 수 있다. 그리고 대개의 경우 이런 종류의 설득력이나 객관성은 오로지 통계와 수치에 의해서 증명될 때 그 유효성을 인정받는다. 과학적 방법론이 갖추어야할 요건으로 형식성(formality), 엄밀성(rigorousness), 검증가능성(verifiability), 보편타당성(general validity) 등이 요구되는데 이를 만족시키기 위해 가장 확실한 방법은 수치와 통계에 의존하는 일이기 때문이다. 그렇다면 인간의 마음과 정신을 그리고 윤리와 사상을 다루는 인문학에서 수치에 근거하여 얻어진 '과학적'이라는 개념이 연구결과의 진위를 가리는 적절한 기준이 될 수 있는가?

우리는 이에 대한 대답을 문학텍스트를 통해 찾아 보려한다. 과학적 혹은 객관적이라고 하는 개념이 지니는 비과학적이고 비객관적인 한계는 언제나 문학의 풍자거리였다. 17세기 프랑스 희극작가이자 인문주의자인 몰리에르는 과학, 특히 과학을 표방하는 학문 중에서도 의학의 본질과 제반 문제에 대해 많은 숙고의 기회를 제공했다. 몰리에르의 작품 중 '의사'라는 단어를 포함한 제목의 작품은 총 네 편이며 그 이외에도 30편이 넘는 전 작품에 걸쳐 의사와 의술에 대한 직간접적인 묘사나 암시들을 우리는 도처에서 발견할 수 있다. 그의 의사와 의술에 대한 문학적 풍자와 암시는 '과학적'이라는 단어의 의미를 고찰하려고 하는 우리가 그 답을 찾는데 결정적인 도움을 줄 수 있다.

몰리에르 시대는 과학의 힘과 위대함이 드러나던 시기였다. 루이 14세는 과학자들의 연구를 장려했고 이를 위한 재정적 지원을 아끼지 않았다. 그 이전과는 다른 속도로 진행된 17세기 후반부의 과학적 연구들은 사실상 그 이전의 연구들과 호환이 불가능했다. 중요한 과학적 발견들은 인식론적 변화를 불러일으킬 만큼 획기적이었고 변화된 인식론은 그 이전의 지식들을 더 이상 유효한 것으로 받아들이지 않았기 때문이다. 이 시기는 종교전쟁과 같은 내전은 물론 대외적으로도 전쟁이 끊이지 않던 시절이었지만 그럼에도 불구하고 이 당시의 과학은 "그 당시까지 해결될 가망이 거의 없었던 문제들에 대한 근원적인 몇 가지 답을 찾아내었다." 동시에 과학은 삶을 편리하게 하고 그 질을 향상시키는 학문으로 인정받기 시작했다. 그러나 이러한 긍정적인 과학의 효능은 곧 단정적이며 배타적인 아집으로 바뀌기도 했다.

당시 사회 상층부 사람들에게 과학은 일종의 유행이었다. 루이 14세 시대의 상류층들은 지식에 대한 열망, 아니 좀 더 명확하게 말한다면 지식 그 자체보다는 지식인으로 인정받기 위한 열망이 있었고 그 열망 안에서 그들은 과학과 인문학의 경계를 두지 않았다. 극작법과 철학에 대해 논쟁하다 기계적 발명에 대한 감탄을 쏟아내기도 했던 것이다. 우리에게 시인이자 비평가로 알려져 있는 부왈로(Boileau) 같은 사람도 메르센(Mersenne)의 토성의 발견과 같은 천문학적 사실과 이론들을 일반인들에게 전파하는 역할을 하기도 했다. 몰리에르의 후기작 『여학자님』 들에 나오는 필라맹트나 벨리즈 그리고 아르망드의 대사들은 코메디의 웃음을 위한 장치들만 살짝 들어내면 실제 당시의 사교계에서 진행되던 대화의 내용과 다름이 없었다. 우스꽝스러울 정도로 학문에 대한 열정이 깊고 또 지식인들에 대한 맹목적인 추앙의 태도를 취하는 필라맹트의 경우도 사실 단순한 스노비즘에 빠져 있는 것은 아니었다. 당시 사람들에게 과학은 새로운 가치를 전달해주고 새로운 세계로의 통로를 열어주는 무궁무진한 가치의 수단이었다.

과학의 다양한 분야에서 그리고 그 과학 전반에 관해 다양한 논문들이 출현한다. 그중에서도 가장 일반적으로 유행을 하던 학문 중 하나는 천문학이었다. 몰리에르의 말년 작품 『여학자님들』은 당시의 과학적 분위기가 가장 잘 묘사되어 있는 작품이다. 학문에 대한 열정과 허영이 때로는 필라맹트의 동생이자 노처녀인 벨리즈의 황당무계한 개그로, 때로는 필라맹트의 페미니즘적 권리 청원으로 표출되면서 당시의 학문적 분위기에 관한 패러디들이 다양한 스펙트럼을 통해 펼쳐진다. 천문학은 그 중심에 있다. 웬만한 부르주아의 집은 천체관측을 위한 망원경 하나쯤은 소유하고 있었다.

개인적인 차원에서의 천문관찰들이 많아졌고 금성에 위성들이 존재한다는 사실의 발견은 큰 뉴스거리였다. 천문에 대한 지식은 원거리 항해를 가능하게 만들었고 원거리 항해가 가져다주는 부와 모험은 끊임없이 크고 작은 발명과 발견들을 자극했다. 대부분의 과학적 업적들은 현재에도 유효한 발견이나 발명으로 남아있다. 특히 세기 전반부에 진행이 되었던 의학계의 발견들은 중세 내내 사장되어 있던 의학적 지식의 재발견 과정에서 고대 그리스 의학의 한계를 넘어서는 계기를 마련한 것들도 많았다. 그 대표적인 예가 윌리엄 하비의 혈액순환설이었다.

절대 왕정하에서의 절대군주들도 이전의 신정정치하의 제후들과는 달리 과학의 발전에 기여했다. 왕정은 정치와 경제 그리고 건축에서 그랬듯이 이 다양한 학문들에게도 통일성과 질서를 부여해야한다며 연구와 활동을 통제했지만 반면에 많은 재정적 지원이 이루어질 수 있었다. 그리고 그 전면에 콜베르가 있었다. 콜베르는 루이 14세 이상으로 아카데미의 후원에 적극적이었다. 루이 14세 역시 아카데미에 외국학자를 받아들이는 것을 주저하지 않았고 그 덕에 아카데미는 유럽전역의 학자들이 모이는 장소가 되었다. 아카데미가 창설되던 당시 회원 수는 20명이었는데 콜베르에 의해 연금수혜자가 되었던 이 사람들 중에는 물리학자, 엔지니어, 법학자 등 모든 분야에 걸친 전문가들이 모여 있었다.

그러나 1683년 콜베르가 죽자 아카데미의 열기는 식는다. 콜베르의 뒤를 이은 루부아(Louvois)는 철학이나 천문학 같은 기초학문에 그리 호의적이 아니었다. 군사력 증강이 가장 큰 관심사였던 그는 베르사이유의 치수문제나 무기 개발 등 실용적인 것에만 흥미를 보였다. 콜베르의 열정을 잇지 못한 그의 후임들에도 불구하고 1793년 와해되기 전까지 아카데미는 학술적 모임의 결과를 매년 출간하면서 그 위상을 이어나갔다. 그러나 이들의 관제적 연구는 학문의 진실한 발전의 기본요소인 자유와 다양성을 배제하면서 부정적인 모습을 드러내기도 했다. 비뇽(Bignon)은 한 모임의 기조연설에서 "과학아카데미는 무의미하고 모호한 진실만을 추구했으며" 프랑스가 강대해지면서 이 "과학아카데미는 많은 다른 아카데미들의 [좋지 않은 의미의]모델이 되었다."고 지적하고 있다.

과학전문잡지들이 나타난 것도 이 시기였다. 콜베르의 측근이었고 파리고등법원의 판사이자 박물학자였던 드니 드 살로(Denis de Sallo)의 주도로 발간된 〈지식인저널(Journal des Savants, 1665)〉은 그 대표적인 예다. 이 잡지를 통해 계속 알려지는 새로운 발견들에 당시 교회는 긴장할 수 밖에 없었고 결국 공개적으로 이 학술지의 위험성을 경고하고 나섰다. 교회의 경고를 무시할 수 없었던 편집진은 초기에는 주로 역사나 언어 등에 할애된 논문들을 개재하였지만 시간이 지나면서 과학적인 발견과 그에 대한 논쟁이 점점 더 큰 비중을 차지하게 된다. 1675년 라이프니츠의 첫 논문이 나왔고 1681년 5월 5일자에 논문에서 라이프니츠는 혜성에 대한 유명한 글을 쓴다.

또 다른 잡지 〈악타 에루디토룸(Acta eruditorum)〉은 1682년부터 출간된 월간잡지였다. 이 잡지를 매우 긍정적으로 평가했던 바일(Bayle)도 〈지식인 저널〉과 어깨를 나란히 하는 잡지를 출간한다. 1684년 출간을 시작한 〈학자공화국소식(Nouvelles de la République des lettres)〉이다. 이 잡지는 문학잡지에 가까웠으나 과학적 지식을 대중화하는 역할도 수행했다. 독자들의 새로운 과학적 발견을 싣는 난을 마련했고 여러 아카데미들에서 진행된 발견 및 업적을 독자에게 알렸다. 이 잡지의 출간은 3년 정도 지속되었다.

이렇게 몰리에르가 살던 시기는 그 이전의 시대와 비교하면 현기증이 날 정도로 수많은 과학적 발견이 진행되었고 또 이에 대해 많은 관심과 호기심이 집중되던 시기였다. 한 가지 집고 넘어갈 것은 학문의 전당인 대학은 의과대학을 제외하고는 이러한 과학의 발전에 큰 역할을 하지 못했다는 사실이다. 라이프니츠, 데카르트, 파스칼과 같은 학자들의 전기를 살펴보면 쉽게 알 수 있는 사실이지만 이들은 사실상 대학과 지속적인 관계를 맺고 있지 않았다. 뉴턴 등과 같은 대학자들이 돈을 받고 강좌를 진행할 때도 그 장소는 대학이 아니었다. 그러나 이러한 현상은 우연이 아니었다. 대학은 여전히 신학 중심의 중세적 분위기에서 벗어나지 못하고 있었고 16세기와 17세기에 쏟아졌던 모든 새로운 발견들 앞에서 과거의 가치를 고집하는 수구적인 모습을 보이고 있었다. 이미 몽테뉴는 대학의 학문 활동이 가치가 없음을 선언한 바 있다. 그들의 눈에 대학의 시스템이 지닌 보수적 한계는 비판적으로 보였던 것이다.

과학사학자 사냑과 생레제르는 뉴턴이 수학 원리를 출간했던 순간을 근대 과학이 단단한 기반위에 축조되었고 과학적 진보가 그 위대함과 아름다움을 드러내고 있었던 시기로 묘사하고 있다. 이러한 시각은 이 연구자들만의 것은 아니다. 또 다른 역사학자 라비스는 말한다. "많은 과학철학자들이나 역사가들에게 어떤 종교적 논쟁이나 정치적 사건도 그리고 루이 14세의 오만(傲慢)까지도 이 책이 출간된 일에 비하면 사소한 사건들에 지나지 않았다." 루이 14세의 절대왕정이 모든 사람들은 물론 지식과 예술까지도 제어하고 있다고 믿고 있었던 시절, 사실상 합리적 사고와 실험적 과학을 바탕으로 현대를 준비하는 지적 혁명이 일어나고 있었던 것이다. 그러나 프랑스에서의 과학은 동시대 유럽의 다른 국가들에 비해 상대적으로 답보상태에 있었다. 데카르트와 페르마 그리고 파스칼 이후 한 세기 가까이 이들의 업적을 이을 만한 인물은 나오질 않는다. 자연과학이나 박물학에 있어서도 언급되는 이름들 중에 프랑스 학자들은 드물었다. 의학 분야에 있어서도 마찬가지였다. 고대 그리스의 의학이론이 지니고 있는 한계를 발견하고 극복하기 위한 이론을 만들어낸 사람들은 대부분 유럽의 다른 국가 사람들이었다. 뉴턴도 라이프니츠도 프랑스 사람은 아니었으며 혈액순환설을 제기한 윌리엄 하비, 철학자 로크의 친구이자 그 당시 히포크라테스의 부활이라 칭송되던 의사 토마스 사이든햄(Thomas Sydenham)은 영국 사람이었다.

몰리에르가 라이프니츠나 뉴턴의 사상을 접했을 가능성은 거의 없다. 몰리에르보다 24살 어린 라이프니츠의 저작이 나오기 시작했을 무렵 몰리에르는 이미 이 세상 사람이 아니었다. 라이프니츠는 1663년 최초의 저서를 출간하지만 자신을 세상에 알린 『미분학』은 1684년이 되어서야 출간되었기 때문이다. 라이프니츠에 대한 프랑스에서의 평가는 극과 극이 공존했던 것 같다. 볼테르의 『캉디드』는 라이프니츠를 조롱한 소설이다. 라이프니츠의 패러디적 인물인 팡그로스는 세상의 온갖 불합리와 비참함에도 불구하고 이 세상은 최선의 세계라고 믿으며 목적론적 세계관을 포기하지 않는다. 반면에 디드로는 라이프니츠를 플라톤에 비견하면서 "라이프니츠의 재능과 비교한다면, 우리는 우리의 저서들을 집어던지고, 아무도 기억하지 못하는 모퉁이에서 조용히 죽을 수밖에 없다"고 말하기도 했다. 몰리에르와 뉴턴과의 관계도 마찬가지다. 뉴턴 역시 1643년 생으로 몰리에르보다 21살 어렸고 그의 저작들은 1680년대가 되어서야 출간되기 시작했다.

일부 역사가들에 따르면 그 당시의 과학은 "데카르트주의에 너무 과도하게 빠져 있었다." 데카르트에서 말브랑쉬까지 물리학의 발전과정을 정리한 무이(P. Mouy)는 데카르트와 그의 신봉자들이 물리학을 해부학이나 생리학으로 부터 분리하지 못하고 있었다는 사실을 지적하면서 데카르트의 신봉자들이 오랜 시간 그의 이론을 넘어서지 못하고 있었다고 말한다. 몰리에르 역시 데카르트를 신봉하던 사람들 중 하나였음은 틀림없지만 이러한 과도함의 결과로 야기되는 많은 문제들을 그냥 보고 지나칠 수는 없었을 것이다. 더구나 르네상스 이후 유럽 사회를 송두리째 바꾸어 놓는 계기가 되는 지리상의 발견이나 과학적 업적들에도 불구하고 사회에는 여전히 미신적인 믿음들이 팽배하고 있었으며 논리와 객관성을 빙자한 비합리적인 논의들이 세상을 어지럽히고 있었다. 의사들 중 대부분이 "의과대학에서 배운 히포크라테스와 갈레노스의 이론을 부분적으로만 습득한 채 이를 수사적인 기법과 자기들만의 용어로 포장하여 혹세무민하는 경우가 많았다." 이런 상황은 몰리에르의 작품 곳곳에서 패러디 및 풍자의 대상이 된다.

> 베랄드 : 우리들 몸속 기관의 원동력은 지금까지도 신비에 싸여 있기 때문이죠. 인간은 그 속에 것은 아무것도 보지 못해요. 자연의 본성은 베일에 가려져 있기 때문에 우리의 눈으론 뭐가 알아낼 수가 없지요. [...]제가 형님께 말씀드린 건 그들이 알고 있지만, 뭐 그런 결론 대단한 치료는 하지 못한다는 거예요. 그네들의 뛰어난 기술이라면, 별난 객설로 뜻도 모를 허언이나 자랑스럽게 떠벌려 논리정연한 말로 환자에게 명령을 내리거나 과시하기 위해서 장담을 하는 거죠. [...] 모든 수리를 증명하는 것 이상으로 자기의 법칙을 믿고 조금도 그것을 의심하려 하지 않아요. 의학 속에는 어떠한 애매한 점도, 의심스러 운 점도, 곤란한 점도 없다고 믿고, 맹신적인 선입견이나 융통성 없는 자신의 난폭한 상식과 이론으로 관장을 멋대로 하고 사혈(질병 치료를 위해 정맥을 찔러 악혈을 뽑아내는 일)을 서슴지 않지요.(『상상환자』, 3막 1장.)

그 당시 의료 환경이 베랄드의 입을 통해 드러나는 이 장면은 우리에게 많은 것을 유추할 수 있는 기회를 제공한다. 사실 '과학적'이라는 개념은 '논리적 증명이 가능한'이라는 개념이고 논리적 증명 중 이의가 제기될 확률이 가장 적은 경우가 수치에 의한 증명이다. 그러나 사람을 대상으로 하는 의술의 경우 그 과학적 논증이 적용될 수 있는 상황은 지극히 한정되어 있다. 특히 수치에 의한 실험적 증명은 더욱 어려운 것이었다. 17세기의 프랑스에서도 예외는 아니었다.

『어쩔 수 없이 의사가 되어』의 한 장면은 웃음 속에 사변에 의한 과학의 한계를 잘 보여주고 있다.

> 자클린 : 어쩜, 병을 바로 맞추시네 !
>
> 스가나렐 : 우리 명의들은 모든 병을 바로바로 알아내지요. 돌팔이들이라면 이런 상황에 당황할겁니다. 그리고는 "이건 이런 병일 수도 있고 저런 병일 수도 있습니다."라고 횡설수설하겠지요. 그러나 저는 단박에 알아차립니다. 보시다시피 저는 따님이 벙어리가 되었다고 바로 알려드리지 않았습니까.
>
> 제롱트 : 그럼요. 그런데 도대체 원인이 뭔지 좀 알았으면 좋겠는데요.
>
> 스가나렐 : 그거야 아주 간단한 겁니다. 원인은 따님이 말을 잃었기 때문이지요.
>
> 제롱트 : 알겠습니다. 그런데 말을 잃은 원인이 뭘까요 ?
>
> 스가나렐 : 저같은 명의들이라면 모두 같은 진단을 할 겁니다. 따님 혀에 장애가 생겼기 때문이지요.
>
> 제롱트 : 아니 그런데 혀에 왜 장애가 생겼는지 선생님의 고견을 좀 들을 수 있겠습니까 ?
>
> 스가나렐 : 아리스토텔레스가 그 점에 대해... 아주 좋은 말씀을 하셨지요.
>
> 제롱트 : 그러셨겠지요.
>
> 스가나렐 : 위대한 분이시지요.
>
> 제롱트 : 그럼요.

> 스가나렐 : (두 팔을 들어 올리며) 위대한 분이시다마다요. 모든 면에서 저보다 더 위대하신 분이셨지요. 다시 본론으로 돌아가자면, 이 혀의 기능장애는 일부 체액들 때문에 생기는 것 같습니다. 우리는 그 체액을 악성 체액이라고 부르지요. 환부쪽에서 상승하는 증발기에 의해 형성되는 다량의 기포라고나 할까요, 그러니까.... 말하자면....이해하실지 모르겠습니다만... 혹시 라틴어를 좀 아시나요 ?
> (『어쩔 수 없이 의사가 되어』 2막 4장.)

그런데 이러한 사변이 의학과 결합하게 되면 문제가 생긴다. 사변의학은 인간의 병리학적 현상과 그 해결책을 공론적 사유를 통해 파악하려하기 때문이다. 현대의학에서조차 동물실험을 통해 파악된 병리적 현상을 인간의 몸에 적용시키는 오류가 범해지기도 하지만 실험적 토대나 과학적 지식이 일천했던 17세기 유럽에서 논리적 사유를 바탕으로 한 치료행위는 효과를 보지 못하는 경우가 많았다.

몰리에르 시대의 프랑스 의학은 현대의학처럼 철저한 실험의학이 아니었다. 파리 의과 대학으로 대변되던 그 당시의 프랑스 의학계는 고대 그리스의 히포크라테스(BC 460)나 갈레노스(klodios Galenos BC145)의 의학 이론에 그 학문적 기초를 두고 있었다. 그들은 갈레노스가 그랬던 것처럼 인간의 신체를 네 가지 체질로 나누고 또 인간의 정신은 세 가지의 유형으로 분류하여 그들의 병리학적 연구 체계를 위한 이론적 바탕으로 삼고 있었다. 그러나 이러한 분류는 과학적인 실험이나 경험을 통한 것이 아니라 온전히 철학적인 논리와 추론을 기초로 하는 것이었다. 인간의 체질을 결정하는 네 가지의 수액이 간(肝)과 담(膽)에서 생성되고 이 네 종류 수액들 간의 균형이 깨질 때 그것이 질병으로 연결된다는 이들의 이론은 정상치보다 과다한 수액을 몸으로부터 뽑아내어 수액들 간의 균형을 맞춤으로서 모든 질병을 치료할 수 있다는 결론을 유도한다. 그 당시 거의 모든 병의 치료방법이 항시 관장이나 강제출혈을 수반했던 것은 바로 이러한 생각 때문이었다.

그러나 사실 17세기 프랑스 의사들은 갈레노스의 의학 이론을 정확하게 이해하고 있는 것도 아니었다. 의사이기 이전에 철학자였던 갈레노스의 전집이 완역된 것은 19세기 에밀 리트레에 의해서였다. 물론 17세기에 갈레노스가 번역이 되지 않았었다고 하더라도 그 원문이 라틴어였다면 그 당시 의학도들은 어려움 없이 읽을 수 있었을 것이다. 그러나 고대 그리스어의 독해는 당시에도 극소수의 지식인들에게만 가능한 일이었다. 예를 들어 『여학자님들(Les Femmes savantes)』에서 트리소탱과 함께 현학자로 등장하는 바디우스라는 인물이 그리스어를 알고 있다는 사실에 모든 여학자님들은 물론 대단한 지식인인 척하는 위선자 트리소탱도 기꺼이 찬사를 보내고 있다. 연구자들에 의해 그 당시 메나주를 풍자한 인물로 파악되고 있는 바디우스는 결국 트리소탱과 같은 위선적인 학자임이 드러나지만 우리는 이 장면으로 17세기 몰리에르 시대에 고대 그리스어를 아는 사람은 드물었고 따라서 그 당시 모든 의학도들이 갈레노스를 직접 읽을 수는 없었을 것임을 짐작할 수 있다.

몰리에르 시대의 의사들의 일상에서 의사들의 의료행위는 하제를 활용한 단순한 관장이나 의미 없는 채혈 수준 이상이 아닌 경우가 많았다. 파리의대 교수였고 영향력 있는 의사 중에 한 사람이었던 리올랑은 사람의 몸에서 피를 반 이상 뽑아내어도 생명에는 지장이 없다는 주장을 할 정도였다. 물론 의사들이 모두 그런 것은 아니었지만 많은 수의 의사들이 의과대학에서 배운 히포크라테스와 갈레노스의 이론을 부분적으로만 습득한 채 이를 수사적인 기법과 자기들만의 용어로 포장하여 혹세무민하는 경우가 많았다.『푸르소냑공』의 한 장면은 이 모습을 가장 적나라하게 보여주고 있다.

> 의사 1.
> [...]저는 이 증세를 다른 두 경우와 구별하기 위해서 심기증적 멜랑콜리라고 부르는데, 갈레노스 선생께서, 언제나 그러신 것처럼, 현명하시게도 우리가 멜랑콜리라고 부르는 이 병을 세 가지 종류로 나누어놓고 계시기도 합니다만 로마인들뿐만 아니라 그리스 사람들도 이 병을 멜랑콜리라고 불렀다는 사실은, 우리입장에서는 주목해야할 사항일텐데요, 우선 첫 번째로 멜랑콜리는 뇌가 안 좋은 경우 때문에 생겨나고 두 번째의 경우는 혈액의 문제인데 흑담즙의 영향을 받는 경우이고 세 번째가 심기증적인 멜랑콜리로서 바로 이번 경우인데 아래 배쪽 어딘가, 그러니까 안쪽 깊숙한 곳에서부터 생겨난다고 볼 수 있습니다만 특히 비장(脾臟)쪽인데, 비장에서 열이 나고 염증이 생겨 플리진이라는 끈끈하고 지저분한 물질이 발생해서 시커멓고 해로운 독기로 변해 뇌로 올라가 뇌의 기능에 이상을 일으켜 이 병에 걸린 환자에게 고통을 유발시킨다고 보고 있습니다.[...] (『푸르소냑공』 1막 8장)

푸르소냑을 앞에 놓고 진단하는 과정에서 의사들은 한 문장 당 거의 15-20행에 달하는 장문 속에 접속사나 관계대명사 등 수사적으로 인과관계를 나타내는 문장요소들을 삽입하고 일반인들이 알 수 없는 단어들을 나열하면서 논리를 가장한다. 의사 둘이 의견을 나누는듯한 모양을 띠고 있는 이 장면에서 우리는 환자의 증세나 임상적 실험에 대한 이야기는 전혀 들을 수가 없다. 오로지 수사적 기교와 전문용어가 뒤얽힌 말의 폭력을 볼 수 있을 뿐이다. 이 장면이 희극의 한 장면임을 감안한다고 하더라도 이것이 당시의 의사들의 한 단면에 대한 풍자라는 점을 인정한다면 당시 의술과 의사들이 철저한 임상실험을 통한 체험적 결과보다는 논리와 추론에 기댄 소위 스콜라 철학적 학술방법론, 즉 사변적 논리에 더 치중하고 있었음을 알 수 있다.

기독교 성서와 교부의 저서를 비롯하여 고대 철학자들, 특히 아리스토텔레스에 대한 문헌연구를 주 대상으로 하는 스콜라 철학은 "신앙의 이해"라고 하는 것을 그 근본목적으로 삼는다. 일반인들에게 신앙을 이해시키기 위해 스콜라 철학자들은 아리스토텔레스의 논리적 방법론을 통하여 유신론적 인식론을 확립하고 이를 바탕으로 삶과 우주를 설명하려한다. 그러나 근본적으로 물리적인 실험으로 불가능한 〈신의 존재 증명〉이라는 과제를 해결하기 위해서 그들은 사변적 기술을 도입한다.

8세기부터 시작하여 중세 말까지 오랜 세월동안 전 유럽의 교육체계를 점령했던 이 스콜라 철학은 르네상스를 거쳐 프랑스 근대의 여명기인 16세기와 17세기에도 여전히 제도권의 교육체계에서 막강한 영향력을 행사하고 있었다. 이 스콜라철학의 학문적 방법론인 사변(speculation)이란 고대 그리스어의 관조(theoria)에 해당하는 말로 그리스 철학에서는 최고의 철학적 삶의 방법을 제공하는 행위로 인식되었으나 서유럽의 중세를 거쳐 17세기에 이르러서는 기술적 혹은 도덕적 실천의 수단으로서 필요한 사유가 아니라 다만 인식하고 설명하는 것만을 목적으로 하는 사유로 그 의미의 폭이 좁아진다. 다시 말해 경험에 의해서 도달할 수 없는 대상을 향한 사유의 한 형태로서 진리를 찾는 단순한 논리적 방법론이 되어버린 것이다. 아리스토텔레스의 이름이 모든 지성의 표상으로 통용되는 것은 이러한 시대적 배경 때문이었다.

증기기관의 원형을 발명했던 과학자 드니 파팽(Denis Papin)은 본래 의학을 공부한 의학도였다. 그러나 그는 당시의 의학에 대해서 회의적 시선을 견지하고 있었다. 그는 라이프니츠에게 보낸 편지에서 몰리에르가 극중인물들을 통해 우스꽝스럽게 표현하는 내용을 표현하고 있다. "의술을 실천하려면 우리가 모르는 수백 가지의 지식을 알아야합니다. 그러나 조금만 생각해보면 신께서는 그 끝이 없는 현명하심으로, 인간들이 육체가 어느 정도 손상을 입었더라도 대개는 스스로 치유될 수 있도록 만들어 놓으셨습니다." 사실 몰리에르의 텍스트 곳곳에 파팽의 생각과 같은 생각들이 드러난다.

아르강 : 하지만 그건 그렇고 본론을 얘기하세. 병이 들면 그럼 어째야 하는가?
베랄드 : 아무것도 할 수 없죠.
아르강 : 아무것도?
베랄드 : 아무것도요. 휴식을 취할 필요는 있죠. 체질은 그냥 버려두

면 그것이 국면해 있던 혼란으로부터 자연스럽게 빠져 나옵니다. 뭐든지 일을 악화시키는 것은 우리의 불안, 우리의 초조함이죠. 거의 대부분의 사람들이 약 때문에 죽지 병 때문에 죽진 않아요. (『상상병 환자』, 3막 1장)

몰리에르는 학자는 아니었다. 그러나 그 당시의 다른 작가들처럼 시사적 사건들을(학문적인 사건들이 많았다)를 일반 민중에게 전달하는 것도 그가 한 역할 중의 하나였다. 그 과정에서 몰리에르는 의학이라는 분야에서 무조건적인 신봉이나 맹목적인 추종이 지니는 한계에 회의적인 시선을 보내고 있다. 물론 몰리에르가 의학에 대해 무조건 부정적인 시각을 보낸 것은 아니다. 몰리에르의 텍스트 속에서는 그가 의술 그 자체를 문제 삼고 있는 것이 아님을 확신할 수 있는 표현들이 자주 나온다. 몰리에르는 단지 그 당시 유행하던 수사학적 논리를 통해 혈액의 순환처럼 명약관화한 현상마저 부인하려 했던 일부 의사들의 아집을 고발하고 있는 것이다. 이들의 아집은 자신들의 생각이 충분한 과학적 근거가 있다는 확신에서 생겨나는 것이었다. 그러나 몰리에르는 이들이 근거로 삼고 있는 과학적 사실과 논리적 설명이 인간의 질병에 적용될 때에는 주의해야한다는 점을 강조하고 있다. 인간에 대해 알고 있는 것이 일천한 상황에서 그 인간을 다루는 의술이 과학적 근거만을 배타적으로 인정한다면 그것은 인간을 지나치게 환론원적인 입장에서 이해하려는 오류가 될 수 있음을 지적하는 것이다.

'과학적'이라는 개념과 관련하여 우리가 살펴본 몰리에르의 태도에서 인문치료학이 참조할 수 있는 것은 무엇인가 ? 이 질문에 대한 답을 구하기 위해서는 과학적이라는 말의 의미부터 살펴보자. 프랑스의 대표적인 언어사전 프티 로베르 사전은 그 의미를 다음과 같이 제시하고 있다.

> 1 Qui concerne les sciences ou une science en particulier ; qui a la science pour objet(par opposition à la littérature)
> 2 qui est conforme aux exigences d'objectivité, de précision, de méthode des sciences et de la science.

주의 할 것은 프랑스어의 'science'는 우리나라에서 말하는 과학(자연과학)만을 의미하는 것이 아니라 자연과학을 포함한 모든 학문을 지칭한다는 점이다. 따라서 1번의 의미는 우리가 찾고 있는 '과학적'이라는 말의 의미와는 거리가 멀다. '설득력'이나 '객관성' 등과 그 의미의 범위를 나누고 있는 단어로서 '과학적'이라는 표현은 2번의 정의에 따른 것이다. 위 사전에 의하면 "객관성, 정확성, 체계적인 방법 등에 대한 요구를 만족시킬 수 있는 어떤 것"이 바로 '과학적'이라는 단어의 의미가 되는 것이다.

따라서 만일 인간을 다루고 있는 인문학이 과학적이기를 요구한다면 그것은 인문학 연구가 객관성(objectivité)과 정확함(précision)을 갖추고 체계적인 방법론을 활용해야 한다는 뜻이 된다. 그렇다면 체계적인 방법론이란 어떤 것일까? 그리고 인문학 연구에 있어 객관성의 담보와 체계적 방법론의 적용이 과연 이론의 여지가 없을 만큼 정확한 결론을 도출해 낼 수 있는가?

모든 엄밀한 학문들은 과학적 방법론이라고 하는 연구 방법론을 지니고 있다. 과학적 연구 방법론은 객관적 실험을 기초로 한다. 그리고 이 실험을 바탕으로 하여 어떤 결과를 얻어 내고 그 결과를 바탕으로 설정된 가설을 예측하고 검증하며 반박한다. 그리고 이 가설이 검증되었을 때 이론이 정립된다. 때로는 이론의 정립이 선행되는 수도 있다. 예측의 과정과 검토의 과정 그리고 반박의 과정은 반복된다. 이 과정들이 반복되면서 이론은 수정보완되며 완성을 향해 가거나 혹은 전면적으로 파기되기도 한다. 실증적 검증을 거쳐 완성된 이론은 객관적 가치를 지닌 학문적 원리가 되고 학문에서 하나의 법칙으로 간주된다. 아래 그림은 과학적 연구방법론을 다이어그램화한 것이다.

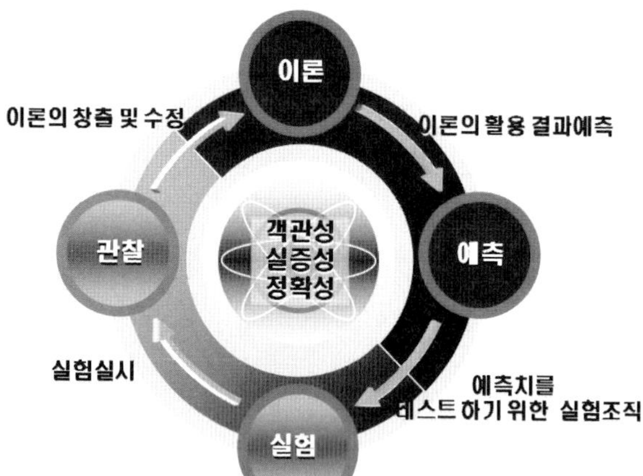

〈그림 1〉 과학적 연구방법 과정

연구의 시작은 위의 순환구조 중 어느 상황에서도 시작될 수 있다. 그러나 일반적으로 출발은 실험단계를 제외한 나머지 세 단계, 즉 이론의 정립이나, 예측 혹은 관찰 단계에서 시작된다.

위와 같은 연구방법론에 인문치료연구를 대입하면 인문치료의 연구대상인 인간은 객체(objet)가 되어야 한다. 하지만 인간의 마음은 물론 신체도 객관화 되기에는 너무나 다양한 기능들이 복잡하게 얽혀있는 다중 복합체다. 인간의 신체 작동 메커니즘에 대한 지식이 아무리 발달했다고 하더라도 우리는 여전히 인간의 정신작용에 대해 거의 아는 것이 없다. 보고에 따라 다르지만 "뇌의 기능에 대해 우리가 얼마나 알고 있는가?"라는 물음에 대부분 5내지 20 퍼센트 정도를 알고 있다고 추정한다. 그런데 우리가 어떤 대상에 대해 20 퍼센트를 알고 있을 때 과연 그 대상을 알고 있다고 말할 수 있는가? 몰리에르의 질문도 같은 것이었다. 몰리에르는 동시대 의사들이나 과학자들의 무능을 문제 삼고 있는 것이 아니었다. 그에게 더 큰 문제로 인식된 것은 모든 것을 설명할 수 있다고 믿고 말하던 그 당시 학자들의 교만이다. 그 당시의 지식수준으로는 인간의 정신 및 육체 작용에 대해 알 수 있는 것이 지극히 한정되어 있었다. 그것은 400년이 지난 지금도 크게 다르지 않다. 인간을 알기 위해 그리고 그 인간이 구성원이 되어 작동되고 있는 사회를 이해하기 위한 과정에서 지금까지 우리가 발견한 그 어떤 과학적 사실도 절대적인 가치가 될 수는 없다.

사상적인 측면에서 합리주의자였던 데카르트는 인체를 기계에 비유하여 인체에 기계적-수학적인 개념이 적용되어야 한다고 강조하였다. 신의 창조물로서의 인간을 강조하던 중세의 인간관과 세계관에 대한 일종의 반작용적인 시각이었던 것이다. 17, 18세기의 다양한 과학적 발견을 기반으로 19세기 진화론, 세포설, 멘델의 유전법칙, 세균학, 예방학, 임상의학, 공중위생 등이 탄생하여 발전하면서 이제 인간의 수명은 17세기에 비해 배 이상 연장되었다. 그리고 인간을 객관적 연구대상으로 하여 발견된 많은 사실들은 우리 인간의 생체 구조와 작동 원리 등에 대해 적지 않은 경우 설득력 있는 설명을 해주고 있다. 그러나 우리 시대가 자랑하는 과학도 우리 인간에 대해 아는 것보다는 모르는 것이 더 많다. 따라서 인간에 관한한 '과학적' 방법론을 통해 얻어진 '과학적' 결론들은 여전히 부분적으로만 설득력이 있는 것이다.

융복합 학문을 표방하고 있는 인문치료는 과학적이어야 한다. 아니 최소한 과학적인 외양을 갖추어야 한다. 인문학이 인문학자들만의 세계를 벗어나 다른 분야의 연구자들에게 그리고 또 일반 수용자들에게 보다 신뢰도 높은 학문으로 인식되기 위해서 반드시 필요한 일이다. 하지만 이때 과학적이라는 말은 논리적이거나 실증적이라는 의미 이외에도 모든 가능성에 대해 열려있는 마음가짐이라는 의미가 포함되어야 한다. 사실 인문학이 그 인문학을 수용하는 사람들에게 제공해야할 것은 사실의 객관적인 증명이 아니다. 그것은 감동이고 깨달음이다. 인문치료가 목표하는 인문학을 통한 마음 건강의 증진이라는 행위도 감동과 깨달음을 통해 진행되어야 한다. 그 감동과 깨달음을 과학적으로 분석하는 것은 때로는 불가능하며 때로는 아예 의미가 없을 수도 있다. 따라서 과학적이기 위해 노력하되 과학적이 되기 위해 인문학적 가치를 포기하는 일은 없어야 할 것이다. 이것이 과학적이라는 단어에 대해 우리 인문치료가 취해야하는 태도이며 이는 몰리에르가 동시대의 과학자들이나 의사들에게 전달하고자 했던 전언이기도 했던 것이다.

※ 이 글은 필자의 논문 「인문치료에 있어 '과학적'이라는 말의 의미에 관한 고찰」(『프랑스 고전문학 연구』 제15집(2012))을 수정 · 보완한 것이다.

Ⅱ 치유적 관점에서 본 문학과 개인

글쓰기를 통한 늙음의 수용과 극복

유 건 상

잘 고른 하나의 시집은
정신질환 대부분을 완전히 치료할 수 있고
치료뿐만 아니라 예방에도 마찬가지의 효과를 얻을 수 있다.
- 그레이브즈(R. Graves)

세월과 더불어 쇠락해가는 육신에 대한 노래는 예로부터 많은 시인들이 즐겨하던 주제였다. W. B. 예이츠(W. B. Yeats)의 경우도 예외는 아니었으니, 그가 말년에 몰두한 화두는 바로 노쇠였다. 이제까지 늙음이라는 문제를 주변사람들의 노쇠나 상상을 통해서 간접적으로 경험했을 뿐, 자신의 문제로 심각하게 고려해 보지 않았던 예이츠는 그 자신이 생의 노경에 처하면서 이 문제를 피부로 접하게 된다. 모드 곤(Maud Gonne)에 대한 오랜 사랑을 접고 52세에 25세의 조지 하이드 리즈(George Hyde-Lees)와 결혼한 그는 이후 시각과 청각의 장애 등 육체의 노쇠현상이 두드러짐에 따라 생동하는 젊음과 관능의 육체세계에 더욱 깊은 애정과 집착을 느낀다. 그는 당시 회춘효과가 있다고 여겨졌던 스타이나크 수술을 받기까지 했다. 그는 이 수술 이후의 자신의 노년기를 제2의 사춘기라 여겼다는데, R. 엘만(Richard Ellmann)의 지적대로 이 수술은 실제적인 효과 면에서가 아니라 상징적인 효과 면에서의 회춘을 의미했을 뿐이다. 따라서 실제로 이 시기동안 시인은 극심한 고통과 좌절을 겪었으리라 추측된다(1985: 28). 육체적 삶—젊음과 관능, 힘 등을 모두 포함한—을 그토록 사랑하는데도 그의 육체는 그의 욕망을 거의 수용하지 못할 만큼 노쇠해 있으므로 그는 괴리감에 괴로워한다. 그 고통이 점점 격화되자 그는 영혼에 관심을 가짐으로써 자신의 늙고 병든 육체의 서글픔을 보상받고자 한다. 그러나 그것 역시 양자의 활동 사이에서 더욱 극심한 갈등을 야기시킬 뿐 구원의 대상이 아님을 깨달은 예이츠는 육체와 영혼을 모두 받아들임으로써 조화를 시도한다. 이후로 그의 시는 육체와 영혼의 갈등을 통한 조화에 초점이 모아지며, 그 결과는 "존재의 통합"(Unity of Being)으로 나타난다.

그런데 그 과정에서 시 쓰기가 중요한 역할을 하였다. 시인은 늙어 볼품없어진 자신의 모습을 "하잘 것 없는 물건/ 장대 위에 걸린 누더기"로 묘사함으로써 노쇠의 서글픔을 드러내지만, 시 쓰기를 통하여 이를 극복하고 현재의 모습 또한 수용한다. 말하자면 시인은 젊음과 관능의 육체세계에 대한 갈망으로 괴로워하면서도 이를 학자연하는 가면으로 은폐하고자하는 평범한 노인에서, 육체적 노쇠를 수용하고 육체와 영혼 둘 다를 인정하고 양자의 조화를 추구하는 현명한 노인으로 변모한 것이다. 물론 여기서 시적 화자와 시인을 동일인물로 볼 것인가가 문제시되지만, 사실 예이츠의 시와 그의 사생활은 불가분의 관계에 있다. 흔히들 그의 사생활에 정통하면 그의 시를 잘 이해할 수 있고, 그의 시를 통독하고 나면 그의 생활상을 알게 된다고 한다. 말하자면 그는 "자신의 사생활을 시의 소재로 삼아 그것이 예술품이 되도록 한 특이한 시인"(이창배, 1987: 11)이다. "시인은 본질상 전적으로 진실하게 사는 사람이다. 바꾸어 말하면 그의 시가 좋으면 더욱 그의 생활이 진실하다. 시인의 생활은 생활의 한 실험이기 때문에 후세 사람은 그것을 알 권리가 있다. 더욱 서정 시인의 생활은 그의 시가 결코 뿌리 없는 꽃이 아니고, 한 인간의 말임을 알기 위하여 반드시 알려져야 한다"(Rousley, 1968: 109)라는 시인 자신의 말은 이를 뒷받침한다. 그는 생활이 곧 시요, 시가 곧 생활이라고 역설하고 있는 것이다. 그러나 물론 사생활을 담은 시가 모두 훌륭한 것은 아니다. 그는 자신의 사생활을 시의 소재로 삼되 그것에 보편성을 가미함으로써 이를 자신의 개인성을 초월한 예술품이 되도록 하였으며, 바로 거기에 예이츠의 위대함이 있다. 이 글은 예이츠의 후기시에 나타난 노쇠의 극복 및 수용과정을 인문치료적 관점에서 살펴본다.

1. 인문치료와 창의적 글쓰기

인문치료는 현대인들의 정신적 위기를 극복하기 위한 일환 중의 하나로 인간에 대한 사랑을 기본으로 하는 인문학의 여러 분야, 즉 문학, 철학, 역사, 어학, 예술, 미학 등의 통합적 활동을 통한 치유책이다. 다시 말해 인문치료란 정서적 · 정신적 문제들로 고통 받고 있거나 혹은 그러한 고통에 노출될 가능성이 있는 개인이나 집단에게 인문학적 방법을 활용해 자아통찰과 인식론적 변화를 유도함으로써 정서적 · 정신적 건강을 확보하게 하는 통합적 위기 극복 과정이다. '인문학(humanities)'의 어원인 라틴어 '후마니타스(humanitas)'는 '인간다움'을 뜻한다. 따라서 인문학은 인간의 인간다운 가치를 탐구하고 소외된 인간성을 회복하는 것이다. 그러므로 인간의 가치에 대한 성찰은 결국 나의 가치와 존재 의미에 대한 성찰에서 출발해야 한다는 것이 인문치료의 출발점이다(강원대학교 인문과학연구소, 2009: 91-92).

인문치료의 방법론 중의 하나인 문학치료는 문학작품의 작품서사를 통해 자기서사를 온전하고 건강하게 치유하는 것을 목적으로 한다(정운채, 2006: 324). 말하자면 문학을 수단으로 인생의 목표를 설정하거나 삶의 위기를 극복하고, 더 나아가 인성을 함양하고 삶을 윤택하게 하는 치유책이다(변학수, 2006: 274-275). N. 마자(Nicholas Mazza)는 문학치료의 실제 모델이 수용적/처방적 요소, 표현적/창의적 요소, 그리고 상징적/의식적 요소로 구성된다고 보았다(2003: 34-42). 수용적/처방적 요소는 치료에 기존의 문학작품을 도입하는 것이며, 표현적/창의적 요소는 치료에 내담자의 글쓰기를 사용하는 것, 그리고 상징적/의식적 요소는 치료에 은유, 의식, 이야기 들려주기를 사용하는 것이다. 최근에는 쓰기가 많이 강조되는데, 시를 이용한 문학치료의 경우 특히 그러하다. "시/쓰기 문학치료가 수용적인 문학치료와 다른 점은 능동적이고 적극적인 글쓰기가 중심에 있다는 것이다. 글쓰기는… 그간 소외되어왔던 영역이지만 이제는 문학치료의 전면에 부상한 영역으로, 수동적인 독서치료보다 차츰 선호하는 분야이기도 하다”(변학수, 2007: 95).

20년 이상 글쓰기 치료를 연구해온 페니베이커(James W. Pennebaker)는 심리적 외상(트라우마, trauma)의 경험에 대해 글로 써서 표현하는 행위가 육체적, 정신적 건강에 현저한 변화를 일으킨다고 한다. 또한 글쓰기는 사람들의 수면습관, 일의 효율, 그리고 대인관계의 방법뿐 아니라, 면역기능의 향상에도 긍정적인 변화를 가져올 수 있다. 특히 천식환자들의 심폐기능 향진과 관절염 환자들의 통증완화에 기여한다는 연구결과는 글쓰기의 치료적 효과를 단적으로 보여준다(2004: 3-8). 드살보(Louise Desalvo)도 우리가 생활에서 겪은 충격이나 트라우마를 언어로 표현함으로써 그 이면을 이해하게 된다고 말한다. “언어로 자신을 표현하고 여러 가지 충격을 살펴봄으로써, 글쓰기를 통해 혼란을 극복하고 즐거움을 얻을 수 있다. 힘든 문제에 대한 글쓰기는 경험을 연결하고 문제를 통합적으로 볼 수 있게 한다”(1999: 43)는 것이다.

이러한 표현적 글쓰기에는 소설이나 시 등의 창의적 글쓰기가 포함된다. 존 폭스(John Fox)는 “시가 어둠의 시기를 함께 이겨낼 수 있는 친구이자, 어느 운수 나쁜 날, 누군가 당신을 알아봐주었으면 하는 바로 그 순간, 당신에게 말을 걸어주는 친구이며, 당신이 혼자가 아니란 걸 깨닫게 해 주는 목소리”(1997: 5)라고 말한다. 또한 “상실과 슬픔을 겪을 때, 글[시] 쓰기가 필요할 수도 있다. 육체와 영혼 속에 있는 감정의 우물에서 끌어올린 이 시어들이 일상생활을 견뎌내도록 도와줄 수 있기 때문이다. 당신은 시 쓰기를 통해서 예전에는 몰랐던 민감함과 연민이 드러나는 것을 발견할 수도 있다. 바위 표면을 부드럽게 다듬는 바람처럼 당신 자신의 진실과 상실을 당신만의 언어로 기록할 수 있다"(1997: 161)라고 설명함으로써 글쓰기, 특히 시 쓰기의 치유적 기능에 대해 언급한다. 말하자면 그는 시가 시련의 "자연 치료제"라고 역설하고 있는 것이다.

신주철은 치료적 행위로서의 시 쓰기는 무의식적 층위를 드러내는 양식으로서 유용하다고 말한다. 억압된 무의식은 일상적 어법을 통해 직설적으로 말하거나 서술하는 것으로는 드러나기 어렵고, 흔히 직관과 상징의 형식을 통해 구현되는 시 쓰기로 드러내기가 용이하다는 것이다(2006: 60-61). "시 쓰기는 각 개인이 자신을 표현하고 조각조각난 생각과 느낌에 대한 통제력을 가지는 수단을 제공하는 매우 유용한 치유적 도구가 될 수 있다. 개인적인 감정을 적기 시작함으로써 개인은 그러한 감정들을 더 조리 있는 형태로 확인하기 시작한다. 그것의 결과로 통제감을 증진시키는 것이다"(2003: 26)라는 마자의 언급도 시 쓰기의 치료적 효과를 보여준다. 그러므로 문학치료의 목적은 개인의 변화라 할 수 있으며, 그 결과 내재된 갈등의 해소능력과 적응기능이 향상되는 것이다(Reiter, 1997: 170). 이것이 바로 글쓰기의 힘이자 문학의 힘이요, 더 나아가 인문학의 힘이다.

그런데 여기서 유념할 것은 글쓰기를 통한 치료의 원천이 "나"에게 있다는 것이다. 심리적 외상에 대한 감정을 표현하고 글을 쓰는 주체가 바로 나이기 때문이다. 결국 치료는 내 안에서 일어나는 것이며, 그 초점이 외부 상황의 변화가 아니라 나의 새로운 인식의 변화와 자아의 발견에서 이루어지는 것이다(이봉희, 2006: 108). 이렇게 볼 때, 문학치료의 궁극적인 목표는 읽기나 쓰기를 통한 진정한 자아의 성장과 변화이다. 진정한 자아의 성장과 변화는 나에 대한 탐구에서 시작하는 인문치료의 목표이자, 늙음을 극복하고 수용함으로써 자아성장을 이루는 예이츠의 후기시의 주제와 맥을 같이 한다. 왜냐하면 처음에 시인은 관능과 젊음의 육체세계에 대한 갈망으로 괴로워하지만, 시 쓰기를 통하여 육체적 노쇠를 받아들이고 육체와 영혼 둘 다를 인정하고 양자의 조화를 추구하게 되었기 때문이다.

2. 육체와 영혼

육체와 영혼에 대한 예이츠의 관심은 물론 그가 육체적 노쇠를 경험하면서 더욱 두드러진 것이지, 어제 오늘 갑자기 싹튼 것은 아니다. 그것은 그의 중기시에서도 나타난다. 「새벽」에서 화자는 "지식은 단지 지푸라기에 지나지 않을 뿐"이라고 경멸하면서, 새벽처럼 무지하고 싶다는 열망을 나타낸다. 여기서 지식은 영혼을, 새벽은 일체의 지적 활동이 첨가되지 않은 순순한 상태의 육체를 상징한다. 후자의 상태를 하루에 비유하면 그것은 분명 새벽에 해당되며, 새벽은 무의식에 가깝기 때문에 지식으로 무장된 상태보다는 자기완성에 도달하기 수월하다. 따라서 새벽처럼 무지하고 싶다는 화자의 열망은 그 스스로가 지식의 세계에 만족하지 못하고, 그 곳에서 벗어나 본연의 자기로 돌아감으로써 순수한 상태의 자기완성에 임하고 싶다는 강렬한 희구의 표현이다. 「마이클 로바티즈와 무용수」에서도 예이츠는 지식보다 생동하는 육체에 더 비중을 둔다. 마이클 로바티즈는 육체에는 커다란 위험이 있다는 무용수의 말에 "하나님이 포도주와 빵을 나누어 주셨을 때/ 인간에게 그의 사상을 주셨을까, 그의 순전한 육체를 주셨을까?"라고 말함으로써 육체의 우위를 노래한다. 포도주와 빵은 물론 하나님의 피와 살이다. 그러므로 우리가 그로부터 받은 것은 그의 육체이다. 따라서 우리는 당연히 육체의 정열을 중시해야 한다는 것이다.

이처럼 이미 예이츠의 중기시부터 싹튼 육체와 영혼에 대한 관심은 『탑』 이후 그의 후기시를 지배한다. 이 시집에 수록된 「탑」은 이러한 주제를 다룬다. 이시의 화자는 그의 상상력과 육체적 욕망을 거의 감당할 수 없는 노령임에도 불구하고 그것들이 젊었던 그 어느 때 보다도 왕성함으로 인한 고통을 다음과 같이 말한다.

이 어리석음을 어이하리-
오 마음이여, 괴로운 마음이여-이 꼬락서니,
개 꼬리에 들어붙듯 나에게 들어붙은
쇠약해진 늙음을
　　　　　　　　　　나는 가져본 적이 없다
이보다 더 흥분된, 정열적인, 환상적인
상상력을, 이보다 더 불가능한 것들을 기대하는
귀와 눈을 가져본 적이-

그는 그 고통에서 벗어나기 위해 학문에 전념하리라 다짐한다. 이로써 문제는 해결되었다. 그러나 사실상 그의 마음은 그렇게 편안하지 않다. 그가 학문을 택한 이유는 그것을 진정으로 원해서가 아니라 육체적 노쇠에 대한 보상책으로 선택한 것이기 때문이다. 그러므로 그에게 학문은 일종의 가면이다. 그의 본모습은 학문에 몰두한 노학자의 가면 뒤에 숨은 서글픈 노인–육체에 대한 갈망으로 남몰래 고통을 겪는–일 뿐이다.

이러한 주제는 "비잔티움 시편들"에서 더욱 구체적으로 묘사된다. 예이츠는 이 시편들에서 육체와 영혼간의 갈등이 배제된 이상적인 세계를 유럽문명의 중심지요, 유럽철학의 정신적 근원지인 비잔티움이라는 예술세계에서 찾고자 한다. 그에게 비잔티움은 그가 현재 속해있는 현상세계의 갈등을 초월한 영원한 영혼의 세계이다. 그곳은 인간의 마음, 아니 상상 속에 존재하는 천국이다. 「비잔티움으로의 항해」는 활력 넘치는 젊은이들의 관능세계와 늙고 병든 노인들의 무기력한 세계가 대조된다. 육체적 노쇠로 더 이상 감각적 즐거움을 누릴 수 없는 화자는 생성 · 변화하는 육체의 세계를 비웃으며 비잔티움이라는 영원한 예술세계로 떠난다. 이렇게 볼 때, 이 항해는 표면적으로는 육체의 쾌락에 찌든 현실세계로부터 질서와 조화의 예술세계로의 항해인 바, 화자는 분명 관능의 육체세계보다는 지혜의 영혼세계를 우위에 두고 있다. 그러나 단순히 그렇게 보기에는 육체세계를 떠나는 화자의 눈에 비친 육체세계는 너무나 활력과 생동감이 넘친다.

서로
껴안고 있는 젊은이들, 나무속의 새들
-저 죽어가는 세대들-은 노래 부르며,
연어 폭포, 고등어 우글대는 바다,
물고기, 짐승, 혹은 조류는 온 여름 내내 찬미한다
온갖 태어나고 죽는 것을.

이처럼 육체의 세계는 힘이 넘치고 아름답거늘, 더 이상 그곳이 "단지 하잘 것 없는 물건/ 장대 위에 걸린 누더기"에 불과한 "늙은이"인 자신의 세계가 아니므로 그곳을 떠나야 하는 화자의 마음은 사실상 서글프다. 그래서 그는 육체세계에 대한 애착 때문에 서글픔을 느끼면서도, 인간은 세월과 더불어 육체적으로는 쇠퇴하지만 정신적으로는 더욱 성숙하여 영원의 세계에 더 가까이 갈 수 있다고 스스로를 달래며 비잔티움으로 떠나는 것이다.

이렇게 서글픈 심정으로 영혼이 지배하는 비잔티움에 도착한 화자는 성화 속에 서있는 현인들에게 그곳에서 나와 영혼의 노래를 가르치는 스승이 되어달라고 청하면서, 오욕에 찌든 자신의 심장을 태워 자신을 영원한 미(美)의 상징인 예술품으로 만들어 달라고 간구한다. 그렇게 될 때, 그는 비로소 천국의 상태에 도달할 수 있다. 불을 통하여 예술로 단순화된 상태에서는 모든 것이 음악이요, 휴식이기 때문이다(Yeats, 1962: 357). 그렇기 때문에 그는 자신의 속된 심장이 불로써 정화되어 영원한 예술세계에서 노래하는 황금새로 다시 태어나길 갈망한다. 그러므로 이 황금새는 시공을 초월한 절대적 적막의 해탈상태에 있어야 한다. 그러나 화자가 되고자 하는 황금새는 적막한 해탈상태에 있는 새가 아니라, 조는 황제를 깨우고 대신들과 귀부인에게 과거와 현재, 미래를 투시한 지식을 노래로써 전달해 주는 현상계에 있는 새이다.

> 한번 자연계를 벗어나면 나는 결코
> 어떤 자연물의 형상을 취하지 않으리라.
> 오직 희랍의 금세공이
> 조는 황제를 깨우기 위해
> 혹은 비잔티움의 귀족과 귀부인들에게 과거, 현재, 미래를
> 노래해 주기위해 황금가지 위에 앉혀놓은
> 황금 혹은 황금 에나멜로 두드려 만든
> 그런 형상이 되리라.

이처럼 화자는 완전한 조화의 경지를 간구하는 중에도 현세적 삶에 대한 동경을 드러낸다.

이러한 주제는 「비잔티움」(『나선계단과 기타 시편들』)에서 더욱 뚜렷하게 묘사된다. 이 시의 화자는 미이라의 안내를 받아 한밤중에 비잔티움에 도착하여 정화의 불 앞에 선다. 그는 "육신의 격정적이고 더러운 피"를 정화시켜주는 그 불 앞에서 조화의 경지에 도달한 자가 느끼는 것과 같은 황홀경에 빠진다.

> 한밤중에 황제의 포도위엔 훨훨 난다
> 장작으로 땔 수도 없으며, 부싯돌로 점화할 수 없는,
> 또한 폭우가 꺼뜨릴 수 없는 불꽃, 불꽃에서 태어난 불꽃이,
> 그 불꽃 속에 피어서 낳은 망령들이 와서

분노의 온갖 복잡한 것들을 떠나
죽는다 춤 속으로,
황홀의 고통,
소매 하나 태울 수 없는 불꽃의 고통으로.

그러나 그 불은 소매자락 하나 태울 수 없는 가공의 불이다. 그것은 영혼의 찌꺼기는 태울 수 있어도, 실제로는 소매자락조차 태우지 못하는 무능한 불인 것이다.

바로 여기에 화자의 갈등이 있다. 그러나 이 갈등은 불의 무능 때문이 아니라, 육체세계에 대한 그의 미련에서 비롯된 갈등이다. 그는 아직 인간적인 상태에 머물고 있다. 일본의 노극(Noh drama) 『구총』(求塚, Motomezuka)에서 죄의식으로 인한 불의 고통을 겪는 여주인공이 불의 실재성을 믿지 않으면 불이 그치리라는 승려의 말을 듣고도 자신을 초월하지 못하는 까닭에 그렇게 하지 못함으로써 계속 고통을 겪듯이, 그도 인간적인 경지-육체적으로든 정신적으로든-를 초월하지 못하는 까닭에 고통을 느끼는 것이다. 우선 육체적인 면에서 볼 때, 그는 아직 완전하게 비잔티움의 세계에 속했다고 할 수 없다. 그가 속한 세계는 예술품만이 사는 비잔티움의 밤거리와는 달리 "술 취한 병사"도 "창녀들"도 있을 것인 낮의 거리이다. 그 낮의 거리가 물러나고 밤이 오자, 미이라를 따라 비잔티움에 왔을 뿐이니 그의 육신의 반쪽은 아직도 낮의 거리에 머물고 있는 것이다. 정신적인 면에서 볼 때도 그는 영원한 세계를 갈망하면서도 낮의 거리에 대한 미련을 버리지 못하고 있다. 그 방탕한 육체의 세계도 버릴 수 없는 그의 세계이기 때문이다. 그래서 그는 마침내 정화되어 예술과 영혼의 세계로 몰입하려는 순간, 아직 정화되지 않은 혼령들이 황제의 대장장이들에 의해 쫓겨나는 고통의 바다로 시선을 돌리는 것이다.

돌고래의 진창과 피에 걸터앉은
혼령 다음에 또 혼령! 대장간들이 바다를 부순다
황제의 황금대장간들이!
무도용 마루의 대리석들이
부순다 복잡성의 회한에 찬 분노들을,
아직도 새로운 형상들을
낳는 그런 형상들을,
저 돌고래에 찢긴, 저 대종에 고문당하는 바다를.

그는 영혼과 예술세계를 동경하면서도, 여전히 자연계의 활력과 생동감으로부터 눈을 돌릴 수 없는 것이다. 아직 비잔티움에 도착하지 않은 현상계의 거친 파도와 힘차게 울려 퍼지는 종소리는 여전히 시인의 마음을 사로잡고 있는 것이다.

3. 수용과 치유

이렇게 하여 다시 육체의 세계로 시선을 돌리게 된 예이츠는 "미친 제인 시편들"에서 영혼 못지않은 육체의 소중함을 노래한다. 이 시편들에 등장하는 인물들은 예이츠의 가면이라 할 수 있는 미친 제인, 이미 죽은 그녀의 연인 잭, 그리고 고귀한 신분의 주교이다.

제인과 잭은 가난하고 보잘 것 없는 인물들이지만 영혼은 육체가 있음으로 해서 존재하는 것이니 양자는 상부상조해야 한다는 진리를 깨닫고 있는 선지자의 전형이다. 반면에 주교는 만인의 고통을 이해하고 함께 나누어야 할 신분임에도 불구하고, 그에 걸맞은 포용력을 지니지 못한 편협한 인간의 전형이다. 그는 육체는 더럽고 속된 것이라고 경시한다. 따라서 이 시편들은 제인과 잭 대 주교 사이의 치열한 대립에 주안점이 있다.

「미친 제인과 주교」에서는 주교와 잭이 "옹골진 남자와 얼간이"로 대조되는데, 시의 진행에 따라 점차 그 대상이 바뀌어 진다. 잭을 얼간이라 불렀고 그와 제인이 짐승들처럼 살고 있다고 소리 높여 비난했던 옹골진 남자, 주교는 사실상 등에 난 혹을 주교복 속에 감추려하지만 감출 수 없는 무기력한 늙은이에 지나지 않는다.

> 주교의 피부는, 정말로, 쭈글쭈글,
> 거위 다리와 비슷,
> (무덤 속에서는 모두 안전)
> 왜가리 같은 등의 혹은
> 신성한 흑의를 입어도, 감출 수 없네.

주교의 혹은 그의 육체적 · 정신적 불모상태를 의미한다. 예이츠에 의하면 혹은 복합인간을 의미하는데, 언터렉커(John Unterecker)는 그런 류의 인간이 자신의 불임이나 기형으로 인한 열등감, 그리고 선천적인 악의 때문에 자주 죄의 유혹에 빠진다고 말한다(1982: 226). 주교역시 자신의 성적 무능에 대한 열등감 때문에 제인과 잭의 육체관계를 비웃고 그들을 험담하는 양심의 죄를 범하였다. 등에 난 혹을 성스러운 제복으로도 감출 수 없었듯이, 그의 의식 깊이 내재한 질투와 편협함도 주교라는 훌륭한 허울로 감출 수 없었던 것이다. 그러므로 그 허울만 좋은 얼간이는 사실상 주교 자신이다.

반면에 일개 날품팔이꾼에 불과하지만 제인의 처녀성을 가져 얼간이가 된 잭은 그로 인해 유죄를 선고받고 죽었지만, 죽은 후에도 유령으로 나타나 제인을 떡갈나무 아래로 유혹할 만큼 옹골지다. 지상에서는 이미 끝나버린 사랑이 "세계령"(Anima Mundi, Great Memory)에서는 영원히 계속되고, 한때 사람들이 거주했던 폐가에는 아직도 그들이 유령으로 살아 밤이 되면 한 순간 인간의 눈에도 보이듯이(Yeats, 1962: 354), 잭 또한 이미 죽었지만 영원히 사라진 것은 아니며 지금도 여전히 제인의 연인이다. 그래서 그는 죽음을 초월하여 제인과 맺어지는 것이니, 죽어서도 이승의 연인을 찾아올 수 있는 순수한 열정을 지닌 잭이야말로 얼간이가 아니라 옹골진 남자인 것이다.

제인은 「미친 제인 주교와 이야기하다」에서 그녀와 잭의 죽음을 초월한 육체적 사랑을 비웃으며, 더러운 육체를 깨끗이 하여 영적인 "천국의 저택"에서 살라는 주교의 말에 "미와 더러움은 친척이고/ 미는 더러움이 필요해요"라고 말한다. 아름다움이 있어야 더러움이 있는 것처럼, 육체가 있어야 영혼도 있다. 육체는 영혼에 대한 "찌꺼기가 아니라, 오히려 더욱 빛을 내주는 존재"(존 단, 「황홀」)이다. 그러므로 양자는 서로 보완하여 하나가 될 때, 진정한 가치가 있다. 그래서 제인은 「미친 제인의 최후의 심판일」에서 진정한 사랑은 육체와 영혼이 모두 충족될 때 이루어진다고 말한다. 그럴 때 우리는 존재의 통일에 도달한 자가 느끼는 조화를 경험한다.

이러한 조화의 경지는 「학동들 사이에서」(『탑』)에서 춤과 나무의 이미지로 나타난다. "60세의 미소 짓는 공인"인 화자는 어느 초등학교 교실을 시찰하던 중, 수업을 받고 있는 어린 소녀들의 모습에서 문득 그의 연인의 모습을 떠올린다. 그녀도 한 때는 저런 소녀였거늘, 이제는 늙어 "바람을 마시고/ 음식물 대신 그림자를 먹은 듯이 볼이 홀쭉한" 노파가 된 그녀의 현재 모습을 상기해 본다. 또한 그녀와 다를 바 없이 늙어버린 "늙은 허수아비"같은 자신의 현재 모습도 떠올린다. 그는 세월의 횡포를 슬퍼한다. 그 슬픔은 생성과 변화를 반복하는 자연과 육체의 세계에 속하는 자가 느끼는 슬픔이다. 영원한 영혼의 세계에 속한 자들은 삶과 죽음의 윤회를 초탈한 까닭에 그런 슬픔을 느끼지 않는다.

그러나 다음 순간, 그는 젊고 아름답던 자신들이 늙어 볼품없어졌다고 세월의 덧없음을 한탄하기 보다는 자신들의 현재 모습을 있는 그대로 받아들여야 한다는 진리를 터득한다. 그가 숭배했던 젊은 날의 연인의 이미지는 실재가 아니라 환상에 불과하기 때문이다. 그녀가 숭배했을 자신의 젊은 날의 이미지 역시 마찬가지이다. 연인들뿐 아니라 수녀와 어머니 등 다른 사람들이 각자 나름대로 이상적이라 믿고 숭배하는 이미지들 또한 그러하다. 그는 그 환상을 경멸한다. 그가 구하는 것은 실재이지 환상이 아니기 때문이다. 그렇다면 실재는 무엇인가. 그것은 생성 · 변화하는 육체의 세계라는 현실을 기반으로 하여 거기에 각자 마음에 그리는 이념의 영원상, 즉 환상이 합해져 생겨난 조화의 상징이다. 그러므로 그것은 현실을 바탕으로 하여 생겨났을지라도 현실보다는 우위적 존재이다(이창배, 1987: 240). 따라서 그가 숭배해야 하는 그녀의 실재는 젊은 날의 이미지가 아니라, 볼품없이 늙어버린 현재의 이미지이다. 그녀의 현모습이 아무리 초라하다 할지라도 그것은 어린 소녀시절의 모습과 여신처럼 아름답던 처녀시절의 모습이 서로 조화롭게 융합되어 이루어진 모습이기 때문이다. 화자로 분한 예이츠의 경우도 마찬가지이다. 늙은 허수아비 같은 그의 현모습도 소년시절과 청년시절의 모습이 융합되어 빚어진 존재이다. 따라서 60세의 미소 짓는 공인으로 대표되는 그의 실재는 그 세 시절의 모습을 모두 포함한다. 그 중의 어느 하나도 그와 분리될 수 없다.

육체와 영혼의 경우도 마찬가지이다. 그 둘은 서로 분리될 수 없으며 절대적인 동등관계에 있어야 한다. 그럴 때 우리는 조화의 경지에 도달할 수 있는데, 시인은 이 조화의 경지를 밤나무와 춤의 이미지로 제시한다.

> 노동은 꽃피거나 춤춘다
> 육체가 영혼을 즐겁게 하기 위해 상처입지 않을 경우,
> 또한 미도 그 자신의 절망에서 태어나지 않으며
> 또한 흐린 눈의 지혜도 한밤중 기름에서 태어나지 않는다.
> 오 밤나무여, 뿌리 깊은 꽃나무여,
> 그대는 잎인가, 꽃인가, 아니면 줄기인가?
> 오 음악에 맞춰 흔들리는 육체여, 오 빛나는 시선이여,
> 어찌 우리가 춤과 무용수를 구별할 수 있으랴?

한 그루의 밤나무를 잎과 꽃과 줄기로 분리하여 그 어느 하나를 밤나무라 할 수 없듯이, 춤추는 무용수를 춤과 분리하여 춤을 무용수라 할 수 없듯이, 육체와 영혼은 통일되어 조화를 이룰 때 참된 가치가 있는 것이다.

이러한 깨달음은 스스로 체득한 깨달음이다. 그것은 세계령의 세계에 들어감으로써 저절로 깨닫는 수동적인 방법을 통해서가 아니라, 육체와 영혼의 세계를 넘나들면서 몸소 마음으로 부딪고 체험하는 적극적인 방법을 통해서 얻은 깨달음이다. 이렇게 힘겹게 얻은 절실한 결론으로 인해 예이츠가 가야 할 길은 이제 뚜렷해졌다. 그 길은 "성인이 가는 똑바른 길"이 아니라 "시인이나 예술가가 가는 구불구불한 길"(Yeats, 1962: 340)이다. 전자는 인간적 속성이 성화에 의해 정화될 때 갈 수 있는 영원불멸의 세계로 가는 길이다. 반면에 후자는 욕망과 권태가 끊임없이 반복되는 고통의 길이다. 그 길은 극심한 고통 속에서도 어느 한순간, 한줄기의 섬광을 비춰주어 예술가로 하여금 희망도 갖게 하고, 예술도 창조하게 하는 길이다.

시인은 「동요」(『나선계단과 기타 시편들』)에서 후자의 길을 선택할 것을 선언한다. 이 시는 제목 자체가 시사하듯 삶과 죽음, 육체와 영혼 등 근본적으로 서로 대립되는 요소들에 대해 우리 인간이 갖는 정신적 동요에서부터 시작한다. 이러한 동요는 죽음에 의해서도 진정될 수 없다. 삶과 죽음이라는 것 자체가 이미 모순·상반을 내포하고 있기 때문이다. 그렇다면 삶과 죽음, 육체와 영혼 등 일체의 모순을 파괴하는 기쁨이란 무엇인가? 그 기쁨은 반은 불타고, 반은 푸른 잎이 달린 나무에 아티스(Attis)상을 걸어놓고 제사지내는 제사장의 비애를 모르는 기쁨이다.

한그루 나무가 있어 맨 꼭대기의 가지에서
반은 찬란한 불꽃, 다른 반은 이슬 흠뻑 머금은
녹색이 풍부한 잎새들.
반은 반으로 그래도 전경을 이룬다.
반은 반으로 소생해서는 타오른다.
그 노려보는 분노와 눈앞을 가리는 녹색의 잎새 속에
아티스 상을 걸고서 제사하는 자는
그가 아는 것을 모른다고 한들, 비애도 모르고 있다.

여기서 타오르는 불은 영혼과 죽음을, 푸른 잎은 육체와 삶을 의미한다. 그러므로 제사장이 그것들 사이에 부활을 상징하는 아티스 상을 걸어놓고 제사를 지낸다는 것은 그가 영혼과 육체, 삶과 죽음 등 일체의 모순과 갈등을 초월하여 조화를 이루었음을 뜻한다. 엘만 역시 그렇기 때문에 그가 비애를 모르는 황홀한 상태에 도달했다고 말한다(1983: 273).

이러한 기쁨은 혼잡한 런던의 "식당에 앉아 길거리에 눈을 팔고 있는" 평범한 일상 속에서의 "갑자기 타오르는" 기쁨이기도 하다. 그것은 "더러운 돼지우리"인 세속에서도 기쁨을 발견할 수 있는 경지에 도달한 자만이 누리는 기쁨이다. 그것은 끝내 "천국으로의 상승"을 거부한 「자아와 영혼의 대화」의 자아가 느끼는 "너무나 강력한 달콤함"과 같다. 그러므로 기쁨이란 무엇인가에 대한 대답은 육체와 영혼, 삶과 죽음 등 인간 삶의 모든 모순과 갈등을 극복하고 수용하여 조화에 이른 자가 삶을 관조할 때 누릴 수 있는 비일상적인 기쁨이다. 시인은 이 비일상적인 기쁨이 그 순간만큼은 너무도 강렬해서 행복한 기분이 영원히 계속될 것처럼 느껴진다고 한다(1962: 364-65).

그러나 이러한 기쁨도 잠시, 화자는 일상생활에서 자신이 범한 갖가지의 오류를 떠 올리며 회한에 젖는다. 그러자 그의 영혼은 세속적인 것을 버리라고 그의 마음을 유혹하기 시작한다.

영혼. 실상을 찾고, 허상을 버려.
마음. 뭐라고, 가수로 태어나 주제가 없으란 말인가?
영혼. 이사야의 숯불, 그 이상 무얼 더 바라겠나?
마음. 불길의 단순함 속에서는 말문이 막히지!
영혼. 저 불길을 보게, 저 안에 구원이 걸어간다네.
마음. 호머에게 원죄 말고 무슨 주제가 있었나?

그러나 영혼이 세속적인 것이라고 주장하는 겉으로 보이는 것은 마음이 바라는 것, 즉 노래의 대상인 예술이기에 그는 영혼의 유혹을 물리친다. 그는 입술을 숯불에 대어 죄를 사하고 오직 신의 말만을 전하는 선지자가 된 이사야(Isaiah)가 되기를 원치 않는다. 그가 원하는 것은 노래를 부르는 것이지, 단순성의 불에 데어 벙어리가 되는 것은 아니다. 그래서 그는 영혼의 최후의 유혹인 불속을 거니는 구원의 세계도 거부한다. 그가 바라는 노래는 구원의 세계에서 얻을 수 있는 것이 아니라, 원죄를 노래한 호머(Homer)가 살았던 이 지상세계에서 얻을 수 있는 것이기 때문이다. 그래서 그는 솔로몬이 죽은 사자의 시체에서 생명의 근원인 꿀을 발견한 것처럼, 그도 죽음과 다를 바 없이 황폐하고 고통스런 이 속세에서 진정한 예술을 얻겠다고 선언한다.

> 호머와 그의 비기독교적 마음이 나의 모범.
> 사자와 꿀벌 집에 대해 성경은 무어라 풀이했나?

이로써 그 기나 긴 갈등의 여정은 끝이 나고 예이츠는 드디어 완벽한 존재의 통일, 즉 조화의 경지에 도달하였다. 그것은 그의 초기시의 염원대로 이상과 영원의 신화세계에서 이루어진 것이 아니라, 스스로의 체험과 결론에 의해 불결한 돼지우리인 세속에서 이루어졌다. 그의 예술의 최후의 귀착지는 육체와 영혼이 완벽한 조화를 이룬 "세속적 완성"(「벤 벌벤기슭에서」)에 있었던 것이다. 이제 그는 더 이상 육체와 영혼사이에서 번민하고, 다시는 돌아갈 수 없는 젊음과 관능, 그리고 힘의 세계에 대한 미련 때문에 눈물 흘릴 필요가 없다. 육체의 노쇠에 대한 서글픔을 학자연하는 가면으로 위장할 필요도 없다. 그는 이제 현실세계와 이상세계, 자아와 반자아, 육체와 영혼, 삶과 죽음 등 인간 삶의 모든 모순과 갈등을 극복하고 수용하여 진정으로 그것에 초연한 시선을 던질 수 있는 것이다.

> 냉철한 시선을 던져라
> 삶에, 죽음에.

지금까지 『탑』, 『나선계단과 기타 시편들』, 그리고 『마지막 시편들』 등의 시집에 수록된 예이츠의 후기시를 인문치료적 관점에서 살펴보았다. 인문치료는 인문학적 정신과 방법으로 현대인의 정신적 · 정서적 문제들을 예방하고 치유함으로써 마음의 건강과 행복한 삶을 추구하는 이론적 · 실천적 활동인 바(강원대학교 인문과학연구소, 2009: 20), 그 구체적 방법론 중의 하나인 문학치료의 원리—즉, 문학 감상 및 창작을 통해 삶의 위기를 극복하고 자아성장을 이룸으로써 타인과 세상을 새로이 인식하고 삶의 변화에 대처해 나갈 수 있는 힘을 기르는 행위—와 이 시기에 나타난 예이츠의 창조적 글쓰기, 즉 시작(詩作)을 통한 늙음의 수용과 치유과정이 서로 부합하는 까닭이다.

생의 말년에 처하여 육체적 한계에 부딪힌 예이츠는 생동하는 젊음과 관능, 힘 등을 모두 포함하는 육체의 세계에 대해 이전보다 더욱 깊은 애정을 느끼고 괴로워한다. 그 고통이 점차 심화되자 그는 영원한 영혼의 세계인 비잔티움으로 떠남으로써 육체의 노쇠를 보상받고자 한다. 그러나 그곳 역시 마음의 안식처가 아님을 깨달은 시인은 "미친 제인 시편들"에서 영혼 못지않은 육체의 소중함을 노래한다. 영혼은 육체가 있음으로 해서 존재하며, 육체 또한 영혼의 존재로 인해 더욱 빛을 발한다. 그러므로 양자는 서로 달리 존재하거나 어느 한 쪽이 우위에 있어서도 안된다. 양자가 동등한 입장에서 서로 보완하여 통일을 이룰 때, 우리는 조화의 경지에 도달할 수 있다. 시인은 이러한 조화의 상태를 「학동들 사이에서」와 「동요」에서 춤과 나무의 이미지로 나타낸다. 이로써 그 기나 긴 갈등의 여정을 마감하고 마침내 안식을 구한 예이츠는 평범한 일상 속에서 갑자기 타오르는 비일상적인 기쁨을 경험한다. 그것은 현실과 이상, 육체와 영혼 등 서로 대립적인 요소들의 갈등을 극복하여 조화의 경지에 이른 자가 삶을 관조할 때 누릴 수 있는 기쁨이다. 그것은 세속에서의 완전한 기쁨인 것이다. 그러므로 그에게는 이제 더 이상의 갈등은 없다. 오직 마음의 평화만이 존재한다. 이렇게 볼 때, 예이츠의 후기시는 자아의 성장을 다루고 있다고 볼 수 있으며, 이러한 주제는 문학치료, 더 나아가 인문치료의 목적과 맞닿아 있다.

※ 이 글은 필자의 논문 「인문치료로 본 예이츠의 후기시」(『영어영문학연구』 51권 4호 (2009): 297-316)를 수정 · 보완한 것이다.

예이츠의 사랑시에 나타난 절망과 치유

유 건 상

시인이란 자신이 발견한 진실에 대해 말하는 사람이며,
자신의 감당하기 어려운 고통이나 벅찬 기쁨을 안겨주었던
특별한 순간들에 대해 글 쓰는 사람이다.
- 민티(Judith Minty)

예부터 사랑은 동서고금을 막론하고 문학의 주된 주제이어 왔다. 특히 『로미오와 줄리엣』(1597)이나 『젊은 베르테르의 슬픔』(1774)처럼 이루어지지 않는 절절한 사랑 혹은 외사랑은 수많은 독자의 심금을 울린다. 단테(Dante Alighieri)에게 이루어지지는 않았지만 처녀시집 『새로운 인생』(1295)을 낳게 하고 『신곡』(1321) 등 그의 주요 작품들에 등장하는 평생의 연인 베아트리체(Beatrice Portinari)가 있었다면, 예이츠(W. B. Yeats)에게도 역시 이루어지지는 않았지만 초기 시집 『장미』(1893)에서부터 후기 시집 『최후의 시편들』(1936-39)에 이르기까지 수없이 많은 그의 시의 모티브가 되었던 영원한 연인 모드 곤(Maud Gonne)이 있었다.

예이츠는 20대 초반에 모드 곤을 만나 50대 초반에 이르는 동안 그녀에게 수없이 구애하고 거절당하였다. 그러나 그는 "나는 아마도 교회에서 결혼하는 일은 없을 테지만 한 여인을 평생 동안 사랑할 것이다"(Jeffares, 1966: 58)라는 자신의 말처럼 본인의 결혼 이후로도 임종 전까지 그녀와 사랑 이상의 깊은 우정을 나누었으니, 그녀의 존재가 그의 문학과 삶, 그리고 철학에 얼마나 지대한 영향을 끼쳤는지는 능히 미루어 짐작할 수 있다. 그는 현대시에 있어 가장 두드러진 우정관계의 하나라 칭하여 지는 두 사람의 관계, 즉 모드 곤과의 첫 만남에서부터 서로 늙어 "하잘 것 없는 물건/ 장대 위에 걸린 누더기"와 "바람을 마시고 그림자를 먹은 듯/ 볼이 홀쭉한 노파"(「학동들 사이에서」)가 된 모습에 이르기까지의 거의 반세기에 이르는 그 기나 긴 사사로운 관계를 약 50-60여 편의 시에서 묘사하였다. 많은 시인들도 그러하지만 특히 예이츠의 경우, 그의 대부분의 시는 그의 전기적 사실과 부합될 뿐 아니라 그 사실의 가식 없는 진실한 기록이다. "나는 바로 나 자신을 시로 만들어 낸다는 생각으로 인생을 출발하였다"(1985: 156)라는 시인의 말은 이를 뒷받침한다. 물론 사생활을 담은 시가 모두 훌륭하다고 볼 수는 없지만, 그는 자신의 사생활을 시의 소재로 삼되 그것에 보편성을 가미한다. 그 결과 이는 시인의 개인성을 초월한 예술품으로 재창조되어 인류 보편적인 의미를 갖게 된다. 엘리어트(T. S. Eliot)는 이 점을 인정하여 예이츠의 위대함은 "강렬한 개인적인 경험에서 보편적 진리를 표현할 수 있었던" 점에 있다고 지적한다(1956: 255).

예이츠는 시인은 비극적인 상황에서 자신의 개인적 삶과 관련된 최고의 작품을 쓴다고 말한 바 있다. 그것이 회한이든 실연이든 혹은 단순한 고독 그 무엇이든 간에 말이다. 모드 곤이 그의 사랑을 받아 들였더라면 그가 그렇게 좋은 시를 쓸 수 있었을까? 그녀는 시인이 불행 속에서 시를 썼기 때문에 자신이 그와 결혼하지 않은 것에 대해 언젠가 세상 사람들이 자기에게 고마워할 것이라고 말하며, 그 또한 그녀 때문에 많은 걸작들을 쓸 수 있었다고 시인한 바 있다(Brady, 1990: 6). 예이츠는 그녀와의 관계를 노래한 이 50-60여 편의 시들에서 모드 곤에 대한 절절한 사랑을 노래하기도 하고 또 때로는 이를 받아들이지 않는 그녀에 대한 원망을 노래하기도 한다. 때로는 그녀를 여신과 같은 변함없는 미의 상징으로 또 때로는 자만심으로 인해 술주정뱅이와 결혼해 불행을 자초한 여인으로 묘사하기도 하며, 그녀가 대중의 지지를 잃었을 때는 그녀를 옹호하기도 하고 또 때로는 그녀의 과격한 정치활동에 대한 불만을 토로하기도 하면서 실연의 상처를 극복해 나갔다.

예이츠가 이처럼 실연을 극복하고 수용하는 과정에서 시 쓰기는 중요한 역할을 하였다. 처음에 시인은 연인의 미를 즐거이 찬미하면서 받아들여지지 않는 외사랑에 슬퍼하고 좌절하는 젊은이에서 점차 모드 곤과 자신과의 기질적 차이를 인정하고 실연을 수용·극복하여 그녀와 사랑 이상의 지고한 우정을 나누는 지혜로운 성인으로 성장한다. 시는 즐거움에서 시작해 지혜로움으로 끝난다는 프로스트(R. Frost)의 언명처럼 그는 시 쓰기를 통해 지혜로운 성인으로 성장·변모한 셈이다. 이 글의 목적은 예이츠의 모든 곤에 대한 사랑시에 나타난 실연의 극복 및 치유과정을 문학치료적 관점에서 고찰함에 있다. 테니슨(A. L. Tennyson)이 『A. H. H.를 추모하며』(1850)에서 시를 "추위를 견딜 가장 거친 옷"처럼 몸에 걸친다고 묘사함으로써 절친한 벗 핼럼(A. H. Hallam)을 잃은 극한 슬픔을 시 쓰기를 통하여 극복한 것처럼, 예이츠도 자신의 삶을 "불행으로 채웠던 그녀"에 대해 훗날 할 수 있는 일은 "기록하는"(「몰락한 권위」) 것뿐이었다고 노래함으로써 실연의 아픔과 절망감을 시 쓰기를 통하여 극복하고 치유했기 때문이다.

1. 치료로서의 문학과 글쓰기

문학은 고도로 발달한 물질문명 속에서 삶의 지표를 잃고 방황하는 현대인들에게 많은 위안을 준다. 우리는 영화와 TV 등 대중매체의 발달로 문학의 죽음이 공공연히 회자되는 시대에 살고 있지만, 여전히 시와 소설, 드라마 등 문학을 통해 감동과 위안을 받는다. 사실 오래 전부터 문학이 인간의 마음을 치유하는 기능이 있다고 보고한 문헌들이 있어 왔으며, 문학을 활용한 치료적 접근에서 다양한 긍정적 결과를 보고한 연구들이 증가하고 있다.

치료로서의 시는 원시 부족들이 모닥불 주변에서 부르던 노래만큼이나 오래되었다. 영창/노래/시는 마음과 영혼을 치유한다. 심리(사이콜로지: psychology)라는 단어조차도 사이키(psyche)는 영혼을, 로고스(logos)는 말을 의미한다. 고대 그리스 테베의 도서관 입구에는 영혼을 치유하는 곳이라는 글이 새겨져 있었다고 한다. 또한 기원전 11세기경의 기록에 따르면, 양치기 소년 다윗의 시와 음악이 사울왕의 포악한 심성을 가라앉혔다고 한다.

역사적 기록으로 볼 때, 처음으로 문학을 치료에 활용한 사람은 1세기경에 로마에서 의사로 활동했던 소라누스(Soranus)이다. 그는 자신의 조울증 환자들에게는 비극적 작품을 처방했으며, 우울증 환자들을 위해서는 희극 작품을 처방했다. 아폴로(Apollo)가 시의 신이자 의학의 신이라는 사실은 의학과 문학의 상관관계를 말해준다. 1751년 프랭클린(B. Franklin)에 의해 설립된 미국 최초의 병원인 펜실베니아 병원의 기록에 의하면, 이 병원에서는 19세기 초반부터 정신 질환자들을 위해 독서와 글쓰기, 그리고 그들의 글을 발행하기 등 많은 부수적인 치료제들을 사용했다. "미국 정신의학의 아버지"라 불리는 러쉬(B. Rush) 박사는 효과적인 부수적 치료제들로서 음악과 문학을 도입했다. 시 쓰기는 환자들의 활동이었는데, 그들은 그들의 작품을 〈일루미네이터〉(The Illuminator)라는 자신들의 신문에 싣기도 했다(NAPT(전미문학치료학회) 홈페이지). 그러므로 의학과 문학의 상호보완적 치유 기능에 대해 "의사와 시인 모두 치료자가 될 수 있다. 어둠과 질병의 혼돈에 맞서 빛과 질서를 유지하고 건강의 아름다움과 조화를 창조 또는 회복하기 위해 노력한다는 공통의 목표를 공유하기 때문이다. 이를 추구하기 위해 의학은 육체에, 시는 정신에 복무할 따름이다"(Bolton, 1999: 130에서 재인용)라는 존스(H. Jones)의 언급은 적절하다.

문학치료는 협의의 의미로는 문학을 수단으로 하는 심리치료의 한 방법이기도 하다. 광의의 의미로는 문학을 수단으로 하여 인생의 목표를 설정하거나 삶의 위기를 극복하고, 더 나아가 인성을 함양하고 삶을 윤택하게 하는 치유책이다(변학수, 2006: 274-275). 다시 말해 문학치료의 목적은 변화의 도모이며, 그 결과 내재된 갈등을 해소하는 능력과 적응기능을 향상시키는 것이다(Reiter, 1997: 170). 문학치료는 문학작품 읽기와 쓰기를 통한 치료로, 최근에는 수용적인 읽기보다는 능동적이고 적극적인 쓰기가 많이 강조되고 있다. 사실 예로부터 많은 시인들이 글쓰기의 치유적 효능에 대해 이야기한 바 있다. 가령 바이런(Lord Byron)은 "시는 상상력의 용암으로, 그것의 분출이 지진을 막는다"고 노래함으로써 감정 표현의 중요성에 대해 강조한다. 워즈워드(W. Wordsworth)도 「영생불멸의 노래」에서 "나에게만 찾아 왔네 슬픈 생각이./ 적시의 표현이 그 생각 제거해 주었네/ 그래서 나는 다시 건강해졌네"라고 노래함으로써 적절한 감정 표현의 치유력에 대해 언급한다. 분노와 슬픔 같은 감정들은 표출되지 않을 때, 증후(症候)로 형성되어질 수도 있다. 글쓰기와 읽기 과정은 잠재적으로 폭발적인 심리 에너지가 분출될 수 있는 안전한 배출구를 제공함으로써 심리적 · 정신적 균형을 회복시켜준다(Heninger, 1978: 56).

헤닝어(O. E. Henninger)는 문학치료의 원리를 환기와 카타르시스, 탐구, 지지, 적극적 숙달, 이해하기, 안전함 등으로 언급한다(1994: 555). 이를 부연 설명하면 첫째, 시는 우리의 내밀한 감정이나 생각을 표출하도록 환기시킴으로써 카타르시스를 경험하게 하고, 그 결과 치료효과를 가져온다. 둘째, 시는 우리의 무의식의 세계, 심층내면의 세계까지 들어가 자신의 모습을 직면하게 하거나, 갈등에 대해 정확하게 알게 한다. 셋째, 우리는 시를 통해 자신의 생각과 감정을 타인들과 공유함을 깨닫게 됨으로써, 용기도 얻고 자신감과 정신집중도 함양된다. 넷째, 우리는 시를 읽으며 시적화자의 감정과 욕구에 동일시됨으로써 감정을 변형시키거나 가라앉히기도 하며, 스스로 감정을 조절할 수 있게 된다. 그 결과 지금까지 부인하고 억제한 감정, 수용할 수 없었던 감정들을 시를 통해 표현하여 수용할 수 있게 된다. 다섯째, 우리는 시를 읽으며 시세계를 이해하게 되고 시인의 감정에 공감하게 됨으로써 자기이해를 더욱 깊이 할 수 있다. 여섯째, 우리는 문학적 활동을 통해 자신의 거칠거나 역동적인 내면세계를 부드럽게 표현할 수 있다. 그러므로 시는 비난이나 평가를 받거나, 수치심을 느끼지 않고도 소망을 표현할 수 있는 안전한 방법이다.

이러한 원리를 지닌 문학치료의 과정은 인지단계, 탐구단계, 병치단계, 자기에의 적용단계로 나누어진다(Hynes & Hynes-Berry, 2012: 33-42). 인지단계는 문학작품을 읽음으로써 자신의 감정을 새롭게 인지하고, 그것에 공명하는 단계이다. 탐구단계는 작품의 구체적인 세부사항에 대한 자신의 반응이나 생각에 대해 고찰하는 단계이다. 병치단계는 어떤 문제에 대해 이전에 가졌던 생각이나 감정을 그것에 병치하는 단계로, 이전의 생각과 감정을 바꿀 수 있는 가능성을 제공한다. 자기에의 적용단계는 자신과 문학작품 사이의 연관관계를 알게 하고, 이를 실제 세계에서 자신의 자아에 적용하게 하는 단계이다. 이러한 문학치료 과정을 통해 우리는 더욱 창조적이고, 자신에게 도움이 되는 행동으로 나아감으로써 진정한 자아의 성장과 변화에 이른다. 그러므로 문학치료의 궁극적인 목표는 문학을 통한 진정한 자아의 성장과 변화이다. 그것은 또한 글쓰기를 통해 실연을 극복하고 더 나아가 자아성장을 이루는 예이츠의 사랑시의 주제와 맥을 같이 한다.

2. 사랑의 슬픔과 절망

예이츠가 모드 곤을 처음 만난 것은 23세 때인 1889년이었다. 당시 예이츠는 아일랜드 신화를 소재로 한 설화시 『어쉰의 방랑』의 출판을 마친 직후였다. 시인은 유명한 아일랜드의 민족자결주의자 존 오리어리(John O'Leary)의 누이 엘렌(Ellen)에게서 받은 소개장을 가지고 화가인 부친과 자신을 만나러 온 한 살 아래의 모드 곤을 보자마자 운명적인 사랑에 빠졌다. 시인 자신의 말대로 "삶의 고뇌"이자 "엄청난 혼란"이 시작된 것이다(Jeffares, 1966: 59). 첫 만남 이후 예이츠와 모드 곤은 아일랜드에 대한 공통의 관심사 덕분에 친해졌지만, 사실 두 사람의 기질은 매우 상반적이었다. 그녀는 독립운동가가 되기 위해 사교생활을 포기하고, 정치적 목적을 위해서는 다소 폭력적인 수단도 정당화될 수 있다고 생각하는, 말하자면 전형적인 독립운동가 타입의 여성이었다. 반면에 당시의 예이츠는 타이넌(K. Tynan)이 "몽상적이고 상냥하고… 시에 숨쉬고, 먹고 마시고, 살고, 그리고 잠든다"(Brady, 1990: 11에서 재인용)라고 기억할 정도로 낭만적인 기질이 농후한 전형적인 시인의 모습을 지닌 젊은이였다.

〈젊은 날의 예이츠와 모드 곤〉

〈뤼시앵 밀르브아〉

이렇게 기질이 다름에도 불구하고 첫 만남에서 모드 곤에게 완전히 매료당한 예이츠는 지인에게 그녀가 무슨 말을 해도 자랑스럽기만 할 거라고 편지를 보냈다. 그러나 모드 곤에게는 이미 뤼시앵 밀르브아(Lucien Millevoye)라는 연인이 있었으므로 시인은 그녀에게 전혀 이성으로서의 대상이 아니었다. 프랑스인인 밀르브와는 변호사이자 언론인이었으며, 그녀와 정치적 이념을 같이 했다. 더구나 그는 그녀보다 15년이나 연상이었으므로, 모드 곤은 자신보다 1살 연상인 시인을 그저 소년으로만 생각했다. 예이츠와의 첫 만남 후, 모드 곤은 아내와 별거 중인 밀르브와의 아이를 가졌지만 이에 대해서 예이츠에게 알리지 않았다. 아이가 태어나기 전 그녀는 시인과 자주 만났으며, 그들의 우정은 깊어갔다.

모드 곤은 예이츠의 삶에 커다란 영향을 미친 것처럼 그의 시에도 광범위하게 모습을 드러낸다. 초기 시집 『장미』(1893)에서 제목인 장미는 켈트 민족의 신들의 세계 등 다양한 의미를 내포하며, 모드 곤도 또한 포함된다. 이 시집에 수록된 「시간의 십자가에 달려 있는 장미에게」, 「세상의 장미」, 「사랑의 슬픔」, 그리고 「흰 새들」 등 사랑시의 대부분은 그녀에 대한 시들이다. 「시간의 십자가에 걸려 있는 장미에게」에서 시인은 모드 곤을 상징하는 장미에게 "붉은 장미, 자랑스런 장미여, 내 인생의 슬픈 장미여!/ 내게 가까이 오라"라고 사랑을 호소한다. 「세상의 장미」에서는 모드 곤에게서 본 영원불멸의 아름다움을 아일랜드 신화의 인물 "우스나" (Usna)와 그리스 신화의 헬렌(Helen)과 연결시킨다.

> 아름다움이 꿈처럼 사라진다고 누가 생각했던가?
> 슬픈 교만이 깃든 이 붉은 입술 때문에,
> 너무 슬퍼서 새삼 기이한 생각도 일지 않는 그 교만한 입술 때문에
> 트로이는 치솟는 죽음의 불길에 싸여 사라졌고,
> 우스나의 아들들도 죽었다.

시인이 흔히 모드 곤을 헬렌과 우스나와 동일시함을 고려할 때, 이 시는 모드 곤의 아름다움에 대한 찬사의 시라고 볼 수 있다.

예이츠는 모드 곤을 만난 지 3년 후 처음으로 그녀에게 청혼했다. 그녀는 이를 거절하며 우정을 요구했다. 다음날 그녀는 그와 호스언덕(Hill of Howth)을 거닐다가 만약에 새가 된다면 갈매기가

되고 싶다고 말했으며, 시인은 당시의 심정을 「흰 새들」에서 다음과 같이 노래한다.

> 사랑하는 이여, 우리가 저 바다 포말 위의 흰 새들이었으면 좋겠소!
> 우리는 유성이 사라져 없어지기도 전 그 불길에 싫증이 나고,
> 하늘가에 낮게 걸린 황혼녘 푸른 별의 불길은,
> 사랑하는 이여, 우리 마음속에 사라지지 않을 슬픔을 일깨워 주었소.

예이츠의 초기 서정성의 절정을 이루는 『갈대밭의 바람』(1899)의 중심 주제는 사랑이다. 특히 모드 곤에의 실연에서 비롯된 사랑의 슬픔과 절망을 노래한다. 시인은 그녀가 언젠가는 청혼을 받아들일 거라고 생각하고 계속해서 구애했다. 그는 밀르브와와의 관계를 전혀 몰랐으므로 그녀가 독립운동에 열중한 나머지 결혼에 관심이 없는 줄 알았던 것이다. 시인은 「그는 하늘나라의 옷감을 원하네」에서 연인에게 "내 꿈을 그대 발아래 깔았으니/ 사뿐히 밟으소서"라고 노래한다. 시적 화자는 가난하여 "하늘나라의 수놓아진 옷감"을 갖지 못하고, 오로지 "꿈"만을 소유했기 때문이다. 화자는 연인의 거절에 익숙한 탓인지 가난한 자신에게 자신이 없어진 탓인지 스스로 연인의 거부와 그에 따른 자신의 사랑의 패배를 미리 인정한다. 계속되는 거절에 지친 시인은 올리비아 셰익스피어(Olivia

〈올리비아 셰익스피어〉

Shakespeare)라는 유부녀와 만나 잠시 사랑에 빠지기도 했지만, 그의 사랑은 언제나 모드 곤이었다. 이를 알고 셰익스피어가 떠났을 때, 그는 「연인은 사랑의 상실을 슬퍼한다」에서 "그녀는 어느 날 내 마음을 열어/ 그 안에 자리한 당신의 모습을 보고/ 눈물을 흘리며 멀리 떠났네"라고 노래한다.

예이츠는 마침내 모드 곤에게서 밀르브와와 죽은 아들, 그리고 딸 이졸트(Iseult Gonne) 등에 대한 이야기를 듣게 된다. 시인은 그 참담한 심정을 「그는 천상의 성좌의 일부이던 과거의 영광을 생각한다」에서 "죽을 때까지 사랑하는 여인의 가슴에 기댈 수도,/ 그녀의 머리카락위에 입 맞출 수도 없다는 것을" 깨닫고 우는 남자의 심정에 빗대어 묘사한다. 그러므로 시인은 「그는 연인이 죽기를 원하네」에서 사랑하는 사람이 차라리 죽기를 소망한다. 그렇게 된다면 "그녀의 가슴에 머리를 누일" 수도 있고, 그녀 또한 그에게 "부드러운 말로 속삭여 줄" 것이기 때문이다.

이러한 사랑의 좌절은 『일곱 숲에서』(1904)로 이어진다. 이 시집에 수록된 시들은 대체로 여전히 좌절된 사랑을 다루지만, 그에 따른 자기 성찰이 주를 이룸이 주목할 만하다. 어느 날 예이츠는 모드 곤과 그녀의 여동생 캐슬린(Kathleen)과 식사를 하다가 캐슬린의 미모를 칭찬하고, 캐슬린은 미모를 유지하는 데는 많은 노력이 필요하다고 말한다. 예이츠는 이 주제를 「아담의 저주」에서 다루었는데, 그가 거절당하는 것에 지쳐있다는 것을 알 수 있다.

나는 오직 그대만이 들으리라 생각했다;
그대는 아름다웠고, 내가 애쓰고 있다는 것을
그대를 오래된 숭고한 사랑의 방식으로 사랑하려고;
모든 것이 행복해 보였으나 우리는
저 텅 빈 달처럼 지쳐버렸다는 것을.

다음날 예이츠는 모드 곤에게 정치를 포기하고 여동생처럼 자신을 돌보며 시인과 작가 및 예술가 친구들 사이에서 평온하게 살자고 다시 한 번 청혼하였다. 그녀는 자신과 결혼하면 행복하지 않을 거라고 거절하면서, 시인은 결혼해서는 안 되며 예이츠의 아름다운 시들도 그의 불행에 의해서 씌어지는 것이라고 말했다. 사실 시인은 보답 없는 사랑 때문에 최고의 시를 썼으므로 모드 곤의 대답은 어느 정도 일리가 있다. "우리의 아이들이 당신의 시들입니다," "우리가 죽은 뒤 저는 당신의 시들로 인해 알려지게 되겠지요"(White & Jeffares, 1992: 302, 357)라는 그녀의 말처럼 실제의 삶 속에서 결합될 수 없었던 그 두 사람의 관계는 결국 예이츠의 시를 통해서 그 흔적을 남긴 셈이다. 이 시가 쓰여지고 나서 약 3개월 뒤, 그녀는 독립투사 존 맥브라이드(John MacBride)와 갑작스레 결혼함으로써 시인에게 엄청난 충격을 안긴다.

〈존 맥브라이드〉

「절대 온 마음을 주지 말라」에서 시인은 온 마음을 주고도 연인의 사랑을 얻는데 실패한 남자의 심경을 노래하면서 "만약 사랑으로 귀머거리, 벙어리, 소경이 된다면/ 누가 사랑의 놀이를 충분히 잘 할 수 있겠는가?"라고 반문함으로써 사랑의 희생을 경계한다. 「오, 너무 오래 사랑하지 마오」에서는 사람의 마음은 변하는 것인데 사랑에서 영원을 찾으려는 것은 "유행에 뒤처지는" 일이라고 노래한다. 이러한 자기성찰은 시인이 자신을 객관적으로 관찰하게 되었음을 의미한다. 자신 뿐 아니라 사회와 현실을 객관적으로 관찰하게 됨으로써 그의 시는 초기의 몽상적인 서정시에서 벗어나게 된다. 이러한 변화의 계기로는 모드 곤의 갑작스런 결혼으로 인한 실연과, 시인이 당시 애비 극장을 중심으로 연극에 전념하여 자기극화의 수련을 쌓게 된 것 등을 들 수 있다.

이러한 변화는 『푸른 투구와 기타 시편들』(1910)에서 더욱 두드러진다. 시인은 사회와 현실에 대해 더욱 객관적이고 비판적인 시선을 견지하게 되며, 특히 모드 곤에 대한 시는 감소하였다. 그러나 여전히 그녀에 대한 사랑과 절망, 그리고 그녀의 결혼으로 인한 충격과 그에 따른 복잡한 심경을 노래한다. 모드 곤은 밀르브와와 헤어진 후, 보어 전쟁에서 아일랜드 여단(Irish Brigade)을 지휘한 존 맥브라이드 소령의 연설문을 도와주면서 그와 친분을 쌓다가 1903년 파리에서 결혼하기에 이른다. 그녀는 차마 그 이야기를 직접 하지는 못하고, 더블린에서 연설 준비를 하던 예이츠에게 전보를 보냈다. 그는 연설을 했으나 나중에 무슨 말을 했는지 한 마디도 기억하지 못할 정도로 충격을 받았다. 시인은 그녀가 떠나버린 그 순간의 충격을 훗날 이 시집에 수록된 「화해」에서 다음과 같이 극적으로 묘사한다.

그대가 내 곁을 떠나던 그날
나는 번개 맞은 사람처럼 귀먹고, 눈멀어 …
. . . .
그러니 그대여, 내게 가까이 있어주오. 그대가 떠난 후
나는 삭막한 생각에 뼛속 깊이 한기에 떨고 있다오.

그는 그녀를 향한 자신의 사랑이 다시 한 번 무시당했다는 것에 절망했다.

이제 시인은 모드 곤을 좀 더 객관적으로 보게 된다. 시인이 이전의 시집들에서 그녀를 고전시대의 고귀한 관념적인 여성으로 묘사했다면 이제는 거기에 현대 아일랜드의 현실적인 인물로서의 언급이 첨가된다. 「제2의 트로이는 없다」는 이를 잘 드러낸 시이다.

고귀하고 고고하며 아주 준엄하여
오늘 날 같은 시대에는 어울리지 않는 사람이기에
그런 여자로서 도대체 무엇을 할 수 있었을까?
그녀에게 불태울 또 다른 트로이가 있었단 말인가?

모드 곤에 대한 이러한 비판적인 시각은 시인이 「호머가 노래한 여인」에서 그녀를 "호머가 노래한 여인의 상이어서/ 마치 구름에 올라앉은 듯"한 여인으로 미화해서 보던 것과는 매우 대조적이다.

3. 실연의 극복과 수용

예이츠가 20세기의 위대한 시인으로 등장하게 되는 1910년대에는 『책임』(1914)과 『쿨호의 야생백조』(1919) 등 두 개의 시집이 출판되었다. 첫 번째 시집은 제목이 시사하듯 정치적이고 사회적인 주제를 다룬 시들이 주류를 이루지만, 모드 곤에 대해 노래하는 시들도 어떤 의미에서는 예이츠의 개인적인 책임을 다루고 있다고 할 수 있다. 「서시」에서 시인은 나이 오십에 결혼도 못하고 이룬 것 없이 늙어버린 자신에 대한 회한과 선조들과 사회와 국가에 대한 책임감을 토로한다.

> 비록 내 나이 마흔 아홉에 가까이 왔건만
> 열매 맺지 못하는 사랑 때문에 자손은 없고,
> 가진 것은 다만 한 권의 책뿐, 당신들의 피와
> 내 피를 증거하는 것은 다만 그 책 외엔 아무것도 없음을 용서하소서.

그에게 조상의 족보는 아주 중요한 것이었으므로 대를 잇지 못할 것이라는 생각은 그를 힘들게 했다. 그러므로 시인은 때로 지난날의 "열매 맺지 못하는 사랑"을 후회하기도 하는 것이다.

시인은 「몰락한 권위」에서 자신의 날들을 불행으로 채웠던 그녀에 대해 오랜 시간이 지나가 버린 지금, 할 수 있는 일은 "지난날을 기록하는" 것뿐이라고 노래한다.

> 얼굴 생김새며, 웃으면 마음이 감미로워지던 심정이며
> 이런 것은 옛날 그대로, 그러나 나는 지난날을 기록한다. 사람들은

모여들겠지만, 알지 못할 것이다, 그들이 걷는 길이
한때 불타는 구름처럼 보였던 그녀가 걷던 길임을.

시인은 때로 자신의 사랑을 후회하면서도 "한때 불타는 구름같이 보였던" 그녀에 대한 생각을 바꾸지는 않는다. 「친구들」에서 시인은 "내 청춘이 사라질 때까지/ 동정의 눈길 한 번 주지 않고/ 모든 것을 앗아가 버린 그녀"를 생각하자면 여전히 "내 심장의 뿌리로부터/ 황홀한 달콤함이 흘러 넘쳐/ 머리끝에서 발끝까지 전율할 수밖에" 없다고 모드 곤에 대한 사랑을 토로한다.

모드 곤의 결혼은 두 사람의 관계에 커다란 변화를 가져오지는 않았다. 정치적인 이견으로 관계가 잠시 소원해질 때도 있었지만 시인은 여전히 모드 곤을 사랑하였고, 그녀 역시 여전히 그와 친밀한 우정을 나누었다. 1914년 시집이 실연으로 인한 자책과 회한의 감정을 다루었음에도 불구하고, 1919년에 출판된 『쿨호의 야생백조』에는 여전히 그녀의 삶과 아름다움을 칭찬하는 시들이 실려 있다. 「그의 불사조」에서 시인은 그녀를 "어린이의 천진난만함,/ 태양을 직시하는 듯한 당당한 눈빛,/ 조금도 흐트러짐 없는 균형 잡힌 육체"를 지닌 아름다운 여인으로 묘사한다. 심지어 표면적으로는 다른 사람에 대해 쓴 시들조차 실은 그녀에 대한 시들이었다. 가령 모드 곤의 딸 이졸트를 위해 쓴 「어린 소녀에게」에서 시인은 소녀에게 "무엇이 네 가슴을 뛰게 하는지" 잘 안다면서, 그도 소녀의 엄마로 인해 "마음이 … 산산히 부서졌다"고 노래함으로써 소녀에게서 모드 곤에게로 시의 포커스를 옮긴다.

관습을 중요시 여긴 맥브라이드와 독립적인 모드 곤의 결혼생활은 그다지 평탄하지 않았다. 결혼한 지 몇 달이 지나지 않아 모드 곤은 예이츠에게 결혼을 후회한다고 말했고, 늘 그러하듯 시인은 그녀를 위로해 주었다. 그는 변호사를 소개받아 그녀가 이혼계약서를 작성하도록 도와주었다. 그녀는 결국 별거판정을 받기에 이르고, 이 사건으로 그녀는 대중의 사랑을 잃었다. 그녀가 대중 사이를 걸어가자 대중들은 야유했으며, 시인은 이에 대한 놀라움을 「사람들」에서 "가장 많이 봉사한 사람이 비난거리가 되고,/ 평생의 명성도 잃게 되었다"고 노래한다. 이처럼 결혼에 실패하고 대중들에게 비난받고 잊혀져 가는 모드 곤에 대한 안타까움과 그녀가 사람들에게 예전처럼 칭찬받기 바라는 심정을 시인은 「그녀의 칭찬」에서 토로하기도 한다.

> 남루한 옷을 입은 곳에선 그녀의 이름을 알 것이고
> 기꺼이 기억할 것이다, 옛날에는
> 그녀가 젊은이에게선 칭찬을, 노인에게선 비난을 받았지만,
> 가난한 사람들 사이에선 젊은이 늙은이 모두가 그녀를 칭찬했었지.

「깨어진 꿈」에서는 세월과 더불어 스러져 버린 불사조 같았던 그녀의 아름다움이 지금은 "희미한 기억들"일 뿐이라고 아쉬워한다. 그러나 시인은 그가 열정적으로 노래했던 아름다운 모습 그대로 그녀가 기억되고 회자되리라고 여긴다. 그리고 그가 죽어서도 보고 싶은 것은 그녀의 여인으로서의 "첫 아름다움"이라고 노래함으로써 그녀에 대한 미련을 버리지 못한다.

1916년 부활절 봉기 사건이 일어났고 그 지도자의 중심에 있던 맥브라이드가 체포되어 처형당했다. 시인은 이 반란에 감동을 받아 「1916년 부활절」(『마이클 로바티즈와 댄서』)을 썼다. 이 시에서 그는 반란에 참가한 영웅들의 목록에 맥브라이드의 이름도 넣었으되, 그를 "나의 소중한 사람에게/ 가장 가슴 시린 잘못을 저지른/ 주정뱅이요, 허풍장이"라고 묘사함으로써 그에 대한 반감을 내비쳤다. 예이츠는 별거 중이던 모드 곤이 미망인이 되었으므로 다시 청혼했으나 또다시 거절당했다. 그녀에게의 희망을 완전히 잃은 시인은 다음해인 1917년, 52세에 25세의 조지 하이드 리즈(George Hyde-Lees)와 결혼하였다. 그들의 결혼 생활은 행복했다. 조지는 그의 작품들의 진가를 이해했다. 철자를 고쳐주고 그가 일할 때 아무도 방해하지 못하게 했으며, 그가 요청하면 자동기술로 그가 자신의 영혼의 세계와 접촉하게 해주었으니 그 결과물이 바로 『비전』(1925)이다.

〈미국강연 여행 중의 예이츠 부부〉

시인은 평온한 결혼생활 속에서 시인으로서도 절정기를 맞게 된다. 그 결과 『마이클 로바티즈와 댄서』(1921), 『탑』(1928), 『나선계단과 기타 시편들』(1933), 그리고 『최후의 시편들』(1936-39) 같은 최고의 시집들을 발표한다. 시인의 결혼은 모드 곤과의 관계에 당연히 영향을 미쳤다. 결혼 이후에도 그녀는 여전히 그의 시에 등장했지만 숫자가 현저히 줄었으며, 그녀에 대한 열정은 상당부분 사라지고 객관적인 평가와 찬양의 단계가 된다. 『마이클 로바티즈와 댄서』에 수록된 「나의 딸을 위한 기도」는 제목이 시사하듯 갓 태어난 딸의 행복을 바라는 아버지의 기도를 다루고 있지만, 그 중심 내용의 많은 부분을 모드 곤이 차지한다. 시인은 자신의 딸이 성장하기 바라는 이상적인 여인상을 모드 곤이 대표하는 여인상과 대비시키면서, 딸이 그녀 같은 여성으로 자라지 않기를 소망한다. 시인은 모드 곤의 "완고한 소신"과 "지적 증오심"이 그녀의 미덕을 잃게 했다고 노래한다.

지적인 증오가 가장 나쁜 것이다,
그러므로 그녀가 소신이란 저주스럽다고 생각하게 하라.
풍요의 뿔의 입에서 태어난 가장 사랑스런 여인이
그녀의 완고한 마음 때문에
조용한 본성을 가진 사람들이 이해하는
모든 선과 풍요의 뿔을
성난 바람으로 가득 찬 낡은 풀무와
맞바꾸는 것을 내가 보아오지 않았던가?

시인은 여성의 지나친 아름다움과 지적인 투쟁정신, 그리고 완고한 소신을 전통적 여성상과 유사한 미덕과 대비하여 후자를 더 바람직한 여인상으로 묘사한다. 너무 아름답게 태어난 여인은 "그 아름다움만으로도 넘쳐흘러/ 타고난 친절과 혹은/ 가슴에서 우러나오는 친밀함을 잃어/ 한 명의 친구조차 갖지 못한다." 그러나 "아주 아름답지는 않은" 여인들은 친밀함과 친절을 유지해서 "미 자체를 위하여 바보짓을 한 많은 남자들을/ 현명하게 하고," 그들의 시선을 끈다. 여기서 "너무 아름답게 태어난 여인"이 모드 곤이라면, "아주 아름답지는 않은 여인"은 아마도 시인의 아내일 것이다. 시인은 자신의 딸이 아내 같은 여성으로 성장하기를 바라면서 이 시를 썼을 것이다. 이는 오랜 방황 끝에 마침내 안주한 결혼생활에 대한 만족감과 친절하고 상냥한 아내에 대한 애정의 표현으로 보아도 무방할 것이다. 그러므로 이 시는 딸을 위한 기도이자 아내에 대한 사랑의 시라고 할 수 있다.

남편이자 아버지로서의 역할에 충실하던 시인은 모드 곤과 계속 연락하였다. 그녀의 초대에도, 누구를 도와달라는 요청에도 선뜻 응하였지만, 모든 요청을 마치고 집에 오자 지인에게 집으로 돌아와 매우 기쁘며, 자신과 상관없는 일들 때문에 지쳤다고 편지를 쓰기도 했다. 이처럼 시인에게 우상이자 영원한 미의 상징이었던 모드 곤은 이제 그와 "덜 상관있는" 대상이 되어 갔다. 『탑』에 수록된 「학동들 사이에서」에서 시인은 어느 초등학교를 시찰하다가 어린 소녀들의 모습에서 문득 연인의 모습을 떠올린다. 그녀도 한 때는 어린 소녀였으나 이제는 늙어 "볼이 홀쭉하고" 볼품없는 노파가 되었다. 그 또한 "허수아비"같은 노인이 되었다. 그는 세월의 덧없음을 슬퍼하지만, 곧 자신들의 현재 모습을 있는 그대로 받아들여야 함을 깨닫는다. 그가 숭배했던 젊은 날의 연인의 이미지는 실재가 아니라 환상에 불과하며, 자신의 젊은 날의 이미지 역시 마찬가지이기 때문이다. 그러므로 그가 숭배해야 하는 그녀의 실재는 소녀시절과 처녀시절의 모습이 서로 조화롭게 융합되어 이루어진 현재의 이미지이다. 시인의 경우도 마찬가지이다. 늙은 허수아비 같은 그의 현모습도 소년시절과 청년시절의 모습이 융합되어 빚어진 모습이다. 이 셋 중의 어느 하나도 그와 분리될 수 없다. 그 세 시절이 융합되어 빚어진 현재가 바로 진정한 그의 실재인 것이다.

〈노년의 예이츠와 모드 곤〉

예이츠가 모드 곤에 대해 쓴 마지막 시는 캠벨(L. Campbell)이라는 조각가가 만든 그녀의 청동 흉상을 보고 영감을 얻어 쓴 「청동두상」(『최후의 시편들』)이다. 시인은 모드 곤의 두상 앞에서 현재의 그녀와 젊은 날의 그녀의 모습을 떠올린다. 시인은 젊은 날의 그녀를 의미하는 "우아한 여인"과 현재의 그녀를 의미하는 "무덤을 떠도는 자" 둘 다 그녀의 실체를 보여준다고 생각한다. 그녀에게서 여성적인 우아한 아름다움과 초자연적인 면모 둘 다를 보는 것이다. 시인이 젊은 날 사랑한 것은 전자의 모습이겠지만, 이후에도 계속 사랑한 것은 후자, 즉 영국 식민주의자들에게 대항한 그녀의 숭고한 정신과 약자를 위한 그녀의 노력과 희생 때문일 것이다(이창배, 1982: 61). 그러므로 시인은 거의 온 생애에 걸쳐 사랑과 우정을 나눈 그녀의 양면을 인정하고 수용하는 것이다.

1938년 늦은 여름, 모드 곤과 마지막으로 만난 후 시인은 그녀가 서명한 편지를 아일랜드공화군 용의자에게서 발견했다는 신문기사를 읽고 바로 지금의 그녀의 모습이 너무 훌륭하다며 감탄했다. 다음해 1월 4일, 시인은 지인에게 "놓아 버릴 수 있는 것은 모두 놓아 버려 이제는 내가 하고 싶었던 말을 할 수 있습니다. … 나는 행복하며, 절망하여 단념했던 에너지가 충만함을 느낍니다. 원했던 것을 찾은 것 같습니다"(Brady, 1990: 125)라고 편지를 썼다. 그 달 28일에 시인은 사망했고, 그는 「불벤 산 기슭에서」(『최후의 시편들』)에서 "싸늘한 시선을 던져라/ 삶과 죽음에"라고 노래했듯이 더 이상 보답 받지 못하는 사랑에 눈물짓지 않을 것이다. 왜냐하면 시인은 연인과 사랑 이상의 우정을 나누었으며, 이제 평안한 영면에 들어서서 사랑과 절망, 회한과 분노, 우정과 기쁨 등 그 모든 것들에 진정으로 초연한 시선을 던질 수 있는 까닭이다.

지금까지 예이츠의 초기시집 『장미』에서부터 후기 시집 『최후의 시편들』에 이르기까지에 수록된 모드 곤에의 사랑시를 문학 치료적 관점에서 살펴보았다. 시인이 그녀로 인한 실연의 상처와 아픔을 창의적 글쓰기, 즉 시작(詩作)을 통해 극복하고 더 나아가 그녀와 사랑 이상의 지고한 우정을 나누는 그 성장과 변모의 과정이 문학 감상 및 창작을 통해 타인과 세상을 새로이 인식하고 삶의 변화에 대처해 나갈 수 있는 힘을 기르는 문학치료의 원리와 맥을 같이하기 때문이다.

모드 곤은 시인의 삶에 지대한 영향을 미쳤듯 그의 시에도 광범위하게 모습을 드러낸다. 『장미』에 수록된 사랑시들은 모드 곤의 아름다움에 대한 찬사와 사랑의 호소가 주를 이룬다. 『갈대밭의 바람』은 실연에서 비롯된 사랑의 슬픔과 절망을 노래한다. 이러한 사랑의 좌절은 『일곱 숲에서』로 이어지되, 그에 따른 자기 성찰이 주를 이룸으로써 그의 초기시의 특징인 몽상적인 서정성에서 벗어난다. 이러한 변화는 『푸른 투구와 기타 시편들』에서 더욱 두드러져, 시인은 사회와 현실에 대해 더욱 객관적이고 비판적인 시각을 견지하게 된다. 예이츠가 20세기의 위대한 시인으로 등장하게 되는 『책임』은 정치적·사회적 시들이 주류를 이루지만, 모드 곤에 대한 시들도 시인의 개인적인 책임을 다룬다. 『쿨호의 야생백조』는 실연으로 인한 자책과 회한에도 불구하고, 여전히 그녀의 삶과 아름다움을 칭찬한다. 시인은 결혼 후, 시인으로서의 절정기를 맞게 되어 『마이클 로바티즈와 댄서』, 『탑』, 『나선계단과 기타 시편들』, 그리고 『최후의 시편들』 등의 최고의 시집들을 발표한다. 이제 모드 곤이 시인의 시에 등장하는 빈도수와 그녀에 대한 열정은 격감했지만, 그녀에 대한 객관적인 평가와 찬양이 그녀에 대한 사랑시의 주를 이룬다. 때로 그녀에 대한 미련이나 반감을 토로하기도 하지만, 조국의 독립을 위한 그녀의 숭고한 투쟁정신과 약자를 위한 그녀의 고귀한 노력과 희생을 찬양하며 그녀와 사랑을 초월한 우정을 나누는 성숙한 단계로 나아간다.

이렇게 볼 때, 예이츠는 모드 곤에의 사랑시를 통해 실연의 아픔을 극복하고 더 나아가 그녀의 모습을 있는 그대로 수용함으로써 성장·변모했다고 볼 수 있다. 말하자면 예이츠는 "진정한 치유능력이 있는 시는 그 시를 쓴 작가 스스로 치료받을 수 있는 시이다"(1925: xviii)라는 쇼플러(R. H. Schauffler)의 시치료론을 몸소 구현한 셈이니, 그에게 있어 시 쓰기는 자기 치유제에 다름 아니다.

※ 이 글은 필자의 논문 「예이츠의 사랑시에 대한 문학치료적 접근」(『영어권문화연구』 5권 2호 (2012): 173-201)을 수정 · 보완한 것이다.

※ 이 글에 수록된 모든 사진의 출처는 야후(http://us.yahoo.com) 임.

박완서의 『한 말씀만 하소서』에 나타난 애도와 치유 언어의 특징

정 성 미

1. 들어가며

인생은 생로병사의 문제를 포함하여 인생 전체를 어떤 관점으로 이해하느냐에 따라 전혀 다른 삶을 살 수 있다. 특히 생로병사(生老病死) 중에서 노(老), 병(病), 사(死)를 생(生)과 분리해서 생각하지 않고 노(老), 병(病), 사(死)를 잘 사는(生) 문제의 대립이 아닌, 삶의 한 과정으로 인식하는 태도가 필요하다. 어떻게 늙어가며, 어떻게 병을 앓을 것이며, 어떻게 죽음을 받아 들이냐는 삶의 의미 찾기와 밀접히 연결되는 문제이다.

그러나 노(老), 병(病), 사(死)의 문제를 수용하는 과정에서 우리는 불가피하게 분노하고, 슬퍼하고, 우울해 하는 등 복잡한 감정의 문제를 겪게 된다. 특히 노(老), 병(病)의 결과 또는 그 외의 이유로 맞게 되는 자신과 타인의 사(死)의 문제는 고통 그 자체로, 이 글은 타인의 죽음을 슬퍼하는 애도와 슬픔을 극복하는 치유 언어에 관한 것이다.

1.1 슬픔과 우울

슬픔은 사람이나 대상과의 상실을 경험할 때 상실에 대한 정서적 반응이다. 슬픔의 공통적 요소로, 무감각, 공허감, 외로움 그리고 고립감, 공포와 불안, 죄책감과 수치심, 분노, 절망, 신체화를 들고 있다. 무감각은 상실의 충격을 받게 되면 우리 몸의 조직은 아무 것도 느낄 수 없는 상태에 들어감으로써 최대의 충격으로부터 스스로를 보호하게 되는데, 초기 슬픔에서 아무 것도 느낄 수 없는 감정의 부재인 무감각 상태가 나타나서 시공간의 개념을 잊으며, 정신이 나간 것처럼 목적 없이 헤매게 되는 것이다(앤더슨 & 미첼, 2005: 64-65). 죄책감과 수치심은 자신이 잘못한 경우에 혼합되는 감정이고, 회복 불가능한 상실에 의한 무력감도 슬픔의 일부이다. 또한 비활동성도 우울과 공통적인 슬픔의 특질이다(제임스 카래트&미첼 카래트 쉬오타, 2009: 193). 그리고 신체화는 사별에 의한 상실이 신체적 건강에 영향을 끼쳐서 두통, 불면, 식욕부진, 체중감소, 현기증, 어지러움증, 소화불량 증세들로 나타나는 것이다(앤더슨 & 미첼, 2005: 89).

우울은 분명한 이유 없이 장기간 지속되는 불행한 기분이다. 우울은 일상생활을 방해하기에 충분할 정도로 심각한 것으로 적어도 2주 동안 매일 지속적으로 즐거움과 흥미 그리고 생산적 활동을 상실하는 것으로 정의된다(제임스 카래트&미첼 카래트 쉬오타, 2009: 923).

슬픔은 병리적으로 다뤄지지 않지만 우울은 병리적인 감정이다.

우울은 병리적으로 다뤄지기 때문에 우울을 진단하는 척도지가 개발되어 사용되고 있다. 우울을 진단하는 대표적인 척도로 벡의 우울척도(BDI: Beck Depression Inventory)가 있다. 벡의 우울척도(BDI: Beck Depression Inventory)는 사고와 감정 영역(10문항), 활동 및 대인관계 영역(7문항), 신체적 증후 영역(5문항), 자살 충동 영역(3문항) 등 네 개의 영역으로 구성되어 있다. 이 척도에서 15점을 넘으면 중간 정도의 우울을, 30점을 넘으면 심각한 우울을 나타내는 것이다.

사고와 감정	활동 및 대인 관계
1. 슬프거나 마음이 무겁습니다.	11. 가족, 친구에 대해 별로 관심이 없습니다.
2. 불행하거나 우울합니다.	12. 외롭습니다.
3. 한동안 울거나 눈물을 흘립니다.	13. 가족이나 친구와 보내는 시간이 별로 없습니다.
4. 힘이 없고 어떤 일에 자신감도 없습니다.	14. 어떤 일을 하고 싶은 생각이 별로 없습니다.
5. 희망이 없습니다.	15. 일이나 기타 활동에 대해 재미가 없습니다.
6. 내가 귀하다라는 생각이 별로 없습니다.	16. 일이나 기타 활동을 하고 싶지 않아서 피합니다.
7. 지금 현재 삶이 가치가 없고 적절하지 않다고 느낍니다.	17. 생활이 즐겁거나 만족스럽지 않습니다.
8. 죄가 많다는 생각과 부끄럽습니다.	
9. 자신이 나쁘고 못났다고 생각합니다.	
10. 어떤 일을 결정하는 것이 어렵습니다.	

신체적 증후	자살충동
18. 피로합니다	23. 죽음에 대해 생각해 본적이 있습니까?
19. 잠을 푹 자기 어렵거나 아주 많이 잡니다.	24. 인생이 끝나기를 원합니까?
20. 식욕이 줄거나 많이 늘었습니다.	25. 자해 할 계획이 있습니까?
21. 남편과의 잠자리가 별로 좋지 않습니다	
22. 건강에 대해 걱정합니다	

DSM-IV에는 병리적인 우울의 주요 증상들이 제시되어 있다. 첫째 하루의 대부분, 그리고 거의 매일 지속되는 우울한 기분이 주관적 보고나 객관적 관찰을 통해 나타난다. 둘째 거의 모든 일상활동에 대한 흥미나 즐거움이 하루의 대부분 또는 거의 매일같이 뚜렷하게 저하되어 있다. 셋째 체중조절을 하고 있지 않는 상태에서 현저한 체중감소나 체중 증가가 나타난다. 또는 현저한 식욕감소나 증가가 거의 매일 나타난다. 넷째 거의 매일 불면이나 과다수면이 나타난다. 다섯째 거의 매일 정신운동성 초조나 지체를 나타낸다. 즉 좌불안석이나 처져 있는 느낌이 주관적 보고나 관찰을 통해 나타난다. 여섯째 거의 매일 피로감이나 활력상실을 나타낸다. 일곱째 거의 매일 무가치감이나 과도하고 부적절한 죄책감을 느낀다. 여덟째 거의 매일 사고력이나 집중력이 감소하거나 우유부단함이 주관적 호소나 관찰에서 나타난다. 아홉째 죽음에 대한 반복적인 생각이나 특정한 계획 없이 반복적으로 자살에 대한 생각 또는 자살을 기도하거나 자살하기 위한 구체적 계획을 세운다. DSM-IV에서는 우울의 증상을 신체적 특징, 정서적 특징, 죽음에 대한

반복적인 생각 등으로 구분하였다.

벡의 우울척도와 같은 직설화법의 질문지가 환자에게 중압감을 주어서 특히 큰 슬픔이나 우울증 환자에게 자가 설문지를 작성하도록 하는 것은 그 자체로서 슬픔을 더 심화시킬 수 있다고 하였다. 현재 우울증에 대한 정신의학의 용어, 화법, 치유방법이 일반인들의 일상과 자연스럽게 연계되기에는 매개 고리가 부족하고 소통 자체가 난점이다(김수이, 2010a).

더욱이 우울 척도에서나 DSM-IV의 우울 증상에서 일시적이거나 가벼운 슬픔은 구분해 내지 못한다(제임스 카래트&미첼 카래트 쉬오타, 2009: 197-198). 사별 후 애도는 정상적인 큰 슬픔으로 사별한 사람의 경우 우울증으로 진단해서는 안 된다고 하였다(제임스 카래트&미첼 카래트 쉬오타, 2009: 192). 슬픔과 우울은 그럴만한 분명한 이유의 유무, 지속시간이 단기간이냐 장기간이냐에 따라 구분한다. 그러나 우울도 일자리의 상실이나 교우관계의 붕괴 또는 가족들로부터 소외 등으로 발전하게 되고 애도의 경우 애도기간이 1년 이상 지속될 수 있으며, 극복되지 못하기도 해서 슬픔도 우울보다 더 오랫동안 지속될 수 있다. 슬픔과 우울을 구분하는 기준이 개별적이어서 정상적인 슬픔과 우울을 구분하는 기준은 임의적이다(제임스 카래트&미첼 카래트 쉬오타, 2009: 191-192). 또한 슬픔은 질병이 아니고 정상적인 정서이지만, 상실에 대해 정상적으로 애도하지 못하면 만성적 슬픔, 우울로 진전될 수 있다고 하였다(앤더슨 & 미첼, 2005: 56-59).

그러므로 슬픔 가운데 있는 사람들이 슬픔을 잘 애도할 수 있도록 도우므로 병리적인 우울을 막고 인생의 시련을 통해서 삶과 자신에 대한 성숙한 이해와 새로운 의미를 찾을 수 있는 치유적인 접근이 필요하다.

문학작품 속 인물이나 작가의 삶, 또는 작품의 언어를 통해서도 슬픔과 우울의 문제를 살펴볼 수 있다. 유인순(2007)에서는 작가 김유정의 우울증을 자전소설과 비소설(수필 · 일기 · 서간 · 설문지) 작품들, 지인들의 증언 자료를 통해 살피고 있다. 김유정이 유전적 요인, 조실부모의 불행한 가족관계, 낙제, 실연, 무직, 말더듬, 질병 등의 원인으로 인해 회피성 장애, 경계선성 장애, 편집성 장애, 그리고 양극성 장애가 중첩된 우울증세가 있었다. 그가 우울증에서 벗어날 수 있었던 것은 고향산천과 고향사람들, 창작, 특히 비극적 현실에 대한 성숙한 방어기제로서의 해학적 글쓰기를 통해서였다고 하였다. 유인순(2007)은 작가 김유정의 우울증을 김유정의 자전소설과 다양한 자료를 통해 천착하였다.

장선영(2008)에서는 '불충분한 애도'와 햄릿의 의식변화, 내부적 분열, 죽음의 연관성을 중심으로 햄릿의 '애도와 우울증'을 프로이드식으로 추론하였다.

김승희(2008)는 전후 시 텍스트들이 어떻게 전쟁이 남긴 상실에 대응했으며 애도에 실패한 충동적 리비도가 어떤 우울증적 언어를 생성하고 있는지를 살폈다. 김승희(2008: 128-129)에서는 애도와 우울증의 특성을 구별하고, 애도와 우울의 언술의 차이를 구분하였다. 애도와 우울증의 차이는 대상 상실에 대한 주체의 태도와 연관된다. 애도는 상실된 대상을 향하던 리비도를 철회하여 다른 대상을 향하여 나아간다. 애도는 삶 충동과 반복 강박이고 라캉의 욕망인 것에 비해 우울증은 나르시시즘이자 죽음 충동이다. 또한 애도는 사랑의 대상 상실로 인하여 2차적 나르시시즘이 붕괴하고 그 결과 리비도가 집중되어 있던 대상의 전환을 이루어 내면적 승화를 이루는 데 반하여 우울증은 이와 대조적으로 1차적 나르시시즘으로 향하게 된다. 1차적 나르시시즘은 세계로부터의 분리에 대한 어떤 감각도 부재하고 이드와 자아라고 불릴 수 있는 모든 것과의 구별을 결여한다. 따라서 명명하기, 분리하기, 자아와 성 정체성 찾기 등 로고스중심주의적 경향이 감소한다.

우울증에서 애도, 애도에서 우울증으로의 전환은 순간순간 발생할 수 있으며 그 경계선은 모호하다. 애도의 언어와 우울증의 언어에 경계선은 명확하지 않으며 그 둘은 뫼비우스의 띠처럼 시작도 끝도 알 수 없는 미로의 형상을 구축한다.

김수이(2010b)에서는 김수영의 시가 현대문명에 대한 저항으로서 선택한 우울증을 주체, 대상, 타자의 세 층위에서 살피면서 치유기제로서 우울증을 앓는 주체가 사랑과 자기관찰과 분석을 통해 스스로 극복해 감을 제시하였다. 김수영의 시에서는 단순한 우울이 아닌 현대문명에 대한 저항으로서 선택한 우울이다.

1.2. 연구목적

이 글은 박완서의 수필집 『한 말씀만 하소서』에 나타난 애도 언어를 분석하여 유형화하고 슬픔을 극복하게 하는 치유 언어의 특징을 고찰한 것이다. 이 연구는 박완서의 문학연구는 아니며, 인문치료의 한 모델, 슬픔을 극복하기 위한 인문치료 소통모델을 개발하기 위한 기초 연구로, 박완서가 특별한 슬픔의 경험을 어떻게 언어로 표현하고 승화시켜 나갔는가를 고찰하는 애도 언어에 대한 고찰이다.

이 글은 인문치료의 이론과 방법을 전제로 한다. 인문치료는 소통의 어려움을 겪는 사람들의 문제, 실존의 위기에 처한 사람의 문제, 인생의 문제들을 다양한 관점으로 이해하고 성장하는 것을 목표의 하나로 삼고 있다. 인문치료는 인문학적 정신과 방법으로 마음의 건강과 행복한 삶을 위해 인문학 각 분야 및 연계 학문들의 치료적 내용과 기능을 학제적으로 새롭게 통합하여 사람들의 정신적, 정서적, 신체적 문제들을 예방하고 치유하는 이론적 · 실천적 활동이다(정성미 외 12, 2009: 20).

인문치료에서는 소통을 위한 글쓰기를 인문치료의 중요한 한 방법으로 활용하고 있다. 특히 내적 소통의 면에서 글쓰기는 자신의 감정과 사고를 인지하고, 자신의 새로운 모습을 자각하며, 과거를 반성하고, 미래의 자신에 대한 통합적 사고를 돕는다. 작가들도 자신의 문학함을 통해 타인의 고통을 이해하고, 자기 자신을 이해하며 자신을 개혁해 왔다(김수이, 2010a: 140).

『한 말씀만 하소서』는 박완서가 참척의 슬픔을 애도하는 한 방법으로 쓴 수필집으로, 이 글은 첫째 슬픔에 빠진 사람의 언어에 대해 기본적인 이해를 할 수 있다는 점에서 그 의의를 찾을 수 있다. 비탄 중에 글을 쓴다는 것은 쉽지 않아, 비탄에 빠진 사람의 언어 자료를 얻기는 쉽지 않다. 그런데 『한 말씀만 하소서』는 고통을 이겨내는 과정이나 그 슬픔의 고통을 표현하는 생생한 언어들로 채워져 있어서 슬픔의 언어적 특징을 살필 수 있다.

둘째 인문학을 통한 인간에 대한 이해는 대상자를 이해하는 데 기초적인 이해를 제공한다. 이 글에서 분석한 슬픔의 언어는 인문치료 글쓰기에서 나타나는 언어자료와 비교할 수 있는 근거 자료가 될 수 있다. 또한 슬픔을 이겨낼 수 있는 언어적인 극복 방안을 통해 슬픔을 극복하기 위한 인문치료 소통모델의 치유방법으로 활용할 수 있다.

이 글의 분석 자료로 삼은 박완서의 수필집 『한 말씀만 하소서』는 「생활성서」 1990년 9월부터 1991년 9월까지 연재되었던 일기를 책으로 엮은 것으로, 작가가 아들을 잃은 아픔을 이겨내기 위해 가슴 속에서 쏟아내던 몸부림에 가까운 육성들을 기록한 것이다. 이 글에서는 『한 말씀만 하소서』를 중심으로 작가가 겪은 참척의 슬픔을 애도하는 언어의 특징과 슬픔을 극복하는 데 동기가 된 언어의 모습을 추적할 것이다. 이 글에서 치유 언어란 긍정적인 방향으로 사고를 전환할 수 있게 한 촉매적인 언어표현을 나타낸다.

이 글에서 분석 대상으로 『한 말씀만 하소서』를 삼은 이유는 이 수필집의 서문에서 작가가 밝혔듯이 고통을 통과하는 과정에서 기록한 글이기 때문이다. 또한 작가는 거의 일기를 책으로 낼 때에도 수정을 하지 않았다고 언급하였다.

"이건 소설도 아니고 수필도 아니고 일기입니다. 훗날 활자가 될 것을 염두에 두거나 누가 읽게 될지도 모른다는 염려 같은 것을 할 만한 아닌 극한 상황에서 통곡 대신 쓴 것입니다."

"짐승처럼 치받치는 통곡을 마음대로 할 수 없는 일이었습니다. 통곡을 고스란히 참기가 너무 힘들어 통곡 대신 미친 듯이 끄적거린 게 이 글입니다."

"지나치다 싶을 만큼 무엄한 포악과 비통의 지나친 반복만 빼고는 거의 고치지 않았습니다."

작가가 경험한 사별을 중심으로 작가의 생애를 간단히 살펴보겠다.

- 1931년 10월 20일 경기도 개풍군 청교면 묵송리 박적골에서, 아버지 박영노(朴泳魯), 어머니 홍기숙(洪己宿)의 사이에서 출생하였고, 열 살 위인 오빠가 있었다.
- 1934년 **아버지께서 별세**하였고, 어머니는 오빠만 데리고 교육을 위해서 상경하였다. 저자는 조부모와 숙부모 밑에서 어린 시절을 보냈다.
- 6.25전쟁으로 **오빠를 잃었다.**
- 1953년 호영진(扈榮鎭)과 결혼하여 1남 4녀의 자녀를 두었다(1954년 원숙, 1955년 원순, 1958년 원경, 1960년 원균, 1963년 원태).
- 1970년 「裸木」으로 「여성동아」 여류장편소설 공모에 당선하였고, 6.25 전쟁이 개인사에 미친 영향에 대한 다수의 소설을 썼다.
- **1988. 5. 11 남편 호영진 씨가 폐암으로 사망하였고,**
- **1988. 8. 31 외아들 호원태 씨가 사망하였다.**
- 1989. 6 작가는 「문학사상」에 연재 중단(1988.10-1989.6) 되었던 「미망」을 다시 연재하기 시작하였다.

- 1990년 장편 「미망」을 출간하였고(문학사상, 전 3권), 이 작품으로 대한민국문학상 우수상 수상하였다.

박완서의 생애 중 작가가 경험했던 죽음은 6 · 25전쟁에 잃은 오빠의 죽음을 비롯해서 1988년 같은 해 일어난 남편의 죽음과 아들의 죽음이다. 작가는 여러 소설을 통해 삶의 상처와 그 치유의 노력들을 섬세하게 그려내었다. 특히 「그 많던 싱아는 누가 다 먹었을까」, 「엄마의 말뚝」에서는 오빠와의 사별을, 「여덟 개의 모자로 남은 당신」에서는 남편과의 사별을, 「나의 가장 나종 지니인 것」에서는 아들과의 사별을 형상화하였다. 실제의 상실을 작품 속에서 어떻게 변형시키고 그러한 변형이 의미하는 바를 밝히는 것도 매우 의미 있는 연구가 될 것이다. 이 글에서는 『한 말씀만 하소서』에 나타난 애도와 치유의 언어적 특징을 살필 것이다.

2. 애도의 언어적 특징

우울증은 일차적 나르시즘으로 향하게 되고, 세계로부터의 분리에 대한 감각이 부재하며 이드와 자아의 구별이 결여되어서 명명하기, 분리하기, 등 로고스중심주의적 경향이 감소한다고 하였다. 우울증적 언어는 상실감과 자아의 고갈, 갑작스런 나르시시즘으로의 퇴행 등과 연관되면서 충동적이고도 모순적 언술 특성, 삶과 죽음의 경계에서 무의미와 죽음을 향해 기울어지게 되어 있는 죽음

충동, 기호적 충동과 연관된 혼란의 언어, 모순어법, 비논리, 역설, 뒤죽박죽의 언어 등 기호 생성의 무의식과 욕망의 코라적 글쓰기로 나타난다고 하였다(김승희, 2008: 128-129).

애도는 대상의 전환을 이루어 내면적 승화를 이루는데 애도적 언어는 데리다, 폴 드만의 지적처럼 호격의 근원적 절규, 의인법, 이름의 반복, 작별의 허구를 반복하기 등의 언술형식을 보여준다.

이 장에서는 『한 말씀만 하소서』에 나타난 언어 분석을 통해 슬픔과 우울의 특징을 지니고 있는지를 살필 것이다.

2.1. 자기 중심적 언어

자기 중심적 언어란 자기비하뿐 아니라 자기 혐오, 자기 모순, 자기 인식이 결여된 표현과 통제불능의 독백 등을 일컫는다. 삶 속에서 큰 상실을 경험할 때 심리적으로 생존하기 위해 자신에 순간적으로 몰두하게 되므로 슬퍼할 때마다 이기적이 되고 움츠러드는 것은 정상적인 것이다(앤더슨 & 미첼, 2005: 19-20).

사별에 의한 충격에 휩싸인 사람의 언어는 일상적인 언어 표현과는 다르다. 『한 말씀만 하소서』에서도 자기를 비하하거나 지나치게 자기중심적인 언어의 모습을 볼 수 있다.

(1) 싫고 좋고 하는 마음도 우러나지 않아 **물건**처럼 순하게 따라왔다.
너무도 큰 슬픔이 내 마음을 **돌**처럼 딱딱하게 만들어버렸다.
추하고 외롭고 서러운 짐승이 된 느낌이었다.
"저 여편네가 아들 잡아먹는 **여편네**래."

그 애는 나를 **중환자** 취급하고 있었다.
나는 비록 이 세상 소리를 듣는 데는 귀 밝으나, 영적인 소리를 듣는 데는 절벽이나 다름없는 **귀머거리**였다.
웃지도 못하게 하련만. **미친년** 같은 생각을 열정적으로 해본다.

(1)은 자기 비하의 구체적인 언어 표현이다. '물건', '돌', '짐승', '여편네', '중환자', '귀머거리', '미친년' 등과 같이 원색적인 자기 비하 표현을 볼 수 있다. 사별로 인한 충격으로 무감각한 자신을 '물건'이나 '돌'로, 분노하고, 절망과 외로움에 떠는 자신을 '짐승'으로, 그리고 환자나 장애인, 욕설로 자신을 비하하고 있다.

자기 비하는 슬픔과 우울증의 언어에 모두 나타나는 것으로 슬픔의 자기 비하는 시간이 흐름에 따라 점차적으로 회복되어 가는데, 박완서의 수필에서는 일기 후반부에서는 자기 비하 표현이 현격히 주는 것을 확인할 수 있다.

또한 자기 비하뿐 아니라 자기 혐오, 자기 모순의 언어표현과 자기 인식이 결여된 표현들도 보인다.

(2) ㄱ. 나는 미치는 것조차 여의치 않은 내 강철 같은 신경이 **싫고 창피스럽다.**
나는 지금까지 내 몸에 남아 있는 어제의 위기 의식에 **치욕감**을 느꼈다. 나에게 지금 희망이 있다면 내가 죽어가고 있다는 것뿐이다.
지금은 남을 위해 먹어주는 게 아니라, 내가 먹고 싶어서 먹고 있다 는 자의식이 나를 한 없이 **부끄럽고 참담하게** 했다.

ㄴ. 내 건강이 혐오스러웠다.
나는 살고 싶은가? 불안했다.
격렬한 토악질이 치밀어 아침에 먹은걸 깨끗이 토해냈다. 그러면 그렇지 안심이 되면서 마음이 평온해졌다.

ㄷ. 그 때가 언제더라. 먼먼 옛날의 일 같았다. 내가 문인이었던 것도.

(2ㄱ)에서는 참척을 당하고도 자기 보호적인 자의식을 느낄 때마다 자기 자신이 싫고, 창피하고, 치욕스러움을 느끼며, 부끄럽고 참담하다고 표현하고 있다. (2ㄴ)은 그래서 건강을 혐오스러워 하고, 사는 것을 불안해 하며, 토악질에 안심하는 자기 모순에 빠져 있는 모습을 볼 수 있다. (2ㄷ)에서는 자신의 사회적 정체성을 잃고 있다.

자기중심적인 언어의 예로 '독백'을 들 수 있다. 작가는 자신을 위로하기 위한 수녀님의 방문에 완전히 통제불능의 자기 중심적 독백을 쏟아놓는다. 수녀님도 이를 이상하게 여기고 작가에게 심신의 안정을 취할 것을 권한다.

(3) 식사 후 수녀님한테 눈물을 보이고부터는 걷잡을 수가 없었다. 나는 사진첩까지 꺼내놓고 아들자랑을 하기 시작했다. 그애가 얼마나 특별한 아인지, 나에게 꼭 있어야 할 아들일 뿐 아니라 직업인으로서도 이 사회가 얼마나 필요한 인물인지, 그리고 동기간과 일가친척 사이에서 얼마나 사랑과 기대를 모았었는지, 눈에선 눈물을 쉴새 없이 흘리며, 입에선 침이 마르게 늘어놓았다. 그동안 가족들 사이에선 상처를 피하듯이 조심스럽게 화제에 올

> 리기를 삼가던 아들 얘기를 그 애를 전혀 알지 못하는 수녀님을 상대로 마치 걸신 들린 것처럼 지칠 줄 모르고 해댔다. 특히 우리가 얼마나 특별하고도 완전한 모자 사이였다는 걸 강조할 때 내 허망한 열정은 극에 달했다. **막연한 불안과 함께 예전에 본 미국 영화 속의 사이코 엄마 생각이 났다. 나도 이러다 사이코가 되는 게 아닐까.**

상대방의 입장은 전혀 고려되지 않고 온전히 자신의 아픔과 자신의 문제에 집중되어 있는 자기 중심적인 독백은 퇴행적인 독백이라고 할 수 있다. 앤더슨 & 미첼(2005: 19)에서도 슬픔을 당한 사람은 상실 초기에 유아기의 이기심을 재현하게 된다고 하였다.

자기 중심적인 언어는 유아어의 특징이기도 하다. 유아는 타인의 관점과 요구를 무시하는 것이 아니라 타인의 관점을 이해하지 못하기 때문에 자기 중심적으로 사고하고 표현한다. 비탄 속에서의 자기 중심적 독백은 타인의 관점을 이해하지 못하는 것이 아니라, 자기 슬픔이 커서 타인의 관점을 생각할 여유가 없다. 이는 무의식적으로 자기를 보호하기 위한 방어기제이기도 하다.

자기 중심적 언어는 우울증적 언어의 특징인 갑작스런 나르시시즘으로의 퇴행 등과 연관되면서 충동적인 언술특성에 가깝지만, 슬픔의 초기에도 우울증적인 언어의 특성이 보이다가 점차 사라져 자기 중심적인 언어의 특징이 감소된다.

2.2. 고통의 언어표현

고통의 언어표현이란 자신이 겪는 몸과 마음의 고통을 표현하는 언어이다. 『한 말씀만 하소서』에서는 자신의 상황과 감정에 대한 고통스러운 표현들이 자주 등장한다. 자신의 상태를 '병적', 온몸이 바삭바삭 타들어가는 느낌, 병적인 걱정, 가슴에 못이 되어 박히는 기분, 온몸의 살갗이 다 까진 것처럼 그저 닿는 데마다 쓰리고 아픔, 온몸이 으스러짐'과 같이 병적이고 강렬한 표현을 하였다.

(4) 뜨거운 철판 위에서 들볶이는 참깨처럼 온몸이 **바삭바삭 타들어가는 느낌**이었다.
온몸이 **으스러지는 것 같았다**.
병적인 걱정 때문에 지칠 대로 지쳐 돌아왔다.
가슴에 **못이 들어와 박히는 기분**이었다.

이러한 언어표현은 작가의 애통함과 함께 작가의 몸의 상태와도 연관되는 표현이다. 실제의 통증에 근접한 표현이기도 할 것이다. 슬픔의 특성 중 신체화와 연관성이 있다. 자신이 겪는 몸과 마음의 고통에 적합한 언어표현을 통해 자신이 겪고 있는 고통을 언어로 표현하고 있는데 이러한 언어표현은 슬픔과 우울에서 공통으로 나타나는 것이다(프로이드, 1997: 245).

2.3. 불일치 언어

불일치 언어란 현실과 감정이, 몸과 감정, 감정과 감정표현, 말과 감정표현의 모순을 보이는 표현을 일컫는다. 김승희(2008: 129)에서 제시한 우울증의 언어 중 모순어법이나 비논리 역설에 해당한다.

이러한 불일치가 참척을 받아들이는 데 오히려 더 힘들게 하는 요소가 되는 것을 볼 수 있다. 이는 자기의 고통스러운 자아와 사회적 자아가 상충되는 것이라고 할 수 있다.

(5) ㄱ. 구수하다고 칭찬까지 해주면서 한 공기를 다 먹었다. 남은 자식들한테 내 슬픔을 빙자해 응석을 부리는 일 따위는 절대로 하지 말아야지 하는 게 내 자존심이다. <u>어떻게 기쁜 척해야 하나는 이 몸의 고달픈 업이다.</u>

ㄴ. 자식을 앞세우고도 살겠다고 꾸역꾸역 음식을 처넣는 에미를 생각하니 징그러워서 토할 것 같았다. <u>격렬한 토악질이 치밀어 아침에 먹은걸 깨끗이 토해냈다. 그러면 그렇지 안심이 되면서 마음이 평온해졌다.</u>

ㄷ. '혼자 있고 싶어, 제발 날 좀 내버려 둬줘 <u>소리가 목구멍까지 치미는 걸 자제</u>하고 우쭐우쭐 좋아하는 아이들과 어울려 차에 올랐다.

(5ㄱ)은 감정과 감정 표현이 불일치하는 고달픔이었다. 이는 슬픈 자아와 타인을 배려하는 사회적 자아의 충돌로 작가의 마음을 더욱 고통스럽게 만드는 것이다. (5ㄴ)은 몸과 평안한 마음이 모순되게도 반대로 움직이는 불일치를 보게 된다. (5ㄷ)은 말도 감정에 충실해서 하는 것이 아니라 감정과 위배되는 언어 표현을 함으로

써 작가가 큰 상실을 애도할 수 없게 만든다.

작가는 계속해서 사람들과의 접촉을 피하고 관계와 말을 피할 수 있는 장소나 조건을 찾게 되는데, 위에서 살펴본 불일치의 언어는 애도가 발달적으로 이루어지는 것을 방해하고 자기 모순, 자기 비하적인 생각들을 하게 하기 때문에 부정적인 영향을 주게 된다. 그래서 (6)에서 작가는 자신의 애도를 위해 서울을 떠나 부산으로, 부산 딸 집에서 수도원으로, 다시 혼자가 될 때까지 자신을 격리하면서 현실과 감정이, 몸과 감정, 감정과 감정 표현, 말과 감정 표현을 일치시킬 수 있는 상황으로 가기를 갈망한다. 이러한 작가의 애원은 인간관계의 구조가 주는 압박에서 벗어나 통곡하고 싶은 참된 자기의 감정에 충실하기 위한 것이다. 이것은 불일치를 괴로워하고 극복하고자 하는 상실자의 욕구이다.

(6) '혼자 있고 싶어, 제발 날 좀 내버려둬 줘'
오오, 제발 무관심해다오. 스스로 견딜 수 있을 때까지
그렇게 수시로 눈물을 짰건만 생전 울어보지 못한 것처럼 정말로 순수하게 혼자가 됐을 때 제일 먼저 하고 싶은 것은 실컷 울어보는 거다.

2.4. 혼돈의 언어

혼돈의 언어란 세계로부터의 분리에 대해 감각이 부재하고 구별이 결여된 언어를 일컫는다. 김승희(2008:129)의 우울증의 언어 중 뒤죽박죽의 언어에 해당한다.

비탄 속에 있는 작가는 (7)에서처럼 꿈과 현실을 구별하지 못하고, 시간 의식에 있어서도 혼돈된 모습을 보인다. 이는 상실의 충격을 받게 되면 우리 몸의 조직은 무감각 상태에 들어가게 되는데 이것도 일종의 자기 보호 기제라고 한다. 따라서 슬픔의 초기 단계에는 다른 사람들과 상호작용을 하는 데 있어서 비현실적인 감각으로 가득하다. 이미 일어난 일을 일어날 수 없다고 우기기도 한다. 충격을 받게 되면 이와 같은 비현실감, 부인, 무감각한 감정이 더해져서 마음의 벽을 쌓고 시공간의 개념을 잊으며, 정신이 나간 것처럼 목적 없이 헤매기도 한다(앤더슨 & 미첼, 2005: 64-65).

(7) 어떻게 그동안을 견디었는지 **악몽을 꾼 것 같고**, 지금 이러고 있는 것 또한 **꿈 깬 후의 또 꿈 같다.** 며칠 째 시간 감각이 마비가 된 건지 착락을 일으킨 건지 **시시각각이 여삼추 같다가도, 지내놓고 보면 몇 시간이고 몇 날이고 건너편 뛴 것처럼 기억이 지워지곤 한다.**

(8)에서 작가는 세상에서 일어나는 일에 대해 별 의미를 찾지 못하고 자신의 비탄과 상관없이 평상시와 동일하게 흘러가는 것에 대해 화해하지 못한다. (9)에서는 어떤 사실에 대한 인식도 '무서운 괴물'과 같이 부정적이고 공격적이다. (10)에서는 현실을 부정하고 싶은 마음 등을 표현한다.

(8) 내 아들이 없는데도 축제가 있고 환호와 열광이 있는 세상과 내가 어찌 화해할 수 있을 것인가. 내 기억력말고는 **아들이 존재했**

없다는 아무런 흔적도 남아있지 않은 이 세상이 도무지 낯설고 싫다. 그런 세상과는 생전 화해할 수 있을 것 같지가 않다.「나의 가장 나종 지니인 것」

(9) 아들이 이 세상에 존재하지 않는다는 사실이 무서운 괴물처럼 가차없이 육박해왔다.

(10) "아아, 꿈이었으면, 그 모든 일들이 한바탕의 꿈이었으면, 그리하여 퍼뜩 일어나보니 내 악몽을 근심스럽게 흔들어 깨워준 게 내 아들이었으면."
흉측한 꿈이었을 거야, 설마 나에게 그런 일이 정말 일어났을라구

2.5. 부정적 감정 표현과 반복성

부정적 감정 표현이란 분노, 두려움 등 부정적인 감정을 표현한 언어를 일컫는다. 이러한 감정 표현은 슬픔과 우울증에서 모두 볼 수 있다.『한 말씀만 하소서』에서는 신에 대한 부정과 살의, 원망, 분노, 두려움 등의 부정적 감정 표현들이 반복적으로 표현되는 것을 볼 수 있다.

(11) 그 아이를 그토록 준수하고 사랑 깊은 아이로 점지하셨더란 말인가. 하느님이란 그럴 수도 있는 분인가. 사랑 그 자체란 하느님이 그것밖에 안되는 분이라니. 차라리 없는 게 낫다. 아니 없는 것과 마찬가지다. 다시금 차라리 없는 게 낫다. 아니 없는 것과 마찬가지다. 다시금 맹렬한 포악이 치밀었다. 신은 죽여도

> 죽여도 가장 큰 문젯거리로 되살아난다. 사생결단 죽이고 또 죽여 골백번 고쳐 죽여도 아직 다 죽일 여지가 남아 있는 신, 증오의 최대의 극치인 살의, **나의 살의를 위해서도 당신은 있어야 돼.** 그저 만만한 건 신이었다. 온종일 신을 죽였다. 죽이고 또 죽이고 일백 번 고쳐 죽여도 죽일 여지가 남아 있는 신, **증오의 마지막 극치인 살의, 내 살의를 위해서도 당신은 있어야 돼.**

작가는 가톨릭 신자이기 때문에 자기에게 닥친 참척의 슬픔에 대해 원망을 신에게 퍼붓고 신을 향한 부정적인 표현들을 반복적으로 되뇌인다. 작가가 서문에서 출판할 때 "지나치다 싶을 만큼 무엄한 포악과 비통의 지나친 반복만 빼고는 거의 고치지 않았습니다."라고 했으므로, 실제의 글에는 더 많은, 더 심한 신을 향한 원망의 표현들이 있었을 것이라 짐작할 수 있다. 「한 말씀만 하소서」에서는 원망의 대상이 존재한다. 우울증의 경우는 원망의 대상이 타인이 아닌 자신이며, 이것은 죽음 충동과 연관된다. 그러므로 「한 말씀만 하소서」는 원망의 대상이 있는 애도 언어적 특징을 보인다.

신을 향한 반복적인 언어적 특징도 유아어와 유사한 점이다. 흉내 내거나, 반사적으로 익힌 단어나 음절을 반복 사용하는데 상대에게 뜻을 전하려는 의사 없이 반복하는 그 자체를 즐긴다. 슬픔의 경우는 상처를 받은 그 지점에 계속 머물러 있음을 보여 주는 것으로 반복된 원망을 통해 서서히 자식을 잃은 현실을 인식하고 인정하게 되기도 한다. 반복적인 표현은 신을 향한 원망 외에도 참척의 슬픔, 현실 부정 등에도 나타난다.

2.6. 언어 접촉 기피와 언어의 의미 왜곡

언어 접촉 기피는 사회적 접촉으로부터 물러나려고 하는 것이다. 이는 슬픔의 충격으로 인해 소통의 민감도가 떨어져서 언어의 의미를 왜곡시키는 것과도 연관된다.

『한 말씀만 하소서』에서 작가가 사람들과 만나는 것 자체를 괴로워하고, 사람을 피하려고 하는데 이를 '슬픔=내버려 둘게요' 가설로 설명할 수 있다. '슬픔=내버려 둘게요' 가설은 무의식적으로 다시 사회적 활동으로 되돌아오기 위해 에너지를 보존하고, 다른 사람들로부터 공개적으로 배척당할 기회를 차단하는 방어로서의 슬픔의 기능을 설명하고 있다(제임스 카래트&미첼 카래트 쉬오타, 2009:196). 비탄에 빠져 있는 사람에게는 위로의 언어라 할지라도 그 자체가 괴로움이어서 화제를 회피하는 모습을 보이는데 슬픔의 방어적인 기능과 연관이 있다.

또한 언어의 의미를 해석하는 면에 있어서도 민감도가 떨어지거나 왜곡해서 듣기도 한다(제임스 카래트&미첼 카래트 쉬오타, 2009: 194). 또한 타인의 말을 그대로 정확하게 이해하는 데 어려움이 있어서 의미의 왜곡 또는 해석의 차이를 갖게 된다.

(12) 나도 억장이 무너지는 비통 외에는 매사가 몽롱한 중에도 <u>서울을 떠나면 조문을 안 받아도 되겠구나 하는 생각</u>을 구원처럼 떠올렸으니까요

(13) ㄱ. 슬픔과 외로움에 처했을 때, 명절이 얼마나 힘들다는 걸 딸

도 모르지는 않는지라 조심스럽게 서울서도 오늘 모두 성묘를 가기로 돼 있다고 알려준다. 둘째, 셋째네 그리고 장조카네 식구 모두에다 그 애의 친구들까지 간다고 했으니 버스 한 대쯤 대절해야 했을지도 모른다고 불필요한 혼잣말까지 덧붙인다. 그런 소리까지도 동기간들이 번족한데 명절날 그애가 홀로 쓸쓸하게 누워 있도록 내버려 둘까봐 그렇게 청승맞은 얼굴을 하고 있느냐고 나무라는 말로 들린다.

ㄴ. 서울 아이들로부터 전화로 산에 갔다온 얘기를 들었다. 떼도 잘 자랐거이와 산에 가는 길이 그리 좋더라고 했다. 서울을 벗어 나서 산까지 줄창 코스모스가 어찌나 청초하고 화사하게 피었던지 꿈길 같기도 하고 천국 가는 길 같기도 하더라나. 너무 좋아서 너는 참 좋겠다고 먼저 간 동생을 부러워했단 얘기도 했다. 밝고 약간 들뜬 것 같은 목소리로 그런 소리를 하는 걸 들으니 짐짓 나를 위로하려고 저런다 싶으면서도 역시 자식하고 동기간은 다르다고 어른스럽지 못하게 고까운 생각이 들었다.

(13)ㄱ은 딸이 아들에게도 성묘하러 간다고 알려주는데, 동기간들이 번족한데 명절날 그 애가 홀로 쓸쓸하게 누워 있도록 내버려 둘까봐 그렇게 청승맞은 얼굴을 하고 있느냐고 딸이 자신을 나무라는 말로 왜곡한다. (13)ㄴ은 성묘를 다녀온 딸들이 성묫길이 좋다고 먼저 간 동생을 부러워했다는 얘기를 한편으로는 위로로 이해하면서도 자식하고 동기간은 다르다고 고깝게 받아들인다.

『한 말씀만 하소서』에 나타난 언어의 특징은 자기 비하, 자기 혐오, 자기 모순, 자기 인식이 결여된 자기 중심적인 면이 있고 자신이 겪는 몸과 마음의 고통을 호소하고 있다. 또한 현실과 감정이,

몸과 감정, 감정과 감정 표현, 말과 감정 표현 등에 있어서 모순을 보이는 불일치의 언어이며 구별이 결여되거나 모호하고 혼돈된 언어이고, 분노, 두려움 등 부정적인 감정을 표현한 언어이다. 또한 애도의 언어는 언어 자체의 접촉을 꺼리고 민감도가 떨어져서 의미의 왜곡이 일어나는 특징을 지니고 있다.

자기중심적 언어는 나르시즘적인 특징을 지니고 있는 우울증의 언어의 모습이고, 불일치, 모순, 구별이 결여된 불일치의 언어나 혼돈된 언어의 모습도 우울증의 언어이다. 『한 말씀만 하소서』에서 언급하고 있는 증상은 DSM-4, 벡의 우울척도 항목과 비교하여, 신체적 증상, 사고와 감정, 활동과 대인관계에서는 유사한 증상이 보인다.

『한 말씀만 하소서』의 언어에서는 우울증의 언어와 애도의 언어가 혼재되어 있다. 고통의 언어 표현이나 부정적인 언어, 언어의 접촉을 꺼리는 것은 슬픔이나 우울에서 공통적으로 나타날 수 있는 언어적 특징이다(김승희, 2008: 129). 그러나 DSM-4, 벡의 우울척도 항목에서 자살 충동과 관련된 언어표현은 없고, 자기와 대상에 대한 경계가 혼란되지 않는 점 등은 『한 말씀만 하소서』의 언어가 병적인 우울보다는 슬픔을 극복하는 과정에서의 애도의 언어임을 보여주는 것이다.

3. 치유 언어의 특징

3.1. 직접적 표현

데리다, 폴드만이 제시한 애도적 언어인 호격의 근원적 절규, 이름의 반복이 『한 말씀만 하소서』에서도 확인된다.

(14) "<u>원태야, 원태야, 우리 원태야, 내 아들아</u>. 이 세상에 네가 없다니 그게 정말이냐? 하느님도 너무 하십니다. 그 아이는 이 세상에 태어난지 25년 5개월밖에 안됐습니다. 병 한 번 치른 적이 없고 청동기처럼 단단한 다리와 매달리고 싶은 든든한 어깨와 짙은 눈썹과 우뚝한 코와 익술부리는 입을 가진 준수한 청년입니다."

문자를 통해서, 음성을 통해서 아들의 이름을 부르며 우는 것은 아들이 죽은 것을 인정하고, 객관화시키는 과정이며 발달적인 애도의 한 과정으로 볼 수 있다. 일기에서 '지나친 반복'은 삭제했다고 언급하고 있는데, 확인할 수는 없지만, 호격의 절규에 해당하는 이름의 반복이 삭제됐을 가능성을 고려하면, 작가는 죽은 아들의 이름을 부르며, 울부짖는 행위를 반복했을 것으로 보인다.

3.2. 원망(怨望)의 표현

사별의 고통 가운데 있는 사람은 보통 죽은 자를 향해 분노를 느끼지 않고 가족, 가까운 사람, 신을 향해 분노를 쏟아낸다. 그러나 이러한 분노의 표현은 애통의 과정을 거치기 위해서는 필요한 과정이다(앤더슨 & 미첼, 2005: 84-85). 『한 말씀만 하소서』에서도 신을 향한 분노의 표현들을 확인할 수 있다. 분노의 표현들은 직설적인 표현, 질문 형태를 취한 표현도 있다. 신을 향한 질문은 답을 필요로 하지는 않는다. 그 자체가 분노를 발하는 한 방법이다. 그러나 애도의 과정을 마치고 신을 향한 원망과 질문에 답을 찾게 되기도 하는데, 이렇게 얻은 해답은 종교적인 성숙과 인생에 대한 깊은 성찰로 나아갈 수 있게 한다.

(15) 나는 주님과 한번 맞붙어보려고 이곳에 이끌렸고, 혼자 돼보기를 갈망했던 것이다. 주님, 당신은 과연 계신지, 계시다면 내 아들은 왜 죽어야 했는지, 내가 이렇게까지 고통 받아야 하는 건 도대체 무슨 영문인지, 더도 말고 덜도 말고 한 말씀만 해보라고 애걸.

내 아들의 죽음의 의미는 뭘까? 죽음 후에도 만남이 있을까? 그 애의 죽음은 과연 피할 수 없는 운명이었을까? 신이 있기나 있는 것일까? 인간의 기도나 선행과는 상관없이 인간으로 하여금 한 치 앞도 못 내다보게 눈을 가려놓고 그 운명을 마음대로 희롱하는 신이라면 있으나마나 아닐까?

신에 대해 쏟아놓던 사별에 대한 억울함을 대인관계에서 표현하는 것은 신이나, 내적인 대화보다 한 단계 더 치유를 향한 형태로 볼 수 있다. 이는 사별을 현실적으로 인정하게 되고, 상실의 아픔도 희석시킬 수 있다. 또한 상실 대상의 의미를 되새기게 되고, 살아있는 자들과 소통을 시도하는 것이다.

(16) 수녀님하고 나란히 앉자 눈물을 걷잡을 수 없이 복받쳤다. 위로 받고 싶었다. **나는 울며불며 내 미칠 듯한 고통을 하소연하기 시작했다.** 내 방에서 혼자 뒹굴며 신에게 퍼붓던 포악과 별로 다르지 않은 푸념이었다. 나는 열심히 단란한 가정을 이루며 살아왔다. 아이들을 건강하고 바르게 잘 길렀고 깊이 사랑했다. 남에게 해를 끼친 일도 없고 마음의 상처가 될 짓도 안하려고 노력하며 살아왔다. 나는 아무리 생각해도 이런 벌을 받을 까닭이 없다. 고약하고 못된 사람도 자식을 앞세우는 벌은 좀처럼 안 받던데 이게 무슨 처사냐? 억울하고 원통하다.

『한 말씀만 하소서』의 후반부에서 작가는 자신이 사별의 비통을 겪어야 하는 이유를 찾게 된다. 근원적인 죄의식, 구원과 관련된 종교적인 해답이고, 스스로도 이 해답에 대하여 '나중에 나의 간지가 또다시 빠져나갈 구멍을 찾게 될지도 모르지만' 하면서 주관적이고, 일시적인 해답일 수 있다고 언급하면서도 '그 순간만은 그건 꼼짝달싹도 할 수 없는 정답이었다. 그리고 구원이었다'라고 하며 자기가 겪은 이해할 수 없는 사별에 대한 해답으로 인정하고 있다.

3.3. 변형 문장에 의한 사고전환

작가는 수녀원에서 예비 수녀님들이 서로 이야기를 나누는 것을 듣게 되는데, 그것이 자기 생각을 전환하는 계기가 되었다고 하였다. 예비 수녀님은 자신의 동생이 말썽을 많이 부려서 집안이 편할 날이 없었다. 그녀는 그 동생에 대해 원망하고, 인생에 대해 비관도 하게 되고, 그러다 문득 '세상엔 속 썩이는 젊은이가 얼마든지 있다, 내 동생이라고 해서 그래서는 안 되란 법이 어디 있나?' '내가 뭐관대'라고 생각을 고치니 한결 마음이 가벼워지고 동생과의 관계도 호전되었다는 이야기이다.

작가는 타인의 이야기 속에서 사고를 전환하는 두 개의 변형 문장을 자신의 경우에 적용하여 비슷한 구조의 문장을 생성, 변형을 시도하는데, 여기서 작가의 사고가 전환될 가능성이 있음을 인정하였다.

(17) **'왜 내 동생이 저래야 되나?'와 '왜 내 동생이라고 저러면 안 되나?'** 간발의 차이 같지만 실은 사고의 대전환이 아닌가. 나는 신선한 놀라움으로 그 예비수녀님을 다시 바라보았다. 내 막내딸보다도 앳돼 보이는 수녀님이었다. 저 나이에 어쩌면 그런 유연한 사고를 할 수가 있었을까? 내가 만약 **"왜 하필 내 아들을 데려갔을까?"**라는 집요한 질문과 원한을 **"내 아들이라고 해서 데려가지 말란 법이 어디 있나"**로 고쳐먹을 수만 있다면, 아아 그럴 수만 있다면. 구원의 실마리가 바로 거기 있을 것 같았다.

(17)에서 "왜 하필 내 아들을 데려갔을까?"에서 "내 아들이라고 해서 데려 가지 말란 법이 어디 있나"로 질문을 변형하면, 기존의 자기 생각과는 달라서 순간 사고의 혼란을 겪게 되고, 그 균열 속에서 새로운 생각을 모색할 가능성이 있다.

3.4. 추억에 대한 반추

사별의 어려움을 겪고 있을 때는 상실의 대상과 관련된 기억이 매우 괴롭고 힘들겠지만, 긴 애도의 터널을 뚫고 나올 수 있는 힘은 상실의 대상자와 함께 한 좋은 추억이라고 작가는 언급하고 있다.

(18) ㄱ. 먼저 간 남편과 아들과 서로 깊이 사랑하고 믿었던 그 **좋은 추억의 도움이 없었다면** 내가 설사 홀로 섰다고 해도 그건 허세에 불과했을 것이다.
ㄴ. 생각해 낸 못된 버릇 하나가 가장 사랑스러운 버릇이 되어 잠시나마 내 사실감에 위안이 되다니. 못 말릴 노릇이었다.

(18)ㄱ에서는『한 말씀만 하소서』의 후반부에서 자신이 아들을 잃은 아픔을 이겨낼 수 있었던 것은 남편과 아들과의 좋은 추억 때문이라고 밝히고 있다. ㄴ에서는 아들의 못된 버릇에 대한 기억도 가장 사랑스러운 버릇에 대한 추억이라고 하였다.

3.5. 침묵의 치유

앤더슨 & 미첼(2005: 71)에서는 슬픔 가운데서는 서로 양립할 수 없는 두 가지 욕구가 있다고 한다. 슬픔 가운데 홀로 있고 싶은 욕구와 공동체로부터 고립되지 않고 싶은 욕구이다.『한 말씀만 하소서』에서도 두 욕구가 모두 표현된다. 작가는 끊임없이 조용한 시간을 갖기 위해 부산으로, 수녀원으로, 미국으로 거처를 옮기는 모습을 보인다.

작가는 사별에 의한 충격에 관계를 피하고, 말을 피해서 폐쇄 공간으로 이동을 한다. 부산의 큰 딸네와 분도 수녀원에서 1988년 9월에서 1988년 10월 두 달 정도 동안 기거하게 된다. 아들의 조문을 받아야 하는 고통과 수치를 피하고 싶어서 부산으로 내려왔다고 하였다. 분도 수녀원으로 거처를 옮긴 이유는 큰 소리로 울 수 없었기 때문이고, 아들의 죽음이나 자신의 존재를 모르는 사람들 사이에서 있고 싶었기 때문이다. 분도 수녀원에서 어느 정도 회복이 되자 아들과 함께 살던 서울집으로 돌아가려고 시도하지만, 실패하고 다시 미국에 있는 막내딸에게로 간다.

미국은 작가에게 아들과 자신을 모르는 사람들에게 둘러 싸이는 것을 의미하고, 언어도 소통되지 않는 곳이다. 그 곳에서의 생활을 일기로 남기지는 않았지만, 『한 말씀만 하소서』를 출판하면서 후기로 미국생활에 대해서 언급하였다. 작가는 모국어가 아닌 언어에 둘러싸인 사람의 고독 속에서 모국어에 대한 그리움을 갖게 됐다고 하였다.

작가는 미국에서 1989년 1월 서울집으로 돌아왔고, 그 이후 「문학사상」에 연재 중단(1988.10-1989.6) 되었던 「미망」을 다시 연재하기 시작하면서 작품 활동을 이어갔다.

이러한 과정을 정리하면 작가는 상실의 아픔으로 인해 말과 관계를 피해서 부산으로, 수녀원으로, 미국으로 도망치듯 갔다가 외국어에 의해 모국어가 차단된, 소통의 진공상태에서 모국어에 대한 그리움을 갖게 되고, 비교적 빠른 시간에 작품 활동을 재개하게 되었다.

(19) 특히 명상의 길을 따라 걷는 아침 산책은 뜬눈으로 몸부림치고 난 후의 지치고 암울한 정신에 찬물을 끼얹듯이 상쾌한 자극이 되었다. 산책길의 나무와 풀과 공기가 하루하루 조금씩 가을빛을 더해가는 것도 바다 빛깔의 변덕보다는 위안이 되었다.

(19)에서 작가는 분도수녀원에 있을 때 조용한 명상의 길이라는 산책로를 거닐면서 침묵 가운데 자연물로부터 위안을 받는 것을 볼 수 있다. 상실자의 슬픔이 너무 클 때는 언어보다는 침묵이 더 유용한 것으로 보인다.

『한 말씀만 하소서』에서 긍정적인 변화에 영향을 주었던 치유 언어는 슬픔을 직설적으로 표현하는 것과 신을 향한 원망, 질문, 변형문장에 의한 사고전환, 추억에 대한 반추, 침묵 등이다.

작가는 큰 슬픔을 딛고, 글쓰기와의 화해, 넓게는 그토록 피해 달아났던 언어와 화해를 하고, 신과도 화해를 하고, 가족의 품으로 돌아왔다. 그리고 작가는 남편과 아들을 상실했지만, 남편과 아들과 쌓았던 신뢰에 대한 좋은 기억을 통해 그 소중한 의미를 더 깊이 인식하는 성숙된 성찰의 모습을 보여 주었다.

4. 나오며

이 글은 박완서가 아들을 잃은 큰 상실을 겪는 과정 중에 자신의 슬픔을 글로 표현한 『한 말씀만 하소서』에서 애도 언어와 치유 언어의 특징을 살펴 보았다. 『한 말씀만 하소서』에 나타난 애도 언어의 유형은 자기 중심적 언어, 고통의 언어, 불일치의 언어, 부정적 언어와 반복성 혼돈된 인식 언어, 언어기피와 왜곡이고, 애도와 우울증의 언어가 혼재되어 있었다. 그러나 자살 충동과 관련된 언어 표현이 없고, 자기와 대상에 대한 경계가 혼란되지 않는 점 등은 『한 말씀만 하소서』의 언어가 병적인 우울보다는 슬픔을 극복하는 과정에서의 애도의 언어임을 보여주는 것이다. 치유 언어는 비탄을 직설적으로 표현하는 것과 신을 향한 원망, 질문, 변형문장에 의한 사고 전환, 추억에 대한 반추, 침묵 등이었다.

이 글은 상실의 아픔 속에 있는 참여자의 슬픔을 치유하는 데 있어서 슬픔과 우울을 진단하는 언어와 치유 언어의 근거를 마련하고자 하였고 참여자가 만성적 슬픔에 빠지지 않고, 슬픔을 잘 극복할 수 있도록 내적 소통을 돕는 모델 개발에 활용할 수 있다.

상실의 생생한 기록을 통해 상실자를 위한 소통모델을 개발할 수 있는 구체적인 근거와 방법을 마련한 것은 의미 있는 일이나, 슬픔은 복잡하고 개별적인 것이어서, 한 작가의 상실 기록을 토대로 한 것은 개별성에 대한 한계를 지닌다. 다른 상실에 관한 텍스트가 보완되어야 한다.

※ 이 글은 필자의 논문 「애도와 치유언어의 언어적 특징: 박완서 수필 '한 말씀만 하소서'를 중심으로」 (『언어학연구』 19집 (2011): 253-279)를 수정 · 보완한 것이다.

Ⅲ 문학과 사회적 치유

신화와 사회적 치유의 담론

'도가니 신드롬', 치유의 한 징후

환상, 치유를 갈망하는 또 하나의 목소리

신화와 사회적 치유의 담론

이 민 용

1. 신화, 이야기, 치유의 힘

심신의 안녕을 누리면서 사는 것은 인간 모두의 바람이다. 열심히 노력해 꿈을 이루려고 하는 것도 모두 여기에서 출발하고 우리의 궁극적인 행복도 여기에 귀결된다고 할 수 있다. 이것은 우리 인류가 계속 추구해 왔던 영원한 소망이어서 일찍이 신화시대부터 비롯되었고 지금도 마찬가지일 것이다. 세계보건기구(WHO) 헌장에 명시되어 있는 건강의 개념은 다음과 같다. "건강이란 단순히 병이 없거나 쇠약하지 않은 것만이 아니라 신체적으로, 정신적으로, 그리고 사회적으로 완전히 안녕한 상태다." 우리가 건강하다는 것은 단순히 신체적으로 병이 없거나 쇠약하지 않은 상태만이 아니고 정신적으로 평안하고 잘 지내는 것이고 이것은 사회적으로도 그래야 한다는 것이다.

한편 다음은 세계보건기구가 1999년 총회에 앞서 50년만에 새로 마련하겠다고 했던 헌장 개정안의 내용이다. "건강이란 단순히 병이 없거나 쇠약하지 않은 것만이 아니라 신체적으로, 정신적으로,

영적으로, 그리고 사회적으로 완전히 안녕한 역동적인 상태다.” 그 때까지의 헌장 내용에 영적인 건강의 요소가 첨가된 것이다. 세계보건기구가 헌장에 새롭게 담으려 했던 건강의 정의에 영적 건강이 들어가게 된 것은 이슬람계나 기독교계와 같은 종교계의 영향이나 뉴에이지 운동의 영향이 있기도 했지만, 우리의 건강에 정신건강도 중요하고 정신 건강은 육체적 건강과 사회적 웰빙(well-being, 안녕)뿐만 아니라 높은 차원의 영적인 안녕(spiritual well-being)과도 깊은 연관이 있다고 생각했기 때문이다.[1] 그런데 이처럼 육체적으로 건강하다는 것뿐만 아니라 정신적으로, 사회적으로, 그리고 영적으로 모두 건강하여야 진정으로 건강하게 사는 것이라는 생각은 신적인 초월적인 힘에 대한 믿음 속에서 살아가던 신화시대의 사람들에게는 특히 중요했을 것이다. 그들은 현대인 못지않게 건강하다는 것이 신체적인 건강, 사회적 건강, 정신적 건강, 영적인 건강이 통합된 것이라고 생각했을 것이다.

한편 신화는 여러 관점에서 접근될 수 있다. 정치, 역사, 인류학, 문화콘텐츠, 종교 등의 관점에서 접근하여 신화의 성격을 밝혀볼 수 있다. 신화를 종합학문의 대상이라고도 하는 이유가 여기에 있다. 신화는 또한 이야기로도 볼 수 있다. 현재 우리는 어린 시절부터 대부분 신화를 만화, 애니메이션 등으로 접하며 흥미 있는 이야기들 중의 하나로 받아들이고 있다. 그런데 신화에 신들의 신성성이 살아 있어서 사람들이 신들의 신통력을 믿고 숭배하였던 시대에도 신화는 --주술적이거나 종교적인-- 이야기로 받아들여졌다. 오히려 그 시대에 신화는 그 믿음과 숭배 때문에 오늘날보다 더 힘 있는 이야기로 여겨졌다.

이런 점에서 이 글은 게르만신화를 이야기의 일종으로 보고 고대 신화시대에 게르만 지역에서 살던 사람들이 그들의 자연관과 세계관에 의해 만들어낸 것이 게르만신화일 뿐만 아니라, 그들이 당대의 현실 속에서 정신적 · 영적 안녕(well-being)을 유지하며 살아가는 수단의 하나로 삼았던 것 또한 게르만신화였다는 측면에서 접근하려고 한다. 우리가 보통 생각하는 그리스신화나 종교에서 신은, 죽을 수밖에 없는 운명의 인간이 지닌 한계를 넘어선 영생의 존재라는 점에서 인간과 가장 다른 특징을 갖는다. 그런데 신들의 이야기로서 게르만신화에서 두드러진 특징은 신들이 대개 죽는 장면으로 끝난다는 것이다. 라그나뢰크로 끝나는 게르만신화는 이런 점에서 연구자의 관심을 끈다. 이 글에서는 이러한 게르만신화에 나타난 신들의 죽음을 사회적 치유의 속성을 지닌 이야기로 해석하려고 한다. 구체적으로 신성성과 온전성의 관점에서 신화 이야기를 통한 사회적 불안 심리의 치유와 사회적 안녕의 문제를 살펴보고, 게르만신화에서 주신 오딘이 죽게 되는 배경을 J. G. 프레이저의 『황금가지 Golden Bough』에 나타난 사제왕 살해 관습과 관련해서 연구할 것이다. 그리고 다음으로는 이렇게 자연과 사회에서 느끼는 불안과 공포에서 게르만신화 신들의 죽음이 요구되는 상황을 살펴보고, 이러한 상황을 치유하려는 노력이라는 관점에서 구체적으로 오딘과 그의 신족의 죽음이 갖는 의미에 대해 논의할 것이다. 이어서 마지막으로는 치유적 내러티브의 관점에서 게르만신화 이야기를 정리하며 이 글을 마무리할 예정이다.

2. 신성성과 온전성 그리고 사회적 치유로서의 신화 이야기

앞에서 얘기한 대로 신화는 사람들에게 실제적인 영향력을 행사하던 힘 있는 이야기이다. 이야기는 이야기를 주고받는 사람에게 단순히 재미와 정보를 주는 수단에 그치지 않고 그들이 현실을 이해하고 설명하는 수단이기도 하기 때문이다. 인간은 '호모 나랜스 Homo Narrans(이야기하는 사람)'이다. 이야기는 인간의 삶에서 필수적인 것으로서, 세상을 재구성하고 세상을 살아가는 지혜와 방안을 제공한다고 할 수 있다. 이야기는 삶과 비슷한 구조로 되어 있어서 실제로 삶을 잘 반영할 수 있기 때문이다.

신화를 현실과 아주 무관한 허황된 이야기라고만 얘기할 수는 없다. 신화는 그 당대를 살아가던 사람들이 나름대로 현실을 파악하고 이해하려한 노력의 결과물이다. J. G. 프레이저는 인류사에서 주술의 시대, 종교의 시대, 과학의 시대가 차례로 이어졌다고 하면서, 주술의 시대는 과학의 시대와 다른 방식이기는 했지만 모든 사물의 기초적인 원리로서의 질서에 대한 믿음에 기초하고 있다는 점에서 공통점을 많이 가지고 있다고 말한다.

레비-스트로스도 『야생의 사고』에서 신화적 사고가 "철저하게 관찰하고 관계나 연관성이 있는 것끼리 조직적으로 분류하는"(1990: 15) 열의를 보임으로써 과학과 비슷한 점이 있다고 주장한다. 그는 신화의 바탕이 되는 "주술적 사고는 인과율이란 주제에 의한 대변주곡이어서 과학과 마찬가지로 "결정론적 추구"(1990:

15)의 성격이 강하다고 말한다.[2)] 이런 점에서 나카자와 신이치의 다음과 같은 견해는 레비-스트로스의 주장을 이어받았다고 할 수 있다. 그는 신화가 "후에 발생한 종교와는 달리, 아무리 환상적인 상황을 상상하고 있을 때라 할지라도, 현실 세계에 대한 강렬한 관심과 현실세계를 지적으로 이해하고 싶어하는 욕구를 상실한 적이 없다. 현실세계를 희생시키면서까지 관념이나 환상의 세계에 몰두하려고 하는 비현실성에 빠지는 경우가 신화에는 절대 없었다"(2003: 10)고 주장한다. 이처럼 고대의 인류가 현실과 밀접한 관계를 맺으며 우주 안에서 자신들의 위치나 자연의 질서, 삶의 의미 등에 대해 깊이 성찰한 것이 신화라면, 신화시대에 인류가 자연과 세계에서 느낀 불안과 공포에 대처하기 위해 만들어 활용한 것이 신화라고도 말할 수 있다.

이야기의 측면으로 보았을 때 게르만신화는 세계 신화에서도 드물게 이야기의 시작과 중간, 끝의 체계를 갖춘 이야기라고 할 수 있다. 세상의 창조에서 변화, 발전, 몰락, 재생에까지 이어지는 큰 틀의 기승전결을 갖춘 구조를 가지고 있다. 이것은 우리나라나 중국 등 다른 나라의 신화를 보아도 그리 흔치 않은 비교적 완결된 이야기 구조로 되어있다. 흔히 신화의 시간은 근대 소설 속의 시간만큼 논리적 · 인과적 · 총체적이지는 않고 비논리적 · 나열적이라고 한다. 신화 에피소드들은 서로 시간적 선후 관계를 따지거나 인과관계로 연결하기가 어려운 경우가 많기 때문이다. 그러나 게르만신화는 시간의 흐름에서도 비교적 선형적이고 논리적이라는 점에서도 어떤 틀이 있는 이야기 구조로 되어 있다고 볼 수 있다.

한편 신화시대에 게르만족들이 살던 북유럽 지역은 자연환경이 특히 춥고 척박하였다. 또한 이 지역은 아직 문명의 불길이 닿기 이전의 지역이었다. 자연의 광포한 힘이나 동물들의 공격으로부터 인간을 보호해줄 수 있는 문명사회가 아직 발달하지 못했다. 그래서 이들은 아직 충분히 정복하지 못한 자연과 세상을 목숨 걸고 도전해야할 대상으로 여겼을 것이다. 그러면서 이들은 자연에 대해 불안과 공포를 많이 느꼈을 것이고 이것을 극복하고 이것에서 벗어나고자 하는 노력이 많이 필요했을 것이다. 그래서 북유럽의 냉혹한 자연 속에서 살아가는 게르만 인들은 이야기를 통해서도 그 시대의 세상과 자연 속에서 느끼는 삶의 불안과 공포를 헤치고 살아가려고 하였을 것이다. 그런 노력의 결과가 게르만신화로 표출된 것이라고 할 수 있다.

우리는 전통적으로 이야기를 통해 서로 위안하고 상처를 위로하며 치유하였다. 오늘날 현대인의 스트레스와 마음의 고민을 해결해주는 수단으로 크게 활성화되고 있는 심리상담도 이야기의 이런 치유적 기능에 근거한다고 할 수 있다. 현대 심리학을 열었다고 하는 S. 프로이트의 심리학도 기본적으로 내담자의 이야기를 듣고 치료자가 어떤 이야기를 들려주는 방식으로 이루어진다. 최근 1980년대 이후부터는 이야기를 더욱 특화된 치유방식으로 활용하는 내러티브 테라피(Narrative Therapy)가 나와서 가족치료 등에서 폭넓게 사용되고 있는 것도 이런 맥락에서 가능한 일이었다. 그리고 이것은 집단 사회의 구성원들이 집단적 · 사회적 안녕을 유지하는 데에도 적용되었다. 이런 점에서 우리는 신화와 치유의 연관성을 말할 수 있는데, 이에 관해 다음과 같은 견해를 눈여겨 볼 필요가 있다.

> 성(聖)을 뜻하는 holy는 앵글로색슨어의 hal이 어근인데, 이 말은 '건강한', '온전한' 혹은 '전체의' 의미를 지니고 있다. 동일한 어근에서 나온 hale이란 단어도 '강건한'이란 의미를 지닌 것으로 짐작된다. 또 온전함 혹은 전체성을 뜻하는 영어의 whole이란 단어가 그리스어 heil과 친족관계를 가지고 있으며, 독일어의 heilen이란 동사로 남아 병을 치료한다는 의미가 되었다. 이렇게 보면, healthy, heal, hale, holy, whole 등은 모두 동일한 의미를 내포하고 있음을 알 수 있다. 즉 고대의 인간들은 병이나 재난의 원인을 성 혹은 완전성(전체성)에서 분리된 결과라고 보고 있다. (이은봉, 1998: 22f)

여기서 '치유하다'라는 의미의 독일어 'heilen'과 영어 'heal'이 '성스러운'의 의미를 갖는 독일어 단어 'heilig' 및 영어 단어 'holy'와 어원적으로 서로 밀접한 관계에 있다는 것을 알 수 있다. 앞에서 세계보건기구의 헌장 개정안 노력에서 본 대로 영적인 안녕이 건강의 중요한 요소라는 것이 여기서 다시 확인되고 있다. 또한 위의 글에서 'heilen'과 'heal'이 '온전함' 혹은 '전체성'을 뜻하는 영어의 'whole'이란 단어와도 연계되어 있음도 알 수 있다. 다시 말해 온전한 상태, 하나 됨의 상태에 있게 만드는 것이 치유라는 것이다.[3] 고대의 인간들에게는 성스러운 신이 만들고 다스리는 세계 속에서 신의 뜻을 헤아려 신에 의지하며 살고 신과 하나가 되어 전체가 어우러져 사는 것이 정신적으로·영적으로 건강하게 사는 것이었다. 그러면 이러한 온전성과 신성성이 치유와 맺는 관계를 사제왕 살해 관습과 게르만 신들의 죽음 이야기에서 확인해 보기로 하자.

3. 사제왕 왕국의 불안과 사제왕의 죽음

앞에서 필자는 고대의 인류가 현실 속에서 신화 이야기를 통해 자연의 질서, 자신들의 존재, 삶의 의미 등에 대해 깊이 성찰하는 한편, 자연과 세계에서 느끼는 불안과 공포에 대처하였다고 언급했다. 그런데 이런 내러티브에는 신화처럼 비현실적인 상상의 영역에서 꾸며지는 이야기도 있지만, 현실 속의 이야기도 있다. 내러티브 개념에는 허구적 이야기뿐만 아니라 현실의 실제 이야기, 실제 경험 이야기도 모두 포함된다. 심리상담 치료 중의 하나로 내러티브 치료(narrative therapy)가 가능한 것도 바로 내러티브의 이런 현실 영역들을 전제로 하기 때문이다. 그리고 내러티브는 민담이나 동화처럼 구체적인 언어로 표현되기도 하지만, 연극에서는 행동으로, 영화에서는 영상으로, 테마 공원에서는 시설물의 진열로 표현되기도 한다. 스토리는 이런 내러티브를 통해 민담이나 동화, 영화, 컴퓨터게임 등으로 표현되기도 하지만, 사람들의 마음속에 추상적으로 존재하기도 한다. 그리고 그것은 집단적 스토리일 수도 있고 개인적 스토리일 수도 있다. 개인적 내면의 스토리인 경우 그것은 개인의 인생 각본(life script) 혹은 인생 시나리오(life scenario)처럼 작용하기도 하지만, 집단적 스토리의 경우는 집단과 사회의 행동을 저변에서 규정하기도 한다. 이런 면에서 불안과 공포에 대응하는 집단적 스토리의 하나로 우리는 J. G. 프레이저의 『황금가지』에 나타난 사제왕 살해 관습을 게르만신화의 라그나뢰크와 비교해 연구해볼 필요가 있다.

게르만신화를 접하는 사람들이 가장 큰 충격으로 느끼는 것은 주신(主神) 오딘과 그의 신족들이 거인족과 괴물들에게 거의 대부분 살해되는 라그나뢰크 Ragnarök 장면이다. 여기서 게르만신화의 주신 오딘은 괴물 늑대 펜리르에게 물려죽고, 가장 용맹한 영웅신 토르는 괴물 뱀 요르문간드와 싸워 서로 죽고 죽인다. 그런가 하면 오딘, 토르와 함께 가장 중요한 세 신으로 숭배받던 프레이는 불꽃의 거인 수르트에 의해 죽는다. 그리고 가장 용감한 신이라고 할 수 있는 튀르는 지옥의 개 가름에게 죽고, 신들의 파수꾼 헤임달은 거인족 출신 로키에게 죽는다. 이뿐만 아니라 세상 전체가 몰락한다. 세계를 지탱하던 세계수(世界樹) 위그드라실이 불의 거인 왕 수르트의 불칼에 의해 불타서 내려앉고 육지가 바다로 침몰한다. (Die Edda. 2004: 13-20).

이것을 어떻게 해석해야 할까? 우선 오딘의 죽음을 『황금가지』에 나타난 사제왕(司祭王) 살해 관습과 연관해서 살펴보기로 하자. J. G. 프레이저는 자신의 저서 『황금가지』에 과거 여러 지역에서 신적인 인간, 즉 사제왕을 살해하는 관습이 있었음을 풍부한 예로써 설명하고 있다(1964: 273-338). 사제왕이 신하들에게 살해되는 지역으로 그가 소개한 곳으로는 콩고, 나일강 유역, 에티오피아, 이집트 등 아프리카 지역이 제일 많고, 이외에도 남유럽의 이탈리아, 북유럽의 스웨덴, 아시아의 캄보디아 등 세계 도처에 걸쳐 있다. 우리나라의 고대 부족국가 부여에서도 이런 관습이 있었다고 국사 교과서에 소개된 적이 있다고 한다. 사제왕이 살해되는 계기는 그가 노쇠하거나 병들어서 사제왕으로서의 역할 수행에 어려움이 생길 징조가 보이는 경우가 대부분이었지만, 얼굴에 주름이 생기거나, 흰머리가 생겼을 때, 이빨이 빠졌을 때, 부인의 성욕을 채워주지 못했을 때 등 노쇠함의 초기 징조에서도 죽는 경우도 있었고, 심지어 전투에서 부상당했을 때도 죽어야 하는 경우도 있었다.

프레이저는 사제왕 살해 관습을 다음과 같이 해석하고 있다. "원시인은 종종 자신의 안전과 세계의 안전까지도 인간신 또는 신의 화신으로 생각되는 인간의 생명과 밀접하게 관련되어 있다고"(1979(2007): 398). 믿고 "자연의 운행이 이 인간신의 생명에 의존하고 있으므로, 그의 생명력이 쇠약해지고 죽어서 마침내 소멸된다면 세상에 큰 재앙이 닥칠 것"(398f)이라고 믿었기 때문이다. 그래서 그들에게 "인간신의 노쇠와 죽음이 가져올 위험은 참으로 두려운 것이었다"(398). 즉 사제왕을 살해하는 관습이 널리 퍼지게 된 것은 사제왕의 노쇠와 죽음으로 야기될 재앙에 대한 원시인들의 불안과 공포 때문이었다는 것이다. 원시인들이 숭배하던 사제왕을 죽이는 것은 "왕의 생명이나 영혼이 전체 왕국의 번영과 공감적으로 결합되어 있다고 생각하기 때문이다. 만일 왕이 병으로 눕게 되거나 허약해지면 가축도 병에 걸려 번식을 멈추며, 곡물이 들에서 썩고, 사람이 유행병으로 사멸된다고 그들은 믿었다"(403). 그들이 "이런 위험을 피하기 위한 방법은 단 하나밖에 없다. 인간신이 그 생명력이 쇠약해지는 기미를 보이는 즉시 그를 살해하여 그 영혼이 회복이 불가능할 만큼 심하게 손상되기 전에 활동적인 후계자에게 옮겨 놓은 것"(275)이라고 믿었기 때문이다. 원시인들이 당시에 널리 가슴속에 품고 있었던, 세상의 질서 운행에 관한 내면의 스토리가 바로 이것이었다. 현대인들이 일반적으로 가지고 있는 세계와 자연에 대해 가지고 있는 스토리와는 많이 달랐다. 그러나 이러한 비과학적인 내면의 스토리라도 당대에 실제로 그들의 마음속에서 생명력을 유지하면서 원시인들의 사고와 행동을 조종했다는 것이 중요하다.

이것은 전체적으로 보면, 앞서 필자가 언급한 바대로, 온전성 혹은 완전성은 곧 신성성의 조건이며, 신성하다는 것은 온전하고 완전하다는 것을 의미하는 것이어서, 온전성의 훼손은 곧 신성성의 훼손을 의미한다는 것이다. 그래서 온전성과 신성성이 훼손된 사제왕은 곧 온전하고 신성한 사제왕으로 대체되어야 했다.

한편 프레이저는 이와 같은, 신적인 인간을 살해하는 관습들을 소개하기에 앞서 신들의 죽음에 관해서도 언급하고 있다. 그러면서 그는 "인간은 자신의 모습을 본떠 신들을 창조했다"(273)고 주장한다. 그는 사제왕, 즉 인간신의 죽음을 신들의 죽음이 하강한 것으로 본다. 이와 반대로 필자는 게르만 신들의 죽음 이야기를 사제왕의 죽음 이야기가 상승된 것으로 보려고 한다. 이때 신들의 이야기는 허구적 이야기이지만 사제왕 죽음의 이야기는 실제 이야기이다. 허구적 이야기와 실제 이야기의 연관성을 확인해볼 수 있다. 실제 이야기에서 허구적 이야기가 파생되었고, 사제왕의 이야기가

신의 이야기로 상승된 것이다. 이렇게 신화 이야기가 만들어진 이유는 세상을 이해하고 설명하며, 그 이야기를 하는 사람들의 정신적 · 영적 안녕을 위한 측면도 있다.

4. 게르만신화 세계의 불안과 라그나뢰크의 배경

앞에서 사제왕들이 죽음을 맞게 되는 계기에 대해 언급했다. 주로 사제왕들이 늙거나 병들어서 죽음의 징조를 보이고, 가뭄 · 홍수 · 전염병 같은 사회적 재앙이 지속적으로 크게 발생하여 백성들이 사회 집단의 안녕에 불안을 느낄 때이다. 그러면 게르만신화에서 오딘의 죽음은 어떻게 보아야 할까? 필자는 오딘의 죽음을 사제왕의 죽음과 같은 맥락에서 보고자 한다. 앞서 언급한 프레이저의 말대로 인간은 자신의 모습을 본떠 신들을 창조했기 때문에, 게르만족 역시 그들의 주신(主神)을 사제왕의 모습에서 본떠 창조했다고 할 수 있다. "신들은 때때로 전설의 안개를 통해서 아주 어렴풋이 보이는 인간에 지나지 않기 때문이다"(284). 그러면 게르만신화의 주신인 오딘의 죽음이 요구되는 상황은 어떤 것이 있는가? 그것은 다음과 같다.

오딘이 죽기 전까지 게르만신화 세상은 그 불안이 점점 커가는 상황이었다. 이런 불안을 더욱 가중시킨 것은 거인족 출신 로키가 거인 앙그르보다와의 사이에서 괴물 자식을 셋이나 낳은 사건이었다. 신들은 로키의 이 괴물 자식들이 나중에 화근이 될 것을 알고 없애려고 하지만 실패한다. 헬을 지하 세계에 던져 그곳의 여왕이 되게 한 것은 그렇다고 쳐도, 요르문간드를 바다 속에 던지는 것으로 그쳐 오히려 바다 속에서 성장해 세상의 땅덩어리를 휘감을 정도로 크게 자라도록 방치한다. 그리고 괴물 늑대도 튀르가 한쪽 팔을 희생하면서 마법의 끈 글레이프니르로 묶어두는 데에 성공하지만 그 괴물이 나중에 풀려나는 것까지는 막지 못한다. 이렇게 점증하는 사회의 불안은 급기야 로키가 회드르 신을 통해 발드르 신을 죽이고, 발리 Vali가 이복 형 발드르의 복수로서 이복형 회드르를 죽이게 된다. 그리고 이어서 로키가 애기르의 주연에서 신들에게 무작위로 욕설을 퍼붓고 모함까지 하는 사건으로까지 더욱 악화된다.

한편 이러한 게르만신화 사회의 불안은 발드르의 악몽으로 구체적으로 표현된다. 그리고 신들이 모두 그 악몽에서 불길한 기운을 느끼고 걱정한다. 이러한 불안은 게르만신화 스토리 속 캐릭터인 발드르의 불안이기도 하지만, 한편으로는 이 시대를 살며 신화를 이야기하던 게르만인들의 불안이기도 하였다. 그들의 불안이 이런 신화 이야기를 낳았다고 할 수 있을 것이다. 발드르의 악몽과 같은 이러한 불안한 생각과 느낌에는 이것을 극복하고 벗어나려는 노력들이 수반된다. 이런 노력은 신화 스토리의 요소들을 치유적으로 변용시키고 스토리 자체를 치유적으로 창조하는 작업으로 이어진다. 이것은 현실 의식과 신화 이야기의 상호작용 속에서 이루어진다. 앞에서 언급한 대로 우리 인간은 이야기를 통해 현실을 이해하고 현실을 재구성하며 자기 정체성을 정립하게 되는데, 이것은 개인뿐만 아니라 집단과 사회도 마찬가지이다. 이것이 그 당시 살던 사람들의 집단적 내면의 스토리라고 할 수 있다. 게르만신화 사회가 점점 불안해지고 오딘 신도 늙은 신으로 항상 등장한다는 것은, 게르만신화의 주신인 오딘을 사제왕으로 보면 사제왕의 희생이 요구되는 상황이라고 볼 수 있다. 실제로 게르만신화를 전승하며 오딘과 토르, 프레이 등의 게르만신화의 신들을 믿으며, 그 신들에게 인간과 동물을 제물로 바치는 의식을 행했던 스웨덴 지역에서는 왕이 9년 정도 나라를 다스린 다음 그 유명한 큰 제사에서 살해되는 관습도 있었다(284).

게르만신화 사회에서 자연의 힘 앞에서 아직 무력한 인간 집단들이 가지는 불안과 공포가 이런 집단적 내면의 스토리를 가지게 하였을 것이고 이것이 다시 그 시대에 자연과 사회를 해석하는 이야기라고 할 수 있는 신화에 반영되었을 것이다. 그래서 현실의 사제왕 처형 스토리가 신화 스토리에 투영될 수 있었을 것이다. 이런 면에서 오딘의 죽음 이야기에는 사제왕 살해의 관습이 반영된 것으로 이해할 수 있다. 앞에서 살펴본 것처럼 게르만신화 세계에서 재앙의 징조는 점점 더 악화 일로에 있었고 오딘은 흰 수염의 늙은 신으로 등장하기 때문에 사제왕 살해 관습에서 보면 사제왕을 희생시킬 여건이 성숙해 있다고 볼 수 있다. 운문 『에다』의 「하르바르드의 노래 Hardbardsliod, das Harbardslied」에서는 오딘이 별명 '하르바르드'라는 이름의 뱃사공으로 등장하여 배로 해협을 건네주라는 토르의 요구를 거절하며 그와 입씨름을 하는데(Die Edda. 2004: 69-75), 이때 하르바르드 Harbard는 '회색 수염'이라는 뜻이다(Simek, 1995: 162). 오딘은 게르만신화에서 자주 회색 수염의 노인으로, 그리고 한쪽 눈이 없는 애꾸눈으로 완전하지 않은 모습으로 많이 등장한다. 그래서 오딘의 이런 모습은 게르만 신화집 『에다』에 그려진 삽화에서도 다음과 같이 자주 확인할 수 있다.

방랑자 오딘 (1886 Georg von Rosen, 1893년 산문 『에다』 스웨덴어 번역본에 수록)

산문 『에다』 번역본(1760)에 삽입된 오딘의 모습

5. 오딘과 그 신족의 죽음, 그리고 온전성의 회복

이렇게 오딘은 --사제왕이 죽어야 할 이유들이 생겨서 죽임을 당하는 것처럼-- 사회의 불안과 공포에 책임을 져야할 상황이 일어나게 되자 살해되게 되었다. 이와 관련해 『황금가지』를 보면 게르만 신화를 믿던 스웨덴에서도 왕이 자연사 하지 못하고 신하들에게 살해당하는 관습이 있었음을 알 수 있다.

> 스칸디나비아의 전설은 그 옛날에 스웨덴 왕들이 9년 동안만 통치하고 그 뒤에 살해되거나 자기들 대신 죽을 대리자를 찾아야 했다는 한 암시를 보여준다. 예를 들면, 스웨덴 왕 아운 Aun 또는 온 On은 며칠 동안 오딘 Odin에게 제물을 바치고, 9년마다 자기 아들을 하나씩 희생 제물로 바치면 자신을 살려준다는 답을 신에게서 들었다고 한다. 그리하여 왕은 9년마다 아들을 차례로 제물로 바치다가 드디어 열 번째의 마지막 아들을 제물로 바치려 했는데, 민중들은 그것을 허락하지 않았다. 그래서 그는 백성들에 의해 살해되어 웁살라에 있는 묘지에 매장되었다. (J. G. Frazer, 284).

스웨덴 왕이 아홉 아들을 구 년마다 자기 대신 희생 제물로 바치다가 마지막 아들마저 제물로 바치려 하자 백성들이 거절하고 그를 죽였다는 것이다. 그 사이에 왕은 너무 늙어버렸을 것이고 마지막 아들까지 죽이면 후계 왕이 없게 될 것이기 때문이었을 것이다. 오딘이 죽게 된 이유를 설명해주는 관습이라고 할 수 있다. 한편 게르만신화는 주신(主神)이 죽게 될 때 전투의 와중에서 죽게 되고, 그것도 혼자 죽는 것이 아니라 자기 신족과 함께 집단적으로 죽는다는 면에서 독특하다.

> 아스족과 모든 에인헤리여 Einherjer들은 무장을 갖춰 그 평원으로 나아갈 것이다. 황금 투구와 훌륭한 사슬 갑옷을 걸치고 궁니르 Gungnir라는 이름의 창을 든 오딘이 앞장서 말을 타고 달려갈 것이다. 그는 늑대 펜리르에게로 달려갈 것이며, 토르가 그의 곁에 설 것이다. 그러나 그는 오딘을 도울 수 없을 것이니, 그 자신이 미드가르드 뱀과 격렬히 싸울 것이기 때문이다. 프레이는 수르트와 맞붙어 격렬한 싸움 끝에 결국 쓰러진다. 그는 자신의 명검을 스키르니르에

게 주어버린 것을 아쉬워하며 죽어갈 것이다. 그 무렵 그니파헬리르 Gnipahellir(헬로 향하는 절벽 동굴) 앞에 묶여 있던 사냥개 가름도 풀려날 것이다. 가장 공포스러운 그 괴물은 튀르와 맞서 싸워 서로를 죽일 것이다. 토르는 미드가르드 뱀을 죽이지만 아홉 걸음 정도만 더 걸을 수 있다. 그도 그럴 것이 그는 그 뱀이 뿜어 댄 독기 때문에 대지에 쓰러져 죽기 때문이다. 그 늑대는 오딘을 삼켜버릴 것이고, 그것이 오딘의 최후가 될 것이다. 그러나 그 즉시 비다르가 앞으로 돌진해, 한 발로 늑대의 아래턱에 밟을 것이다. 그가 그 발에 신고 있는 신발은 모든 시간을 모아 만든 것이다. 그 신발은 사람들이 신발의 발가락 부분과 뒤꿈치 부분에서 잘라 낸 가죽 조각으로 만들어진다. 그러므로 아스족을 도우려는 의사가 있는 자는 그 조각들을 떼어 내야 한다. 비다르는 한 손으로 늑대의 위턱을 붙잡고 그 주둥이를 찢어버릴 것이다. 그것으로 늑대는 죽음을 맞이할 것이다. 로키는 헤임달과 맞붙어 싸우고, 결국 서로를 죽이게 될 것이다. 그리고 나서 수르트는 대지 위로 불을 던지고 그리하여 온 세상이 불에 탈 것이다. (Die Edda des Snorri Sturluson, 1997: 74f)

그런데 이렇게 사제왕을 전쟁터에서 가족과 함께 죽게 하는 관습이 실제로 있었다는 사실이 『황금가지』에 다음과 같이 또 소개되어 있다.

마티암보 Matiamvo는 앙골라 내륙의 제왕이다. 그 나라의 군소 왕 중 한 사람인 찰라 Challa 왕이 마티암보가 최후를 마치는 모습을 다음과 같이 포르투갈 탐험대에게 말했다.

"우리 마티암보는 전쟁에서 죽거나 정상적이지 못한 방법으로 죽음을 당하는 것이 전통적인 관습이다. 현재의 마티암보는 백성들의 고혈을 착취하면서 오랫동안 살아왔기 때문에 이제 최후의 운명을 맞이해야 한다. 그가 살해되어야 한다고 결정되면 우리는 그를 적들과 싸우게 하는데, 그의 가족도 싸움터에 데리고 간다. 이때 우리의 부족들도 조금은 목숨을 잃는다. 만일 그가 부상당하지 않고 도망치면, 다시 3, 4일 동안 더 싸우게 한 다음 우리는 갑자기 빠져 나와 그와 그의 가족을 적의 손에 넘겨 운명에 맡겨 버린다. 왕은 자신이 버림받은 것을 깨닫고, 왕위를 선출된 자에게 양보하고 자리에 앉아서 자기 주변에 가족들을 불러 모은다. 먼저 어머니에게 가까이 올 것을 명한다. 그녀가 무릎을 꿇는다. 그러면 그녀의 목을 벤다. 그리고 아들들의 목을 순서대로 베고, 아내들과 친족들을, 마지막으로 아나쿨로 Anacullo라고 부르는 가장 사랑하는 아내의 목을 벤다. 이 일을 마친 다음, 마티암보는 화려하게 정장을 하고 자신의 죽음을 기다린다.

이 왕의 죽음은 강력한 적인 이웃 대추장들, 카니퀸하 Caniquinha와 카니카 Canica가 파견한 관리가 곧 집행한다. 그는 왕의 두 팔과 두 다리를 자르고 마지막으로 목을 자른다. 이것이 끝나면 그 관리의 목이 잘린다. [...] 이것은 이미 여러 마티암보의 신상에 일어났던 일이며, 또 현재의 왕도, 앞으로도 겪어야 할 일이기도 하다." (프레이저, 2007: 406f)

왕을 그의 일족과 함께 전쟁터에 내몰아서 적에게 죽게 하는 방식의 사제왕 살해 모티프의 관습은 사회의 안녕과 치유를 위한다는 집단의 내면의 스토리에 의한 관습이라고 할 수 있다. 오딘의 죽음도 이런 관습과 비슷한 내면의 스토리를 지닌 신화시대 민중들에 의해 말해지던 신화 이야기라고 할 수 있다. 로키의 도발적인 모욕과 독설, 지진과 화산, 계절 변화 붕괴 등의 자연재해, 로키와 그 괴물 자식들의 풀려남, 거인족의 총공세 등으로 상황은 최악으로 치닫지만, 오딘은 늙은 신이 되어 있다. 이런 상황에서 게르만 신화 시대의 민중들은 오딘과 늙은 세대의 신들을 모두 라그나뢰크 전투에 출전시켜 거의 모두 희생시킴으로써 이와 함께 세상의 악을 모두 정화시킨다. 그리고 새로운 세대의 젊은 신들에 의해 다스려지는 새로운 세상이 다음과 같이 솟아오르게 만든다. 이로써 세상의 신성성과 완전성이 회복되고 사회적 문제들이 치유되는 세계가 열리게 된 것이다.

> 육지가 바다에서 솟아오를 것이고, 그것은 푸르고 멋진 모습일 것이다. 곡식이 저절로 자랄 것이다. 비다르와 발리가 살아 있을 것이니, 그들은 바다에 빠져 죽지도, 수르트의 화염에도 불타 죽지 않았기 때문이다. 그들은 이전에 아스가르드가 있던 이다뵐 Idavoell에서 살 것이다. 그리고 토르의 아들들인 모디 Modi와 마그니 Magni도 그곳으로 와 묄니르를 소유할 것이다. 그 뒤에 발드르와 회드가 헬에서 올 것이다. 그들은 모두 함께 앉아 서로 얘기를 나눌 것이다. 그들은 그들의 비밀스런 지식을 회상하고, 전에 있었던 사건들, 미드가르드 뱀과 늑대 펜리르에 대해 이야기 할 것이다. 그리고 그들은 아스 신족이 소유했던 황금 식탁을 풀 속에서 발견할 것이다. (Die Edda des Snorri Sturluson, 1997: 78)

지금까지 논의한 게르만신화 이야기 속 차원에서는, 세상에 재앙이 닥치고 있는데 주신(主神)은 애꾸눈에 늙어서 온전하지 못한 상태였기 때문에 세상을 다시 온전하게 할 젊고 신성한 새로운 신으로 대체될 필요가 있었다. 그래서 사제왕이 죽듯이 주신 오딘이 죽음으로써 새로운 젊고 온전한 후계자 신들에 의해 재앙의 위험이 사라진 치유된 사회가 도래한 것이다. 반면에 이런 신화 이야기를 하는 원시 게르만 인들에게는 이런 이야기를 함으로써 자신들보다 신성한 신들도 고난을 겪는데, 미약한 자신들은 어려움에 처하는 것을 감내하고 극복해야 할 문제라는 위안의 스토리를 내면에 심게 되었을 것이다. 그리고 이로써 삶의 상처를 위로 받고 치유된 세상이 오리라는 희망을 노래하였을 것이다.

6. 내러티브의 사회적 치유와 그 현대적 의미

스토리는 다층적이다. 사회 집단의 내면적 스토리도 있고, 개인의 자기 스토리도 있으며, 신화처럼 집단이 공동으로 창작한 이야기의 핵심인 스토리도 있다. 이 글에서는 사회 집단의 내면적 스토리로서 사제왕 살해 스토리를 다루는 한편, 그러한 사회적 집단 내면의 스토리에서 발현한 신화로서의 스토리를 다른 한편으로 다루었다. 그러면서 이 두 차원의 스토리가 상호작용을 하면서 불안을 치유하는 측면에서 영향을 주고받은 것으로 파악했다.

이 글에서는 이야기가 지니는 현실 이해와 현실 재구성의 기능에 주목하고, 지금보다 신화시대에 더욱 심했을 자연과 사회로부터의 불안과 공포에 대해 신화가 행사했을 치유적 기능에 주목하였다. 프레이저는 사제왕의 죽음, 인간 신의 죽음에 관해 풍부한 사례를 들어 설명하였다. 여기서는 게르만신화도 전체적으로 불안 치유의 한 이야기로 보고 그 클라이맥스로서 오딘의 죽음을 사제왕 살해로 해석하였다. 게르만신화 사회는 늙은 오딘이 주신으로 지배하는 상황, 악의 세력 로키의 세 자식이 커오고 있어서 위협이 증대되고 있는 상황, 토르가 바다 속에서 육지를 휘감고 있는 거대한 괴물 뱀 요르문간드를 죽이려다 실패한 상황, 로키의 욕설과 모독의 만행이 노골화되고 있는 상황에서 사제왕 오딘이 죽어야 할 상황이었다. 그래서 이 상황 속에서 늙은 오딘과 구세대 신들이 대부분 희생되고 라그나뢰크 이후 온전하고 신성한 후계자 신들이 도래하면서 세상의 갱생과 치유가 가능했다고 보았다.

이것은 인류의 죄를 속죄하기 위해 십자가에서 희생당한 야훼 신의 아들 예수의 죽음으로써 종말이 예정되고 구원이 예정되어 세상의 사회적 치유가 완성된다는 성서 이야기와도 비슷하다. 게르만 인들의 불안이 이런 식으로 극복되고 치유된다는 이야기 구도는, 앞에서 살펴본 대로 신성성과 온전성을 다시 회복해서 건강한 세계로 되돌아간다는 것을 의미한다. 이때 신성성과 온전함, 치유는 사제왕이 상징하는 집단 전체의 것이라는 것이 중요할 것이다. 결국 내면의 스토리로 어떤 스토리를 쓰고 그것을 어떻게 실현시켜 나갈 것인가 하는 것은 개인의 스토리뿐만 아니라 집단의 스토리에도 해당되는 것이어서, 집단과 사회의 경우 그 구성원들이 집단적으로 어떤 스토리를 내면에 쓰고 간직하면서 그것을 어떻게 실현시켜 나갈 것인가가 중요하다고 할 것이다.

치유는 성스러움과 온전함과 연관이 있다. 신화와 종교의 시대에는 온전하지 않으면 성스럽지 않으며, 온전하지 않아서 성스럽지 않게 된 사회는 건강한 사회가 아니다. 그 사회는 치유가 필요한 상태다. 그래서 그 사회를 치유하려면 온전하지 않아서 성스럽지 않게 된 상태를 고쳐야 한다. 그래서 다시 온전하게 만들어서 성스럽게 해야 한다. 병이 들거나 노쇠한 사제왕을 죽이고 건강하고 젊은 후계자에게 그 자리를 넘겨주는 것은 이 때문이다.

현대적 의미로 온전하다는 것은 전체가 하나가 되고 하나는 전체가 되는 상태, 분열과 갈등이 없는 상태이다. 그리고 성스러운 상태는 정당성이 있는 상태, 의미와 가치 · 이념이 살아 있는 상태, 지도자와 집단의 카리스마가 살아 있는 상태라고 할 수 있다. 이런 의미에서 현대적 의미의 사회 치유는 이런 상태를 만드는 것이라고 할 수 있다.

1) 그런데 이것이 최종적으로 세계보건기구 헌장을 수정하는 결과에 이르지는 못했다. 그러나 헌장 외의 공식문서에서 건강에 전인적인 접근을 할 때는 영적 차원을 고려하여 자주 이루어지고 있어서, 앞으로도 계속 이 논의가 이루어질 것이고 언젠가 헌장에 반영될 것이라는 예측도 있다. 1999년 노인의 해를 기념하여 세계보건기구 총재가 발표한 문건에도 다음과 같은 내용이 나온다: "The theme of World Health Day 1999, in the International Year of Older Persons, "Active Ageing makes the difference" recognises that it is key for older people to go on playing a part in society. Active Ageing involves every dimension of our lives: physical, mental, social and spiritual."

2) 물론 레비-스트로스가 주술과 과학을 동일시하는 것은 아니다. 그는 "주술은 전면적이고 포괄적인 결정론을 전제하는 데 비해, 과학은 우선 여러 개의 차원을 구분하고 그중의 일부에만 결정론적 형식을 부여"한다고 하여 양자를 구분한다. 그러나 그는 "주술적 의례나 신앙은 앞으로 태어날 새로운 과학에 대한 믿음의 표현이다"라고 함으로써

신화적 사고의 연장선에서 과학이 나중에 발전되어 나왔다고 본다. (끌로드 레비-스트로스 / 안정남(옮김) : 『야생의 사고』, KBS사업단 1990, 제16쪽 참고)

3) 이와 비슷하게 법정 스님의 다음과 같은 말씀도 마음의 안녕, 사회의 안녕, 치유된 삶에 관해 얘기하는 것이라고 할 수 있다: "제가 좋아하는 영어 문장에 'One for All, All for One' 이란 말이 있습니다. 한 사람은 모두를 위하고, 모두는 한 사람을 위한다는 뜻입니다. 같은 의미로 〈화엄경〉 법성게에 '일즉일체 다즉일 一卽一切 多卽一'이란 말이 있습니다. 하나가 곧 전체이고 전체가 곧 하나라는 가르침입니다. 한 사람은 모두를 위하고, 모두는 한 사람을 위하는 삶이 되어야 합니다. 그것이 곧 진정한 깨달음이고 진리의 세계입니다." (법정: 『한 사람은 모두를 모두는 한 사람을』, 문학의숲, 2009, 153쪽 참고.)

※ 이 글은 필자의 선행 연구(「내러티브와 사회적 치유 -게르만신화 신들의 죽음과 『황금가지』의 사제왕 살해 관습을 중심으로」, 『독일어문화권연구』(2011): 9-31)를 바탕으로 하여 집필된 것임.

'도가니 신드롬', 치유의 한 징후

유 강 하

1. 우리 시대의 고통

지난 2010년, 김난도 교수의 에세이집 『아프니까 청춘이다』가 서점가를 뜨겁게 달구었다. 청춘, 젊음, 패기로 대표되던 20대를 독려하기 위한 각종 자기계발서와 요란한 구호는 상처와 위로의 메시지에 조용히 잠식당했다. 성공, 발전 등 건설적인 꿈은 치유와 위로의 언어로 대체되고 있었다. 위로받고 싶은 젊음, 치료받고 싶은 삶이 화두지만, 이 책의 유행은 아파하는 청춘에 대한 위로의 차원을 훌쩍 뛰어 넘는다. 이는 역설적으로 젊음조차 신음하게 만드는 전사회적 고통에 다름 아닐 것이다.

수년 전부터 우리 사회에는 치료(治療), 치유(治癒), 요법(療法), 테라피(therapy), 힐링(healing) 등의 용어가 유행하고 있다. 의학적 처치 외에, 문학치료, 독서치료, 미술치료, 음악치료, 웃음치료 등 그 이름만도 하나하나 나열하기 어려울 만큼 다양한 치료법이 치유와 행복한 미래를 약속하며 확산되고 있다. '치유'는 일종의 트렌드가 되었다고 해도 과언이 아닐 정도가 되었다.

그러나 근래 우리 사회를 돌아보면 개인의 고통이 개인적 차원에 머무르지 않고, 가족과 이웃, 더 나아가 사회 구성원에게까지 전이되는 경우를 종종 경험하곤 한다. 고통 받는 당사자가 아님에도 불구하고, 타인의 고통에 분노하고 아파하며 눈물을 흘리는 모습을 어렵지 않게 발견할 수 있는 것이다. 상황이 이러하다 보니, 우리가 겪게 되는 고통이 과연 개인적 차원에만 머무르는 것일까를 되묻지 않을 수 없다. 존재론적으로 인간은 이미 누군가와 관계를 맺고 있는 존재이니 어쩌면 이는 당연한 물음거리일 것이다.

이 글은 소설 『도가니』와 영화 〈도가니〉, 이로부터 비롯된 도가니 신드롬을 통해 드러난 문학의 치유력과 그 역할에 대한 탐색이다. 십 여 년 전에 발생하여 세상에 알려진 이후에도 줄곧 해결의 실마리를 찾지 못했던 이 사건이 소설과 영화를 통해 알려지면서 대중의 관심이 집중되고, 이 관심이 대중적 요청으로 이어짐으로써 사건의 재조사와 해결에 기여한 바가 적지 않아 보인다. 문학은 이 시대에 우리에게, 이 세상에 무엇을 해 줄 수 있을 것인가?

이 글은 소설과 영화에 대한 분석이 아니라, 문학이 세계에서 어떠한 방식으로 존재하고 있으며, 또 어떠한 방식으로 사회에 울림을 주고 있는지, 그리고 그 동력은 과연 무엇인가에 대한 탐문이다. 더불어 문학(전통적 의미의 문자문학과 영상문학)이 사회의 치유, 균형의 회복에 과연 어떠한 역할을 할 수 있고, 작가-작품-독자의 연대, 문학을 통한 소통이 과연 이 세상에서 어떠한 역할을 할 수 있을지에 대한 궁구이다.

2. 삶의 고통에 참여하는 문학

『도가니』는 작가 공지영이 광주 인화학원에서 있었던 장애아동 성폭력 사건을 재구성하여 인터넷에 연재하던 소설을 책으로 엮은 장편소설이다. 광주 인화학원에서 실제로 있었던 '실화'를 바탕으로 했다는 점 때문에 이 소설은 연재되는 동안 줄곧 관심의 대상이 되었다. 2009년 첫 출판 당시부터 큰 기대를 모았던 이 소설은 2011년 『도가니』를 원작으로 한 동명 영화 〈도가니〉 가 개봉되면서 재조명 되었다. 유쾌하지 않은 내용에, 흥행에 불리한 '청소년관람불가' 등급을 받았음에도 불구하고, 영화 〈도가니〉 는 수많은 관객을 동원하며 당시 명실공히 최고의 관심사로 떠올랐다. 영화의 흥행은 원작 소설인 『도가니』에 대한 관심으로까지 확대되어 2009년에 첫 출판된 공지영의 『도가니』는 2011년 다시 베스트셀러의 자리에 올랐다. 중요한 것은 두 작품의 이례적 성공이 아니라, 실화를 바탕으로 한 두 작품에서 비롯된 어떤 감정의 선(線)과 그 흐름이 우리 사회 전체에 커다란 변화를 가져왔다는 점이다.

작가의 눈에 포착된 타인의 고통과 세상의 악(惡)

현실에서 일어난 한 사건이 있다. 사회복지법인 우석재단이 운영하는 광주 인화학교(청각장애인 특수학교)와 인화원(청각장애인 생활시설)에서 2000년부터 2004년까지 장애아동에 대한 성폭력 사건이 발생했다. 수년에 걸쳐 이루어진 현실 속 사건이 바로 '도가니' 사건인데, 이는 2005년 6월 22일 광주여성장애인성폭력상담소에 성폭력에 대한 상담이 접수되면서 세상에 알려졌다.

이 사건은 같은 해 11월 국가인권위원회에 진정되고, 직권조사가 결정되어 2년 여 동안 사건에 대한 조사와 소송, 판결이 진행되었지만, 가해자 6명 중 일부가 공소권이 없다는 이유로 불기소처분 결정이 내려지고, 2008년 7월 가해자 김모 교장이 집행유예 3년을 선고받는 것으로 마무리되었다. 이 사건의 진실을 밝히기 위해, 진상조사단이 꾸려지고, 학부모와 학생들이 등교를 거부하고, 천막농성이 시작되었다. 기자회견이 열리고, 이와 관련한 뉴스와 신문기사도 일제히 이 사건을 보도하였지만, 사건의 진상을 규명하고 가해자를 처벌하며 피해자를 위로하는 데는 끝내 실패하였다.

그러나 영원히 이대로 끝날 것 같았던 이 사건은 우연처럼, 운명처럼 한 작가의 눈에 들어와 '문학'으로 화한다. 이 충격적 사건은 명징한 사실에 대한 나열, 많은 물증과 증언이 아니라, '허구'와 '가공'을 무기로 하는 소설을 만나 완전히 다른 결말을 맞게 된다. 이 사건의 운명을 바꾸어놓은 '작가의 시선', 작가의 '마음'을 사로잡았던 것은 무엇일까? "작가의 말"에서 그 실마리를 발견할 수 있다.

> 이 소설을 처음 구상하게 된 것은 어떤 신문기사 한 줄 때문이었다. 그것은 마지막 선고공판이 있던 날의 법정 풍경을 그린 젊은 인턴 기자의 스케치기사였다. 그 마지막 구절은 아마도 "집행유예로 석방되는 그들의 가벼운 형량이 수화로 통역되는 순간 법정은 청각장애인들이 내는 알 수 없는 울부짖음으로 가득 찼다"였던 것 같다. 그 순간 나는 한 번도 경험해보지 못한 그들의 비명소리를 들은 듯했고

가시에 찔린 듯 아파오기 시작했다. 나는 그동안 준비해오던 다른 소설을 더 써나갈 수가 없었다. (2011: 292-293)

작가는 이 작품이 탄생할 수 있었던 근원이 아픔, 고통이라고 말한다. 한 번도 만나보지 못했던 완전한 타인에 대한 아픔이, 짧은 기사를 통해 생생하게 전이된 것이다. 작가가 타인인 그들을 치유하겠다는 원대한 목표 아래 사건을 취재하고, 소설화 했던 것인지의 여부는 알 수 없지만, 그들의 고통에 동참하고자 했던 작가의 마음만큼은 읽어낼 수 있다.
작가는 사건 취재노트가 아닌 문학으로 완성하기 위해 허구와 상상력을 동원하였고, 감독은 이렇게 완성된 소설에 다시 한 번 허구와 상상력을 덧입혀 영화로 완성하였다. 따라서 공지영의 『도가니』는 '실화'를 소재로 한 것이지만 원래의 사건과 다르고, 황동혁에 의해 제작된 〈도가니〉는 소설 『도가니』와도 다르다.

'빛 고을'이라는 이름의 광주(光州)에서 있었던 이 사건의 배경은 안개가 자욱한 무진(霧津)이라는 상상의 공간으로 옮겨진다. 무진이라는 공간은 땅과 바다를 잇는 경계의 도시이다. 석조건물 자애학원도 바로 그 바닷가 '절벽' 위에 위태롭게 서 있다. 때로 무진을 삼킬 듯 덮치는 안개는 바다로부터 올라와 모든 것을 빨아들이는 거대한 짐승과도 같다. 실체가 없는 안개에 빨려 들어가기 시작하면, 도시는 마치 패색을 감지한 병사들처럼 고요해진다.

무진시(霧津市)에는 해무(海霧)가 밀려들기 시작했다. 거대한 흰 짐승이 바다로부터 솟아올라 축축하고 미세한 털로 뒤덮인 발을 성

> 큼성큼 내딛듯 안개는 그렇게 육지로 진군해왔다. 안개의 품에 빨려 들어간 사물들은 이미 패색을 감지한 병사들처럼 미세한 수증기 알갱이에 윤곽을 내어주며 스스로를 흐리멍덩하게 만들어버렸다. 바닷가 절벽 위에 선 사층짜리 석조건물 자애(慈愛)학원도 그렇게 안개 속으로 빨려들어가기 시작했다. (공지영, 2011: 7)

> 무진의 명물인 안개는 두꺼운 셔터처럼 모든 시선으로부터 학교를 차단할 것이었다. 이렇듯 안개가 내리면 그 안에서 무슨 일이 벌어진다 한들 외부에서는 전혀 알 길이 없을 터였다. (공지영, 2011: 42)

안개가 휘감은,
안개에 감싸인,
안개에 가려진
학교 그리고 진실.
영화 〈도가니〉(2011)

또한 무진은 '셔터처럼 두꺼운' 안개가 모든 것을 '차단'해 버린 도시이다. 무진은 형체도 없는 안개에 의해 사물이 덮인, 즉 악(惡)과 권력, 욕망의 안개에 진실이 은폐됨으로써 무고한 희생이 생겨날 수 있는 공간인 것이다. 도시의 이름을 '광주'에서 안개의 도시

'무진'으로 바꾼 작가의 의도는 영화에서 더욱 선명하게 표현된다. 어둡게 드리워진 안개는 무디어져 기능을 잃어버린 감시의 기능을 의미하기도 한다. 따라서 선이 악으로 변하고, 부패와 악이 창궐할 수 있는 것이다. 작품의 서두에서부터 장애아동 성폭력 사건 역시 악과 권력, 욕망으로 촘촘하게 짜인 안개에 의해 은폐되어 있다는 것을 감지하게 한다.

따뜻한 인화학원은 자애학원이라는 이름으로 바뀐다. 여러 등장인물 가운데서도 자애학원의 생활지도교사 윤자애는 자애학원의 실체를 잘 보여주는 인물로서, 자애학원의 이름을 그대로 승계한 그녀는 교육과 보호라는 명목으로 온갖 폭력을 행사한다.

> 유리가 입은 감색 실내복이 복도를 돌아 사라지는 순간, 세탁실 문 안에서 비명소리가 들려왔다. 그는 세탁실 문을 열었다. 커다란 세탁기 앞에 덩치 큰 상급생 여자아이들 세 명이 우르르 몰려서 있었다. 그는 순간 자신의 눈을 의심했다. 여자아이 두 명이 양쪽에서 연두의 어깨를 붙잡고 한 명은 세탁기통에 연두의 손을 억지로 집어넣고 있었다. ……
>
> "대체 아이에게 무얼 하고 있는 겁니까?" ……
>
> "교육중입니다." (공지영, 2011: 56-57)

윤자애는 폭력과 교육의 경계가 없는 자애 없는 자애학원을 상징적으로 보여준다. 숱한 폭력과 비정상적인 사건들과 커넥션은 안개에 의해 가려지고, 애초부터 자애로움이 실종된 자애학원에 갇힘으로써 다시 한 번 은폐된다.

이 폭력과 부조리의 은폐는 기득권과 동시에 약점을 가진 사람들에 의해 더욱 견고하고 두터워진다. 그들에 의해 촘촘하게 짜인 "침묵의 카르텔, 그것이 바로 이 사건의 핵심"(공지영, 2011: 196)이다. 자애학원, 교육청, 경찰, 검찰, 시청, 무진여고, 교회 등 공적 · 사적 영역 모든 기관과 공간이 돈과 권력에 따라 거미줄처럼 얽혀 있다. 자애학원에서 일어난 사건은 교육청의 방관, 경찰의 방조와 무관심, 검찰의 고의적 직무태만, 무진여고의 연고주의와 이기주의, 비뚤어진 종교적 자비까지 더해져 진실은 거짓으로 한겹 한겹 두텁게 덮이고 있었다.

> 가진 자가 가진 것을 빼앗길까 두려워하는 에너지는, 가지지 못한 자가 그것을 빼앗고 싶어하는 에너지의 두 배라고 한다. 가진 자는 가진 것의 쾌락과 가지지 못한 것의 공포를 둘 다 알고 있기 때문이다. 가진 자들이 가진 것을 빼앗기지 않으려는 거짓말의 합창은 그러니까 엄청난 양의 에너지를 포함하고 있어서 맑은 하늘에 천둥과 번개를 부를 정도의 힘을 충분히 가진 것이었다. (공지영, 2011: 246-247)

"가진 것의 쾌락과 가지지 못한 것의 공포를 둘 다 알고 있는" 가진 자의 목소리는 마치 연달아 화답하는 메아리와도 같다. 자애학원 성추행 사건은 학교가 아닌 생활관에서 일어난 일이기 때문에 교육청 소관이 아니라는 최수희 장학관을 신경 쓰이게 하는 것은 자애학원 이강석 교장이 같은 교회 장로일 뿐만 아니라, 딸 아이의 혼인예식에서 그들이 부조를 많이 낼 중요한 하객이기 때문이기도 하다. 강경사는 아이들의 자살 사건을 안개에 의한 사고사로 처리하면서 금품을 제공받고 있으며, 무진여고 동창회 간부 출신의 산부인과 의사는 학교와 무진시의 명예를 위해 소견서를 다시 쓰면서까지 이들을 감싸고 있다. 이들이 양심을 저버리면서까지 서로를 감싸는 것은, 그들이 가진 것을 빼앗기지 않으려는, 놓지 않으려는 욕심과 왜곡된 욕망에서 비롯된 것이다. 사실 이러한 커넥션은 신문기사나 취재로 더욱 진실에 가까이 다가갈 수 있는 성질의 것일지도 모른다. '사실관계'의 확인은 문학 본연의 임무가 아니기 때문이다. 그러나 아이러니하게도 바로 이 지점에서 진정한 문학의 힘이 발휘된다.

물론, 영화와 소설이 날 것 그대로의 사실과 완전히 같지는 않다. 작가와 감독은 '사실'을 그대로 전달하지 못했을 지도, 어쩌면 않았을지도 모른다. 작가는 오랜 동안 현실을 취재하고 인터뷰하면서 작품을 만들었지만, 소설과 영화는 사실을 '날 것' 그대로 전하지 않는다. 다시 말해, 소설과 영화는 사건과 완전히 동일하지 않다. 물론, 독자와 소설들이 왜곡된 사실을 받아들일 수 있다는 가능성도 전혀 배제할 수 없지만, 이것이 소설이나 영화인만큼 사실의 정확한 전달 여부가 핵심은 될 수 없다. 그것이 실화를 바탕으로 한 것이라 하더라도 '사실에 가까운 이야기'를 만들어내는 것이 소설과 영화의 미덕은 아니기 때문이다. 타인의 고통에 통증을 느끼고 그 고통에 참여하고자 했던 작가는 문학을 통해 그 고통을 전달하고, 독자가 작품 속의 다양한 인물과 만날 수 있도록 소통의 공간을 제공할 뿐이다.

문학을 통해 전이되는 타인의 고통, 그리고 분노

사실과는 다르게 묘사되고 표현되었지만, 결과적으로 이 두 작품은 광주 인화학원 사건이 가진 진실의 핵심에는 더 용이하게 도달했다고 말할 수 있다. 그토록 오랜 시간 동안 권력에 은폐되었던 추악한 사건의 전말은 검찰과 경찰의 조사, 사법부의 판결이 아니라 독자와 관객들의 분노, 그들의 준열한 비판과 감시의 눈을 통해 드러났다. 소설과 영화를 통해 독자와 관객들의 시선과 목소리가 모아져 일부 사건이 해결되었을 뿐만 아니라, '도가니 신드롬'은 결과적으로 우리 사회에 진정으로 필요한 것이 무엇인지를 깨닫게 하는 계기가 되었다.

세상에 드러난 많은 사건들 가운데서도 유독 이 사건이 신드롬으로 확대, 확산될 수 있었던 것은 감정이입을 용이하게 하는 문학화와 깊은 관련이 있어 보인다. 수많은 기사에도 큰 반응을 보이지 않았던 사람들이 어떻게 한 권의 소설과 한 편의 영화에 의해 움직이게 되었을까? 대중을 움직일 수 있었던 원인은 한두 가지로 귀결되지 않을 것이다. 우선 상대적으로 손쉽게 만날 수 있는 영화화에 힘입은 바 크다고 할 수 있고, 편법과 비리가 횡행하는 현실에 대한 대중의 감추어졌던 분노 때문이기도 할 것이다.

작가는 이 사건이 수많은 기사와 보도에도 불구하고 크게 이슈화되지 않은 일부 원인은 사건 중심의 나열이라는 건조한 방식의 서술에 기인한다고 진단한다. 즉, 구체성의 결핍 때문이라는 것이다. 구체성의 결핍은 단순히 표현상의 문제에 그치는 것이 아니라 인간사에서 일어나는 온갖 비극에 대한 사람들의 동요를 차단시킨다는 점에서 주목을 요한다.

> "팔레스타인에서 이스라엘이 그렇게 못된 짓을 해도 우리는 사실 별 느낌이 없어요. 그 사람들 중 아는 사람도 없고, 가 본 적도, 뭘 먹고 사는지도 모르기 때문이죠. …… 구체적으로 알수록 사람들은 거기에 많은 감정을 이입하기 마련이라는 거예요. 예를 들어 '광주에서 성폭행 사건 은폐해서 집행유예로 풀려 시민들 분노' 이런 기사를 봐도 사람들은 잘 몰라요. 그런데, 그 아이가 어떤 아이이고, 그 아이가 어떻게 살았고, 어떻게 성폭행을 당했고 어떻게 울었는지 등의 정황을 구체적으로 알게 되면 사람들은 정말 크게 분노하거든요. 이렇게 구체적으로 알게 해주는 것이 문학의 의미이고, 예술이 존재해야 하는 중요한 이유라고 생각해요." (「공지영 인터뷰」(일부))

작가는 신문기사에 간단한 이니셜로 표현되는 피해자들과 가해자들에게 이름과 캐릭터를 부여하였다. 늘 파삭거리며 과자를 먹는 아이, 눈과 온 몸에 멍을 달고 다니는 민수, 영특해 보이는 연두, 쥐새끼 같은 눈을 가진 생활지도교사, 혹 이강석 형제한테 부조를 받지 못할까봐 전전긍긍하고 이어폰으로 온라인 영어회화를 듣는 최수희 장학관, 차고 무뚝뚝해 보이며 은테 안경을 낀 사십대 초반의 검사, 뚱뚱한 몸매에 송글송글 맺힌 땀을 손수건으로 훔쳐내며 '대모'라는 말에 우쭐해하는 산부인과 의사들에 대한 구체적 묘사와 그들의 대화는 사건과 현실 사이의 거리감을 더욱 좁힌다.

청각장애 아이들은 외견상 정상인과 큰 차이점이 없지만, 인간관계 속에서 가장 중요한 소통에 어려움을 겪고 있다. 폭력을 알릴

방법이 없어 그대로 참아온 아이들, 약자이자 피해자인 아이들은 거짓말쟁이로, 그들의 이야기는 거짓말로 치부된다. 게다가 이것이 아이들 스스로 안고 있는 장애에서 비롯되었다는 근거 없는 추단은 아이들을 피해망상증 환자로 만들어버리고 만다.

> "앞으로 여기 계시면 알게 되겠지만 모든 장애인들 중에서 가장 피해의식이 심한 것이 농아인들이에요. 자기네들 외에는 아무도 믿지 못하는 것도 특징이구요. 같은 언어를 쓰는 것을 민족이라고 하면 그들은 수화를 쓰는 이방인, 얼굴 생김새는 같지만 다른 민족이죠. 아시겠어요? 다른 민족이라구요. 언어가 다르고 풍습이 다르고 …… 거짓말도 그들의 풍습 중 하나지요." (공지영, 2011: 32)

폭력이 폭력인 줄도 모르고 당해온 아이들의 이야기는 피해망상증 환자의 망상, 거짓말 그 이상도 그 이하도 아니었던 셈이다. 새로 부임한 강인호에게 보내는 상반된 메시지, 즉 분노와 진실을 토해내는, 소통을 원하는 갈급한 수화는 아이들의 절망과 희망을 그대로 보여준다.

> 행정실장이 문을 열었다. …… 행정실장이 칠판 옆에 달린 긴 줄을 잡아당겼다. 그러자 교실 천장에서 붉은 전등이 마치 싸이키 조명처럼 돌아가기 시작했고, 아이들이 일제히 그를 돌아보았다. 아이들의 눈은 충혈되어 보였다. 순식간이었지만 강인호는 그들의 얼굴에서 부풀어오르는 노기(怒氣)를 감지했고 자신도 모르게 한 발자국 뒤로 물러서고 싶은 심정이었다. (공지영, 2011: 29)

그는 소년에게 미소를 지어보였다. 소년은 여전히 검은 눈동자로 그를 바라보고 있었다. 그러고는 홀른 듯 수화로 무슨 말인가를 했다. 천천히 시작된 수화는 조금씩 빨라졌고 이어 소년의 입에서 흐응, 흐응이라고 밖에는 표현할 수 없는 높고 새된 소리가 흘러나왔다. 소년의 창백한 얼굴은 붉어지고 표정은 절박해졌다. 하지만 그의 짧은 수화 지식으로는 절박하다는 것 외에는 아무것도 알아들을 수 없었다. 그가 미안하다는 표정을 짓자, 소년은 그가 자신의 말을 알아듣지 못한다는 것을 깨달은 듯 빠르게 움직이던 손을 허공에서 멈추었다. 소년의 눈동자에 잠깐 일었던 절박한 희망이 늪 속으로 가라앉는 것 같았다. (공지영, 2011: 30-31)

이미 다른 언어를 쓰는 이방인, 거짓말쟁이, 피해망상증 환자가 되어버린 아이들의 절망감은 타인에 대한 거대한 불신으로 이어진다. 강인호와 서유진의 진심을 알게 된 이후에야, 아이들의 언어를 통해 비로소 악(惡)의 실체가 조금씩 드러나기 시작한다. 이 일을 세상에 알려 도움을 얻으려는 아이들과 선생님, 도움을 주는 사람들의 고군분투는 수없이 벽에 부딪히면서도 서서히 해결을 실마리를 향해 나아가는 듯 보인다.
드디어 법정에 서게 된 피해자와 가해자. 서서히 진실은 그 실체를 드러내지만, 진실이 밝혀졌다고 해서 이야기는 끝나지 않는다. 진실을 다시 덮어버리려는 거짓과 위선이, 진실과 함께 생겨나기 때문이다. 권력과 자본, 욕망으로 뒤얽힌 관계는 진실을 진실이 아닌 것으로 만들어버린다.

[판결문] "피고인들은 청각장애인 교육기관의 교사로서 어린 학생들을 성폭행한 점을 미루어볼 때 죄질이 매우 나쁘다. 더구나 장애아동

을 올바르게 지도하고 보호해야 할 사회적 지위에 있음에도 불구하고 피해자들을 성욕의 대상으로 삼아 강제로 추행 혹은 성폭행한 것은 엄벌에 처해야 할 것이다. 그러나 이들이 학생들에게 상처를 준 점은 인정하지만 그동안 지역사회에 기여한 바가 크고, 또 전과가 없는 점, 또한 이들 중 성폭행을 당한 학생의 보호자들이 그동안 피고인들이 자신의 아이들을 돌봐준 것을 감안하여 처벌을 원치 않는다는 탄원서를 낸 것을 참작하고, 또 피고인들 중 자애학원 설립자의 아들들이 아버지의 노환이 위중하니 임종을 지킬 수 있게 해달라는 인간으로서의 도리를 탄원하였으므로 이를 감안해 다음과 같이 선고한다. …… 피고인 이강석 징역 이년 육개월에 집행유예 삼년, 피고인 이강복 징역 팔개월에 집행유예 이년, 피고인 박보현 징역 육개월!" …… 판사의 선고가 끝나고 수화통역사가 마지막 숫자와 함께 집행유예라는 것을 알리자 여기저기서 괴성이 뿜어져 나왔다.
"전과가 없다니! 십여년간 수십명을 성폭행했는데 집행유예라니!" (공지영, 2011: 270-271)

소설 속 인물들의 분노는 허구와 현실의 경계를 간단히 뛰어넘는다. 사건의 문학화가 현실까지 이어지며 영향을 미칠 수 있었던 것은 문학화를 통한 구체화뿐만 아니라, 소설과 영화의 결말에도 기인한 바가 크다. 정의로운 세상, 더 좋은 세상을 꿈꾸지만, 그래서 때로 결연한 결심도 하지만, '현실적'인 조건 때문에 결연하고 순수한 의지를 접기도 하는 강인호는 원망스럽지만 미워할 수 없는 인물이다. 기간제교사로 임시발령을 받은 불안정한 소시민, 정의를 꿈꾸면서도 아내와 아이를 생각하지 않을 수 없는 나약한 가장인 강인호는 같은 세상을 살아가는 우리 개인의 모습과 닮아 있기 때문이다. 농성중인 천막이 용역들에게 철거될 위기에 처했다는 절박한 이야기를 들은 강인호는, 그를 만류하는 아내에게 진심어린 편지를 쓴다.

> 이곳에 내려올 때 나는 거대한 대도시의 자본이 소화시키지 못하고 토해내버린 한 마리의 패배한 짐승 같았어. 잔뜩 주눅이 든 눈으로 먹이를 찾아 두리번거리고 있었지. 그런데 내가 가르쳐야 할 아이들에게 그런 일이 일어났을 때, 나는 내 안에서 무언가가 깨어나는 것을 느꼈어. 그건 뭐랄까, 정의(正義) 혹은 신성(神性) 혹은 좀더 존귀한 것에 대한 갈망 …… 세상에 태어나 처음으로 돈도 아니고 쾌락도 아니며 심지어 고통스럽기까지 한 어떤 것을 향해 노력하는 나 자신을 발견한 거야. 그 과정에서 뜻밖에도 나는 내가 인간이라는 것, 그것도 아주 존엄한 인간이라는 것을 온몸으로 깨닫는 어떤 기쁨을 맛보았어. 그리고 그것은 내가 평생 느껴보지 못한 감정이었지만 낯설고 고귀하기만 한 게 아니라 그냥 인간인 내 속에 원래 그런 것들이 있었다는 것을, 이웃을 위해, 더불어 함께하기 위해 싸울 때 내가 스스로를 가장 사랑하게 된다는 것을 안 거야. 그리하여 한 존엄한 인간으로서, 자신을 방어할 수 없는 다른 존엄한 생명들을 짓밟는 자들과 싸우고 싶어졌던 거야. 이것은 내 인생에서 결코 하찮은 일 아니었어. 그러니까 나는 다른 누구를 위해서보다 나 자신을 위해 꼭 이 일을 마치고 싶어. (공지영, 2011: 280-281)

그의 안에 원래부터 있었던 것을 '비로소' 발견한 그였지만, 결국 스스로 그 편지를 찢어버리는 강인호의 모습은 답답함과 분노가 아니라, 오히려 연민을 불러일으킨다. 무진을 떠나는 강인호의 행보는 독자들을 안타깝게 하지만, 강인호의 우유부단한 모습은 의

분이 일어도 쉽게 현실과 타협하거나 다른 누군가가 나서 주기를 바라는 현실 속의 대중, 우리와 닮아 있다. 그렇기 때문에 작가는 유약한 강인호를 섣불리 비난하지 않는다. 결과적으로 소설 속 '한 개인'인 강인호가 느낀 괴로움은 그와 동질감을 느낀 독자들에게 보다 용이하게 전달된다.

그런데 작가는 '해피 엔드'를 요구하는 독자들의 요구에도 불구하고 집행유예로 끝난 이 사건을 여전히 미완으로 남겨두며 소설을 마무리 하였다. 영화의 결말도 마찬가지다. 감독은 영화에서 으레 기대하게 되는 해피엔드의 결말을 미완의 상태로 남겨 두었다. 아쉬움을 남기는 열린 결말이지만, 이 결말은 오히려 작가의 의도가 아니었나 싶다. 그 아쉬움이야말로, 독자들의 시선을 '그 사건'으로 돌리게 하는 한 동기가 될 수 있기 때문이다. 영화 속의 '미완'은 오히려 '완성'을 향해 가는 지름길이 되었다. 작가는 이 추악한 사건이 그렇게 끝날 수밖에 없었던 것은 그 누구 때문도 아니고, 다만 진실 자체의 게으름 때문이라고 설명하며, 그 어떤 사람에게도 비난의 날을 세우지 않는다.

> 진실이 가지는 유일한 단점은 그것이 몹시 게으르다는 것이다. 진실은 언제나 자신만이 진실이라는 교만 때문에 날것 그대로의 몸뚱이를 내놓고 어떤 치장도 설득도 하려 하지 않으니까 말이다. 그래서 진실은 가끔 생뚱맞고 대개 비논리적이며 자주 불편하다. 진실 아닌 것들이 부단히 노력하며 모순된 점을 가리고 분을 바르며 부지런을 떠는 동안 진실은 그저 누워서 감이 입에 떨어지기만을 기다리고 있는지도 모른다. 이 세상 도처에 진실이라는 것이 외면당하는 데도 실은 그만한 이유가 있다면 있는 것이다. (공지영, 2011: 165)

진실이 외면당하는 데도 사실은 그만한 이유가 있는 것이라는 말은, 진실에 대한 체념인 듯 보이지만 독자들에게 답답함을 유발하는 대목이기도 하다. 이렇게 명백한 진실이지만 누군가 말하지 않는다면, 나서지 않는다면 진실은 그대로 묻히고 말 수도 있다는 불안감을 야기한다. 현실적 부조리에서 비롯된 답답함과 분노, 고통은 독자와 관객을 자발적으로 연대하게 만들고, 이는 결과적으로 대중에 의한 사건의 진상규명과 합리적 판결의 요구로 이어지게 된다.

사람들은 자기 자신의 아픔은 누구보다 쉽고 또렷하게 느끼지만, 타인의 고통에는 무감각하기 쉽다. 타인의 아픔에 고통스러워했던 한 명의 작가는 다른 사람의 고통에 대해 수없이 묻고, 취재하고, 연구했다. 그렇게 해서 얻어진 사실을 나열하는 데 그치지 않고, 수집된 '팩트'에 고통과 분노의 상상력을 덧입혀 작품으로 완성하였다. 실제의 아이들과 소설 속 아이들, 영화 속 아이들은 모두 다르지만 활자와 영상으로 만나게 된 아이들은 한 '사람'으로서 독자와 관객들에게 말을 걸고 있는 것이다. 작가는 스스로 느낀 그 아픔과 통증을 독자에게 강요하지 않았으나, 어느 새 작가 한 사람으로부터 시작된 고통은 문학을 통해 점차 전이되고, 연대를 이루게 된다. 피해자 개인에서 시작된 고통은 이에 관심을 가진 작가에 의해 전이되어 문학화 되고, 그 고통은 문학을 통해 만난 독자와 관객에게 재전이 됨으로써 자발적 연대를 이루게 하는 동인이 된 것이다. 직·간접적 피해자와 이에 분노하는 잠재적 피해자인 대중이 느끼는 고통의 깊이는 다르지만, 이 고통은 개인에서 타인으로, 다시 자발적으로 소통하는 대중으로 전이되며 고통의 연대를 이룬다.

3. 개인의 치유에서 사회의 치유로

이 사건이 피해자를 비롯하여 직 · 간접적으로 관계된 사람들을 고통스럽게 한 것은 분명하다. 이들의 고통에 대한 치유는 그 어떤 것보다 우선되어야 한다. 그런데 이것만으로 온전한 치유라고 할 수 있을까? 피해자들의 개인적 치유가 이루어졌다 하더라도 사회적 인식과 시스템이 바꾸지 않는다면 유사한 사건은 언제든 재발할 수 있을 것이고, 유사한 피해자를 양산할 수 있다는 우려에서 자유롭지 못할 것이다. 따라서 병든 사회적 시스템에 대한 개선과 사회적 제도에 대한 관심은, 시스템을 개선하고 보다 합리적인 제도를 함께 만들어냄으로써 재발을 방지, 예방한다는 점에서 치유적이라 할 수 있다. 즉 잠재적 피해자인 모든 사람들을 위한 적극적, 예방적 차원의 치유라 할 수 있을 것이다. 적당히 해두고 손을 떼라는 장경사의 말에 서유진은 다음과 같이 대답한다.

> "이보세요. 나는 거짓말하는 사람들과 싸우고 있어요. 아이들이 다쳤고, 그 아이들을 다치게 한 사람을 고발했고, 그게 다예요." (공지영, 2011: 165)

다친 아이들을 대신해 싸울 뿐이라는 서유진의 소박한 항변이 통하지 않는 것은 이 문제가 복잡다단한 사회적 구조 속의 일부이기 때문이다. 이는 장경사의 대답을 통해 확인할 수 있다.

> "그렇다면 당신은 무진시민 모두와 싸워야 할 거요. 사방에서 거짓말을 하며 서로서로를 눈감아주고 있어요. 시의원과 건설업자의 처남이, 운전면허시험장 직원과 병원장 사모님이, 룸쌀롱 마담과 경찰서장이, 밤무대 무명 가수와 외로운 사모님이, 유부녀와 목사가, 교수와 교재출판업자가, 시교육청과 입시학원 원장이 서로를 봐준다며 눈을 감고 거짓말을 해대죠. 그들이 원하는 것은 정직도 정의도 아무것도 아니에요. 어쩌면 그들은 더 많은 재물은 가끔 포기할 수 있어요. 그들이 진정 원하는 것은 아무것도 변하지 않는 거예요. …… 그들이 정신능력이 떨어지는 장애아들 몇몇 몇 때문에 처삼촌과 대학동창 사돈과 사위의 은사와 장인의 후배와 얼굴을 붉혀가며 그 정의라는 거, 진실이라는 거 되찾아줄 것 같아요? 그 사람들에게 진정 학원 이사장과 장애아의 인권이 같을 줄 알아요?" (공지영, 2011: 255-256)

간단해 보이는 사건이 쉽게 풀리지 않는 것은, 그 사건 아래보다 복잡한 문제가 포진하고 있다는 데 기인한다. 기득권을 가진 사람들에 의해 처음부터 잘못 구축된 복잡한 구조가 그것이고, 불합리하고 잘못된 구조의 지속을 원하는 사람들의 왜곡된 욕망 때문이기도 하다. 장경사가 거의 불가능한 것으로 판단했던 복잡한 문제, 법정에서조차 묻어버리려고 했던 진실, 그 문제의 일부는 사건의 피해자들과 한 번도 만나보지 못한 많은 사람들의 관심과 요청을 통해 드러나고 해결되었다.

문학을 통해 독자와 관객들은 한 번도 만난 적이 없는 완전한 타인의 불행에 고통을 느끼고 분노하였고, 그 분노는 소셜 네트워크 서비스(Social Network Service : SNS)를 통해 확산되고 전이되었다. 사람들의 고통은 소통되고 연대되면서 분노로 발전하여, 사건 발생 십 년이 넘은 사건에 그들의 목소리를 쏟아내기 시작했다.

독자와 관객을
분노의 도가니로
몰아넣은 영화,
〈도가니〉(2011)

타인의 고통, 그 고통을 배가시킨 사람과 구조에 대한 분노는 연대되고 전이되면서 사건 해결의 실마리가 되고, 치유로 다가가는 길이 되었다. 수백만 관객을 동원할 정도로 뜨거웠던 관객들의 감정이입, 관심과 SNS를 통한 자발적 연대는 영원히 묻힐 수도 있었던 이 사건을 재점화하였고, 증거불충분으로 불기소처리 되었던 사건은 재수사 대상이 되었다. 고통의 연대, 분노로부터 촉발된 이 현상은 사건의 가해자와 피해자가 가려지고, 가해자가 처벌을 받는 것에 그치지 않는다. 이어, 인화학교의 법인 허가 취소가 발표되고 장애인 관련 법률이 개정되고, 장애인 인권문제에 관한 사회복지사업 개정안이 15년 만에 본회의를 통과하는 결과로 이어졌다. 보다 이상적인 제도 구축의 발판이 마련된 것이다. 이것이 중요한 의미를 갖는 것은, 선결 과제인 피해자 개개인에 대한 정신적·육체적 치유와 더불어 사회적 시스템의 정비와 개선이 유사한 사건의 재발을 예방할 수 있기 때문이다. 제도의 개선과 구축, 이에 대한 인식의 전환과 관심은 치유의 중요한 한 축으로 작용하게 된다.

작가는 소설 속에서 피해자들의 육체적·정신적 심리 치유와 더불어 보다 나은 사회적 시스템의 구축을 언급하고 있다. 소설 속 서유진의 입을 통해 언급되는 '보다 나은 세상'의 꿈은 이런 문제의식에서 비롯되었을 것이라고 생각해볼 수 있다.

> "엄마가 네게 공주 같은 옷은 입히지 못할지도 몰라. 레이스가 늘어진 침대도 사주지 못할지 몰라. 아빠랑 놀이공원에 가사 온 가족이 사진을 찍지 못할지도 몰라. 미안해 …… 정말 미안해 …… 하지만 엄마가 한 가지는 약속할 수 있어. 우리 바다하고 하늘이가 컸을 때 지금보다 더 좋은 나라를 만들겠다고. 여자들인 너희가 더 씩씩하게 거리를 걸어다니게 해주겠다고. 아주 조금이라도, 거의 느껴지지 않을지라도 어쨌든 사람이 사람답게 사는 더 좋은 세상을 만들기 위해 엄마는 볼이 빨갛도록 뛰어다닐 거라고." (공지영, 2011: 133)

작가는 다소 모호하고 추상적이지만 '보다 좋은 세상'을 대안으로 제시한다. 엄마인 서유진이 이렇게 볼이 빨갛도록 뛰어다니는 것은 개인의 행복을 성취하기 위해서가 아니라, 여자들이 더 씩씩하게 걸어다닐 수 있는 보다 "더 좋은 나라를 만들"기 위해서이다. 작가는 고통스러운 개인인 서유진의 입을 통해 개개인에게 이런 불행이 일어나지 않는 것에 감사한 것을 넘어서, '도가니 사건'과 같은 불행이 어디에서도 반복되지 않는 사회로의 지향, 전사회적 공조를 제안한다. 이 사건은 단순히 장애아동에 대한 성폭력 사건의 고발에 머무르지 않는다. 이 사건이 드러나고 해결되는 과정에서 보인 강자와 약자의 권력관계, 불의한 타협, '전관예우'로 드러나는 잘못된 관행, 악습 등 권력을 중심축으로 이루어진 다양한 고리들이 만들어낸 사회 전체에 대한 고발이며 이에 대한 개선의 촉구이다.

한 편의 소설과 영화는 사람들에게 감동을 주는 것으로 끝나지 않았다. 피해자들에 대한 관심과 지원, 법 개정을 통한 시스템의 정비, 고통의 연대, 대중의 분노가 만들어낸 도가니 사건의 진실규명, '도가니 법'의 개정은 '함께', '참여'의 의미를 더욱 선명하게 보여준다. 문학을 통한 자발적인 고통의 연대가 치유의 길을 활짝 열어준 것이다. 모든 문학이 치유의 의무를 가진 것은 아니다. 그러나 문학은 이처럼 작가가 독자 개인을 넘어서 전 사회적 치유를 가능케 하는 힘도 갖고 있다. 물론 이러한 '점진적이고 긍정적 변화'가 가능했던 것은 영상이라는 강력한 매체의 용이한 접근과 SNS를 통한 자유로운 소통 덕분이기도 하다. 도가니 신드롬은 자유로운 소통이 가능한 21세기에 문학이 사회적 치유에 적극적으로 개입할 수 있다는 가능성을 보여주었다는 점에서 의미를 부여할 수 있다.

나와 무관해 보이는 타인의 고통에 대한 관심과 감정이입, 이를 통해 느끼는 고통과 분노는 때로 치유를 위한 다리가 된다. 유대인 강제수용소에서 살아남은 스테판 에셀(Stephane Hessel)은 분노가 우리의 행복과 존엄성을 지키는 방법이 될 수 있다고 강조한다.

> "나의 비결, 그것은 물론 '분노할 일에 분노하는 것'이죠. …… 인간의 핵심을 이루는 성품 중 하나가 '분노'입니다. 분노할 일에 분노하기를 결코 단념하지 않는 사람이라야 자신의 존엄성을 지킬 수 있고, 자신이 서 있는 곳을 지킬 수 있으며, 자신의 행복을 지킬 수 있습니다. 따로 또 같이, 정의롭지 못한 일이 자행되는 곳에 압박을 가하는 것이 우리 각자가 해야 할 일입니다. (2011: 55)

인간으로서, 또는 인간이기 때문에 느낄 수 있는 고통이기에 그 고통은 연대된다. 그 고통이 오롯한 개인의 것이 아닐 때, 그 고통은 소통하며 분노로 전이된다. 인간의 감정을 담아내고 전달하는 강력한 매체인 문학의 힘은 여기에서 크게 발휘된다.

현실을 담아내고 있는 문학은 단순히 현실을 담아내기 때문에 의미 있는 것이 아니다. 『도가니』를 통해 확인한 것처럼 어떤 '현실'은 문학을 통해 무한히 확장되고, 그 확장은 '인간'이라는 모든 인간의 보편적인 삶으로 이어지고, 공적인 삶의 영역으로 확대된다. "동시대의 소외되고 고통 받고 있는 사람들에 대한 연민"(김경수, 2008: 403)과 통증으로부터 시작된 이 작품은 문학이 공적 영역에서 어떠한 역할을 담당할 수 있는지를 보여준다. 한 개인에 의해 시작된 『도가니』와 뒤따른 영화 〈도가니〉의 탄생, 소셜 네트워크 서비스를 통한 대중의 감정이입과 자발적 고통의 연대는 결국 우리 사회가 목표로 하는 공공성, 공익, 전사회적 치유라는 희망적 대안을 기대할 수 있게 했다는 점에서 의미를 찾을 수 있다.

문학은 시대마다 나름의 역할과 의미가 있다. 모든 개인이 자유롭게 소통할 수 있는 21세기의 문학은 고전적인 역할 외에도, 개인과 사회의 치유라는 공공성을 실현하는 도구가 될 수 있다. 공공성을 "자유롭고 평등한 인민populus이 공개적인 의사소통의 절차를 통하여Publizitaät 공공복리salus publica를 추구"(조한상, 2011: 34)하는 속성을 가진 것으로 이해할 수 있다면, 자유롭고 평등한 개개인이 그들의 감정과 생각을 나누고, 타인의 고통에 기꺼이 참여하고 개인과 사회의 치유를 도모하는 문학은 이 시대 공공성을 추구하고 실현하는 데 유용하고 유연한 치유의 도구이자 목적, 그 자체이다.

4. 치유의 세상을 향하여

김현은 "문학은 단지 아름답고, 단지 착하고 진실한 것만이 아니다. 문학은 아름다우며 착하며 진실하며 그리고 그 이상의 것"(2005: 22)이라고 말했다. 그런데 '도가니'라는 제목의 소설과 영화는 착하지도 아름답지도 않다. 그것은 오히려 독자와 관객을 눈물 나게 하고, 기분 나쁘게 만들고, 화나게 한다. 그러나 역설적으로 이 두 작품이 가지는 힘은 여기에서 비롯된다. 한 번도 만나지 못한 타인의 고통에 대한 감정이입과 이해, 관심은 치유로 가는 길이 되었다.

소설과 영화를 통해 고발된 한 사건은 독자와 관객들을 고통스럽게 하고, 분노하게 만들었다. 쉽게 지나칠 수 있고, 지나쳐도 되는 타인의 고통이 어떻게 대중의 고통으로 화할 수 있었을까를 생각하면, 무엇이 우리를 고통스럽게 하는가를 새삼스레 되묻게 된다. 우리를 고통스럽게 하는 것은 무엇일까? 육체의 통증일 뿐일까? 삶 속의 결핍에서 기인된 고통은 아닐까? 그렇다면, 지금 우리 삶의 결핍을 경험하게 하는 것은 무엇일까? '정의'의 상실 때문인가? 작가는 지금 이 세상이 정의를 상실한 세상이거나 상실해하고 있지만, 여전히 노력하면 찾을 수 있다고 말한다(2011: 148).

끔직한 고통을 겪은 개인에 대한 치유는 무엇보다 중요하다. 이와 더불어 그 끔찍한 고통이 다시 반복되지 않도록 관심을 가짐으로써 더 좋은 사회, 시스템을 구축해야 한다는 거시적인 시야의 확보 역시 간과되어서는 안 된다. 제도적 차원의 정비와 개선, 고통을 함께 나눌 수 있는 연대감의 회복이 모두 요구되는 것이다. 이 거대한 작업은 한 개인의 힘으로 이룰 수 있는 것은 아니지만, 한 개인으로부터 시작될 수는 있다. 도가니 신드롬을 통해 확인한 것처럼 '공적인 상상력'(김경수, 2008: 403)을 발휘한 한 사람으로부터 시작된 고통이 소설과 영화, SNS를 통해 연대되고 전이되어 결과적으로 법 개정 등 긍정적인 사회적 변화를 불러온 것은 어떤 의미에서 본다면 또 다른 진정한 치유의 과정이라고 할 만하다. 이처럼 문학은 사적인 동시에, 공적이며, 공공성을 표방한다.

'도가니 법'의 개정이 장애인들의 행복과 존엄성이라는 목표를 지향하고 있다면, 또 그 목표가 비장애인들에게도 동일하게 적용되는 것이라면, 모든 사람들의 행복과 존엄성이 지켜지는 사회를 '더 나은 세상'으로 바꾸어 말해도 좋을 것이고, 그 사회는 온갖 부정의와 부조리 때문에 고통당하게 될 잠재적 피해자들을 감소시킬 수 있다는 점에서 치유적이다. 문학은 상처받은 개개인도 치유할 수 있지만, '도가니 신드롬'을 통해 살펴본 것처럼, 사회 구성원 모두의 연대를 이끌어내는 주요한 매개체가 됨으로써, 우리를 더 나은 세상으로, 다시 말해 치유의 세상으로 이끌기도 한다.

* 이 글은 다음의 논문을 수정 보완한 것이다. 유강하, 「'도가니 신드롬'을 통해 본 문학의 치유적 의미에 대하여」(『인문과학연구』 35(2012): 559-579)

환상, 치유를 갈망하는 또 하나의 목소리
: 리루이의 소설『인간』읽기

유 강 하

1. 말할 수 있는 자유

『삼국유사(三國遺事)』에는 왕이 된 후 갑자기 귀가 길어진 신라 경문대왕에 대한 한 편의 이야기가 실려 있다. '임금님 귀는 당나귀 귀'로 더 잘 알려진 이야기의 주인공은 위태롭게 비밀을 공유하는 두 사람이다. 비밀스러운 변화를 겪게 된 왕과, 왕의 비밀을 알고 있는 유일한 남자 복두장(幞頭匠)이 바로 그들이다.

당나귀처럼 큰 귀를 가진 임금의 비밀을 아는 복두장은 평생 외롭게 그 비밀을 지켰지만, 왕과 자신만이 알고 있는 은밀하고도 성스러운 비밀은 차라리 병(病)에 가까운 것이었다. 죽음의 순간에 이른 그는 아무도 없는 도림사(道林寺)의 대나무 숲에 들어가 외롭게 알고 있던 그 진실을, 대나무 숲이 흔들릴 때 바람에 섞어 내보냈다. 대나무 잎이 바람과 부딪히며 만들어낸 소리 속으로 비밀을 토해낸 순간은, 평생을 앓아온 울증(鬱症)을 덜어낸 치유의 순간이라고도 할 수 있을 법하다.

복두장에게 그 비밀은 한없이 신비스러운 것이라기보다 답답증을 불러일으키는 일종의 병, 고통이었을 것이다. 아무도 없는 대나무 숲에 들어가 외롭게 외친 그 비밀은 어쩌면 오랜 동안 다급하고 간절히 출로를 찾고 있었는지도 모를 일이다. 대나무 숲을 밀어낸 자리에 자라난 산수유들이 또 다시 '임금님 귀는 당나귀 귀'라는 소리를 반복한다는 것은, 알고 있던 것을 말할 수 없었던 한 인간의 고통을 읽게 한다. 죽음 앞에서 기어이 아무도 없는 대나무 숲을 찾아간 복두장의 행위는, 지극한 고통의 다른 번역어이다.

말할 수 없는 고통, 말할 수 있는 자유를 상실한 고통은 몸이 앓는 병만큼이나 위중하고 아프다. 인간, 인간의 삶, 행복을 논할 때 자유가 중요한 화두가 되는 것은 이러한 이유 때문일 것이다. 자유란 구속이나 속박이 없이, "의지에 따라 살고자 하는 인간의 희망"(김우창, 2007:8-9)이므로, 어떤 의미에서 자유가 없이는 인간다운 삶으로의 도달도 쉽지 않다고 말할 수 있다.

특히 사회적 존재인 인간이 가진 표현의 욕구는 인간의 기본적 욕망만큼이나 큰 욕망이자 권리이다. A. C. 그레일링은 이 표현의 자유, 언론의 자유(freedom of speech)를 다음과 같이 설명한다.

> 시민이 누려야 할 자유 가운데는 만일 없으면 시민의 자유라는 것 자체가 공허해질 정도로 아주 기본적인 자유가 두 가지 있다. 그것은 자유롭게 말할 수 있는 언론의 자유와 정당한 법적 절차를 밟을 수 있는 자유이다. 언론의 자유가 기본적인 것은 언론의 자유가 없으면 어떤 자유도 누릴 수 없기 때문이다. 언론의 자유가 없으면 자유를 주장하거나 행사할 수 없고, 자유를 공격해 와도 방어할 수 없다. 고

발을 당해도 자신을 방어할 수 없고 누가 잘못을 해도 고발할 수 없다. 자유롭게 정보와 견해, 정책을 내놓고 그것에 대해 논쟁하고 도전할 수 있는 민주주의도 누릴 수 없고, 말할 수 없는 것이 있으면 교육다운 교육도 받을 수 없다. 자신의 견해와 요구, 느낌, 반응, 분노, 비판, 지지, 찬성, 믿음을 표현할 수 없고, 질문하고 싶거나 질문할 필요가 있어도 질문할 수 없다. 그리고 이 모든 이유에서 언론의 자유가 없으면 중요한 문제가 있어도 말도 못 하고 생각도 떨쳐야 하는 감독에 갇히게 될 것이다. (A. C. Grayling, 2010: 233-234)

인간의 신체를 구속할 수는 있어도 생각을 구속하는 것은 결코 쉬운 일이 아니지만, 중국의 경우 이미 춘추(春秋) 시대에 문자옥(文字獄)이 등장했던 걸 보면, 혀를 길들이려는 노력, 폭력은 인류의 역사만큼이나 오래되었다고 할 수 있다(王業霖, 2010: 6). 사회적 존재인 인간의 중요한 표현 매체인 언어적 표현의 제한은 소통을 단절시킴으로써 고통을 야기한다. 표현의 자유에 대한 제한이나 억압은 개인의 의지와 무관하게 '주어진' 것이라는 점에서 피할 수 없는 무자비한 고통이 될 수 있다. 사회적 고통은 개인의 고통과 결코 무관할 수 없고, 이것이 '우리'의 고통과 '나'의 고통이 분리되지 않는 이유이다(Kleinman 外, 2002: 25).

이렇게 본다면, 박탈된 자유에 대한 투쟁이나 요구를 행복에 대한 추구이자 치유(사회적/개인적)를 위한 노력으로 바꾸어 말하는 것도 가능해 보인다. 그러나 표현의 자유가 제한되고 억압된 현실에서, 자유에 대한 요구 자체는 불이익이나 위험을 감수해야 하는 일이 되기 쉽다. 또한 요구가 직접적일수록 그 불이익과 위험은 비례하여 나타나게 될 것이다. 그러할 때 표현의 욕구, 갈망은 모습을 바꾸고 위장하며 욕구를 표출할 출로를 찾는다. 찾음, 위장, 갈구 등으로 표현되는 이러한 언어와 몸짓들은 고통을 벗어나 치유를 갈망하는 간절함이다.

이 글에서는 사회적 고통 속에 놓인 많은 '개인'들의 이야기, 그 중에서도 영어(囹圄)의 몸으로 자유를 갈망하는 한 지식인의 억눌린 목소리와 리루이(李銳)의 환상서사인 『인간(人間)』을 겹쳐 읽고자 한다. 두 지식인의 이야기는 현실/환상, 직설/은유를 씨실과 날실로 삼아 하나의 텍스춰(texture)를 이루어낸다. 서로 포개지고 겹치는 이야기 즉, 백낭자와 허선(許宣)의 비극적 사랑, 매화나무와 추백(秋白)의 환상 서사, '반우파투쟁(反右派鬪爭)'의 역사, '지금, 여기'의 중국은 서로 다른 듯하지만 '자유'라는 커다란 테두리 안에서 만난다.

2. 고통의 현실에 드리운 환상의 베일

지난 2010년 10월 스웨덴 한림원에서는 중국의 류샤오보(劉曉波)를 노벨평화상 수상자로 선정하였다. 영광스러운 선포식이 있던 당시, 그는 여전히 영어의 몸이었다. 1989년 천안문사태 이후, 중국의 민주화를 요구하며 중국 공산당에 대한 비판 글을 인터넷을 통해 유포시켰다는 이유로 '국가정권 전복선동죄'로 단죄를 받아 수감된 상태였기 때문이다. 법원은 그의 죄에 다음과 같은 판결문을 내렸다.

> "[류샤오보는] 국가정권과 사회주의 제도의 전복을 목적으로 정보를 다양한 지역에 빠르게 전송하고 사회적 파장이 크며 대중의 주목을 쉽게 받을 수 있다는 인터넷의 특징을 이용해서 자신이 저술한 글을 인터넷 사이트에 실었다. 이러한 방식으로 류샤오보는 중국의 정권과 사회주의제도를 비방하고 전복을 선동했다. 본 행위는 '국가정권 전복선동죄'에 해당하며 범죄를 저지른 시간이 길고 주관적이고 악의성이 강한 글이 여러 사이트로 옮겨지면서 수많은 사람들이 이 때문에 악영향을 받았으므로 중대한 범죄를 저지른 것으로 인정된다. 이에 법에 의거하여 엄중하게 처벌한다." (劉曉波, 2011: 417-418)

류샤오보는 "국가가 반드시 존중하고 보장해야 하는 인권은 헌법 제35조에서 규정한 공민의 권리이며 언론의 자유는 인권 중 하나입니다. 제가 다른 정치적 의견을 표명하는 것은 중국 공민으로서 헌법이 부여한 언론의 자유를 행사하는 정당한 행위이므로 정부가 저의 권리를 제한하거나 강제로 박탈할 수 없습니다. 오히려 저의 권리는 국가의 존중과 법률의 보호를 받아야 합니다. 따라서 저를 기소하는 것은 중국 공민인 저의 인권을 침해하고 중국의 기본적인 헌법을 위반한 전형적인 언론탄압이자 고대 문자옥의 연속입니다."(劉曉波, 2011: 337)라고 자기변호를 했으나, 이는 받아들여지지 않았고, 그는 결국 네 번째로 수감되었다. 노벨평화상을 수상하는 자리에도 참석할 수 없었다.

류샤오보의 노벨평화상 수상은 달라이 라마의 노벨평화상 수상 소식만큼이나 파장이 컸다. 두 인물이 가진 상징성이 현대 중국의 일면을 그대로 보여주고 있기 때문일 것이다. 특히 최근 인터넷의 발달로 거세지고 있는 민주화에 대한 요구는 중국이 외면할 수 없는 현실이 되어가고 있다. 류샤오보가 요구했던 중국의 민주화, 언론의 자유, 인권 신장에 대한 요구는 중국 헌법에 분명히 명시되어 있으나, 헌법에 명시된 공민의 의무를 적극적으로 이행한 대가로 수감된 류샤오보의 사례를 보았을 때, 중국에서의 표현의 자유에 대한 한계가 어디까지인지를 가늠하게 한다.

그렇다면 자유로운 언급이나 비판은 불가능한 영역에 남겨지게 되는 것일까? 동서고금의 역사를 되짚어 보았을 때 세 치의 혀를 길들이려는 시도는 크게 성공한 적이 없었던 것 같다. 위협과 공포를 수반한 금기보다 표현하고자 하는 인간의 욕망이 더욱 컸기 때문일 것이다.

현실에 대한 직접적인 비판이나 의견 표출이 개인의 안위와 직결될 때, 개인은 위축되기 마련이다. 그렇다 하더라도 욕망조차 소멸되는 것은 아닌 듯싶다. 오랜 역사가 증언하듯, 사람들은 그림이나 노래, 다양한 은유적 표현을 통해 표현의 욕구를 해소해온 측면이 있기 때문이다.

표현의 욕망을 표출한다고 할 때 문학은 좋은 수단이 된다. 직접적인 언급을 피하면서 비현실적인 허구와 판타지, 은유 등의 수단을 통해 진실 또는 핵심에 보다 용이하게 도달할 수 있기 때문이다. 중요한 것이 진실의 전달이라면, 소설은 허구지만 이를 잘 전달할 수 있다는 점에서 매우 유용한 도구가 될 수 있으리라고 생각된다. 특히 노골적인 언설을 피해 위장하고자 할 때, 문학적 은유, 환상의 내러티브는 위장의 겹을 한층 부드럽고 두텁게 해준다. 전달하려고 하는 이야기는 부드럽고 희미한 베일에 가려있는 듯하지만, 오히려 시대적, 역사적 맥락을 얻으며 선명한 목소리로 전환된다. 따라서 문학은 가장 소극적이지만 역설적으로 가장 적극적인 대응이 될 수도 있다.

현실/환상을 씨실과 날실로 하여 직조한(texture) 한 편의 소설 『인간: 백사전 다시 쓰기(人間: 重述白蛇傳)』는 초국적 프로젝트인 '신화 다시 쓰기'의 세 번째 중국 작가로 선정된 리루이와 그의 아내 장윈이 백사전(白蛇傳)을 '다시 쓰기' 한 작품이다.[1] 백사와 인간의 사랑이야기인 백사전을 소설의 장르로 다시 쓰기 한 『인간』에 덧씌워진 판타지를 한 겹 걷어내면 류샤오보가 비판한 현실, 즉 틀 속에 갇힌 자유, 제한되고 억압된 자유의 시대를 살고 있는 한 개인이 겪은 분노, 슬픔, 고통과 마주치게 된다.

이 작품 속에는 백낭자(白娘子)와 허선(許宣) 외에도,[2] 향류낭(香柳娘)과 분해아(粉孩兒), 21세기의 뱀소년과 뱀, 추백(秋白)과 매화나무 등 다양한 이류의 사랑이야기가 묘사되어 있다. 불교의 인연과 윤회의 철학은 오랜 시간을 넘나드는 시공간에 다양한 사랑 이야기를 펼쳐놓는다. 뱀인간과 인간, 매화나무와 인간의 사랑이라는 다소 비현실적인 설정은 이 작품을 환상 속에 가두는 듯하지만, 이 이야기는 현실과 크게 유리되어 있지 않다. 작가의 말을 들어보자.

> 정체성 승인의 위기로 인한 정신적 고뇌와 이 고뇌로 인한 곤경의 심화, 그리고 모든 '이류'에 대한 사람들의 본능에 가까운 박해와 배

> 척, 또 이 박해와 배척 속에서 확대되는 왜곡된 본능, 이것이 우리의 다시 쓰기의 이념적 지지대가 되었다. (李銳, 2007: 序文)

자못 비장하게 언급된 작가의 집필 이념, 즉 '정체성 승인의 위기로 인한 정신적 고뇌와 이 고뇌로 인한 곤경의 심화, 그리고 모든 이류(異類)에 대한 사람들의 본능에 가까운 박해와 배척, 또 이 박해와 배척 속에서 확대되는 왜곡된 본능'에서 가장 크게 와 닿는 말(言)은 '이류'이다. '이류'는 사전적 의미로 '이종(異種)'이나 '다른 종족'을 의미하지만, 리루이의 인터뷰와 글 등을 종합해 보았을 때, 그가 말한 '모든' 안으로 수렴된 이류는 생물학적 의미를 뛰어넘어, 사회적 · 문화적 · 사상적 의미까지도 함축하고 있는 포괄적인 의미에서의 '다름'으로 독해된다. 작가는 생물학적 분류 외에 추상적 영역인 사상 또는 생각까지도 구별의 대상으로 포함한다. 이류에 대한 본능적인 박해와 배척을 말하면서 중국의 '반우파투쟁'이나 '문화대혁명'을 구체적으로 언급하는 것을 통해 '이류'의 외연이 무한히 확장됨을 알 수 있다.

> 사실상 우리는 비관주의자가 아닙니다. 우리는 차라리 비관적인 입장을 선택한 것입니다. 이는 실제로 우리 개인의 경험과 유관합니다. 만약 당신이, 제가 문화대혁명을 겪었던 것처럼, 1957년의 반우파[투쟁]을 경험했다면 [어땠을까요?] 저는 문화대혁명을 겪으면서 한 집안이 모두 풍비박산 났습니다. 제2차 세계대전을 생각해봅시다. 우리가 이 모든 것을 생각할 때, 우리에게는 이럴 권리가 없습니다. 다만 영광, 진리, 정의라는 이름으로 인류의 문명사에 면류관을 씌울 뿐이지요. ([인터뷰]李銳 · 蔣韻 · 水龍吟, 2007)

제2차 세계대전에 있었던 극단적 인종주의와 홀로코스트를 통해 '생물학적' 이류를 읽어낼 수 있다면, 반우파투쟁이나 문화대혁명을 통해서는 '사상적' 이류를 읽어낼 수 있다.[3] 생각이 다르다는 이유, 다른 생각을 자유로이 표현했다는 이유로 박해와 억압, 처벌의 대상이 되었던 과거를 어렵지 않게 떠올릴 수 있다. 이류를 나누는 카테고리는 다르지만, 이류에 대한 차별과 억압, 그로 인한 폐해는 '비극'이라는 테두리에서 한 치도 벗어나지 못한다.

이류 또는 다름의 현상을 살피려고 했을 때, 자유를 거론하지 않을 수 없는 것은 이들이 서로 긴밀하게 연결되어 있기 때문이다. 이미 드러난 것을 기준으로 이류를 나눈다고 했을 때, 그 '드러남'을 가능케 하는 개인의 내면 또는 정신적 문제를 간과할 수 없다. 이를테면, 다르게 표현하는 것은 육체적 활동이라 할 수 있지만, 다르게 생각하는 것은 정신적 영역에 속한다(김우창, 2007: 10). 육체의 자유를 억압한다 하더라도 정신의 자유까지 속박할 수는 없으므로, 이류를 구별해 내려는 그물은 성길 수밖에 없다. 이는 이류에 대한 구별짓기가 불완전할 수밖에 없는 이유이자, 자유와 접점을 가지게 되는 이유가 된다.

『인간』에는 다르게 생각하고 말했다는 이유로 고통에 놓인 추백의 이야기가 묘사되어 있다. 작가는 '다름'을 무화(無化)하겠다는 시도가 비극일 수밖에 없는 이유를, 추백과 매화나무의 사랑이야기를 통해 담담히 그려내고 있다.

3. 환상과 현실 겹쳐 읽기

『인간』에는 수 천 년의 시간 동안 다양한 공간을 넘나들며 여러 주인공들이 등장하는데, 이 작품의 제8장에는 백사의 전생을 가진 추백의 사랑이야기가 섬세하게 묘사되어 있다. 작가가 이미 언급한 것처럼 소설의 제8장은 다른 부분과 달리 현실적 시공간을 배경으로 한다.

> 서호의 강물이 마르고, 강호에 파도가 일지 않으면,
> (西湖水乾, 江湖不起)
> 뇌봉탑이 무너지고, 백사가 세상에 나오리라.
> (雷峰塔倒, 白蛇出世) (李銳, 2007: 4)

삼천년의 수련을 거친 후, 인간 세상에 와서 가난한 서생과 부부가 되었으나 결국 '정의(正義)'의 이름으로 살해되었던 전생을 가진 백사 여인은 오랜 시간동안 입에서 입으로 전해지던 게송(偈頌)이 현실이 되던 날, 즉 항주(杭州) 서호(西湖)에 있던 뇌봉탑(雷峰塔)이 무너지던 1924년 9월 25일에 태어났다. 소설의 이러한 설정은 역사적 배경과 맥을 같이 한다. 서기 977년 항주 서호에 처음 세워졌던 뇌봉탑은 1924년 9월 25일 손전방(孫傳芳)의 군대에 의해 무너졌다. 현재의 뇌봉탑은 지난 2002년 중건된 것이다. 백사 여인을 가둔 뇌봉탑은 천년이 넘는 세월 동안 훼손, 보수, 중건을 거쳤는데, 뇌봉탑이 겪은 수난의 역사는 백사 여인의 이야기도 겹쳐진다.

열여덟 살 때 큰 병을 앓고 난 뒤, 매일 똑같은 매화 꿈을 꾸던

추백은 어느 날 길을 가다가 우연히 한 노인이 베어 없애려던 매화나무를 보게 된다. 나무가 불길해서 찍어 버리려 한다는 노인의 말을 들었지만, 나무가 베어지는 걸 보고 마음이 철렁했던 추백은 어머니의 불평에도 불구하고 매화나무를 사서 정원에 옮겨 심었다. 죽기 직전의 매화나무는 추백의 정원으로 옮겨진 뒤 점차 원기를 회복했다.

> 처음에 나무는 다소 시들어 가지가 마르고 몸통의 색깔이 점점 어두워졌다. 나는 안달이 나서 정원사에게 물어봐 나무 재를 뿌리기도 하고 물을 주기도 했다. 그러자 나무는 조금씩 버텨내기 시작했다. 나무가 이를 악물고 버티고 있다는 생각이 들었다. …… 나무는 어머니의 원망과 저주 속에서도 하루하루 간신히 기운을 회복했고, 몸통의 상처도 천천히 아물었다. 어느 날 아침에는 갑자기 온 가지에 새 잎을 틔우고 잎마다 이슬을 머금어 옥처럼 파릇파릇하게 빛났다. (李銳, 2007: 145)

이렇게 나무는 추백의 정원에 뿌리를 내렸고 점점 아름다워졌다. 이 일 이후, 추백은 나무가 등장하는 꿈을 두 번 다시 꾸지 않았다. 그녀는 이 매화나무가 꿈속의 나무라고 확신했다. 그 나무가 왜 꿈에 나타났는지, 왜 추백의 집에 오려고 했는지 알 수 없었지만 그 수수께끼의 답을 알려고 안달하지는 않았다. 답이 없는 문제거나, 우연의 일치라는 생각이 들었기 때문이다. 시간이 지나면서 매화나무는 점점 아름다워졌고, 꽃도 탐스러웠으며 향도 그윽했다.

매화나무가 추백의 집으로 온 지 삼년이 되는 해, 전통극에서 허선(許仙)을 연기하는 한 아마추어 배우가 이사를 왔다. 미래의 남편이 될 그 남자의 등장을, 추백은 "큰 일이 벌어졌다"(李銳, 2007: 146)고 회상했다.

원래 기자였던 그는 매화나무 아래서 거문고를 뜯으며 노래를 했고, 잘생긴 외모는 추백의 마음을 설레게 하기에 충분했다. 연극 〈뇌봉탑〉에서 허선(許仙)을 연기하는 모습에 매료된 추백은 그와 연인이 되었고 행복한 나날을 보냈다. 어느 날 술에 취한 어머니로부터 추백이 뇌봉탑이 무너지는 날 태어났다는 출생의 비밀을 들은 그는 "하하, 전생의 끊어지지 않은 연을 이생에서 다시 이어 봅시다."(李銳, 2007: 148)라고 호기롭게 말하여, 결국 추백과 아마추어 연극배우는 부부가 되었다. 지금까지 감추어 온 은밀한 출생의 비밀은 그들의 인연을 다시 한 번 확인시켜 주었다.

백사의 전생을 가진 추백과 허선을 연기하던 남자의 인연은 마치 전생이 다시 이어진 것처럼 순조로웠고, 결혼 후의 생활도 평안하고 즐거웠다. 결혼한 이후의 변화라고 한다면, 그녀가 집을 떠난 후 꼬박 6년 동안 매화나무가 꽃을 피우지 않았다는 어머니의 전언이었다. 그러나 추백은 너무 바빠서 매화나무를 생각할 겨를조차 없었다. 그러다가 잊지 못할 그 해의 봄을 맞았다.

> 이렇게 해서 그해 봄이 되었다. 큰 일이 벌어지려고 하던 봄이었다. 곳곳에서 '백가쟁명(百家爭鳴)', '백화제방(百花齊放)'이 전개되어 사람들의 흥분이 극에 달했다. (李銳, 2007: 150)

1956년, 마오저둥(毛澤東)은 '백가쟁명(百家爭鳴), 백화제방(百花齊放)' 정책을 발표하였다. 1957년 2월 27일, 「인민 내부 모순을 정확히 처리하는 문제에 관하여」라는 제목으로 발표된 이 글에는 다음과 같은 내용이 실려 있다.

> "백화제방, 백가쟁명의 방침은 예술의 발전과 과학의 진보를 촉진하는 방침이고 우리나라의 사회주의 문화의 번영을 촉진하는 방침이다. 예술상의 상이한 형식과 풍격이 자유롭게 발전할 수 있고, 과학상의 상이한 학파가 자유롭게 논쟁할 수 있다. 행정역량을 이용하여 하나의 풍격, 하나의 학파의 보급을 강제하고 다른 하나의 풍격, 다른 하나의 학파를 금지하는 것을 우리는 예술과 발전에 해로울 수 있다고 여긴다. 예술과 과학 가운데의 시비문제는 마땅히 예술계와 과학의 실천을 통하여 해결해야만 하지, 간단한 방법을 써서 해결하면 안 된다." (毛澤東, 2010: 417)

이 글에서 제안하고 있는 '백가쟁명, 백화제방' 정책은 지식인들에게 비판의 목소리를 내도록 권유하였다. 당시 지식인 사회에서는 이를 불안해하면서도 반기는 분위기가 감돌았다. 당시 "중국의 지식인들은 자기 목을 내밀면 머리를 잃을지도 모른다는 것을 잘 알고 있었다. 1년 동안 그들은 침묵했다. 그러나 1957년 5월부터 그들은 중공 정권을 점점 강도 높은 용어로 비판하기 시작했다"(John King Fairbank, 1994: 466). 작품 속 표현 그대로 사람들의 흥분은 극에 달했다. 사람들이 모이는 자리에서는 여러 새들이 울어대듯 자유로운 비판이 쏟아졌고, 신문지면에는 다양한 생각이 자유롭게 활짝 꽃을 피웠다. 세상은 더없이 화사한 봄이었다. 추백에게도 생각의 꽃의 피울 자연스러운 자리가 마련되었다.

> 나는 몇 가지를 이야기했다. 정확히 무슨 얘기를 했는지는 기억나지 않지만, 아마도 불평을 했던 것 같다. 연구에 참고할 책들이 부족하고, 학교 도서관에 자료가 부족하다는 것 등을 말이다. 그리고 이렇게 거의 보름이 지난 어느 맑은 여름날 아침, 나는 캠퍼스에 들어갔다가 사방 곳곳에 대자보가 붙어 있고, 내 이름이 적힌 곳마다 새빨간 가위표가 그려져 있는 것을 보았다. (李銳, 2007: 150)

사소한 불평 이후, 그녀의 이름 위로 붉은 가위표가 그려진 대자보가 학교벽 사방에 붙었다. 화려한 이름의 '백가쟁명, 백화제방' 정책은 결과적으로 "사회주의 발전을 위해 지식인들에게 사상의 자유를 제공한 것이 아니라, 당(黨)과 사회주의에 반대하는 지식인들을 선별해내기 위한 속임수이자, "군중 속에 몸을 숨기고 있는 이류를 유인해 내는"(李銳, 2007: 150) 정치적 유인책에 불과한 것이었다. 1957년 마오저둥이 쓴 '백화제방'에 대한 생각, 즉 "우리는 일체의 독이 있는 풀에 반대하지만 그러나 우리는 반드시 신중하게 무엇이 독이 있는 풀이고 무엇이 향기 나는 꽃인지를 판별해야 한다. 우리는 군중과 함께 신중하게 향기 나는 꽃과 독이 있는 풀을 판별하는 법을 배워야 하고 뿐만 아니라 함께 정확한 방법으로 독이 있는 풀과 투쟁해야 한다."(毛澤東, 2010: 421)는 발언은 직접적인 증거가 된다.

화사한 봄은 차라리 재앙이었다. 자유로운 숲이 아닌 계획과 통제에 의해 조성된 순결한 화원에 어울리지 않는 향(香)과 색(色)을 가진 추백은 꽃이 아니라 독초였다. 그녀는 무수히 많은 크고 작은 비판 모임에 불려 다니며 비판을 받았다. 이런 감당할 수 없는 현실에 불만과 굴욕을 느꼈던 추백은 모든 감정을 세상에 하나밖에 없는 가족인 남편에게 털어놓았다. 비밀을 공유했던 유일한 사람, 남편과 그녀는 함께 울었다.

다시 추백에 대한 비판이 시작되었을 때, 그녀는 믿을 수 없는 광경을 목격하게 되었다. 그녀를 비판하기 위해 마련된 단상에 하나뿐인 가족, 그녀의 남편이 마치 연극을 하듯, 그녀의 죄목을 하나하나 열거하며 그녀를 준열히 비판하기 시작한 것이다. 그는 비판의 말미에 그녀의 비밀을 모든 사람 앞에 폭로하며 그녀를 사지로 내몰았다.

> "'뱀을 굴에서 나오게 유인하는 것'이 과연 옳았습니다. 여러분, 좀 보십시오. 여기 정말 미녀로 변한 독사가 나와 있습니다.!" …… "이 독사야, 설마 또 인간 세상에 해를 끼치려는 것이냐?" (李銳, 2007: 151)

남편은 '아직도 더' '계속해서' 사람들에게 '화를 부르고 해를 끼치려는' 것이냐며 사람들을 흥분의 상태로 몰고 갔다. 그가 지목한 '재앙'은 그녀의 입을 통해 발설된 몇 가지 비판, 불만에서 비롯된 것이다. 유인책에 따라 자유로운 생각을 자유롭게 말했던 그녀는 이류가 되었고, 그들이 옹호하는 '정의'라는 신성한 이름에 의해, 전생의 백사가 그랬던 것처럼 인간 세상에서 축출되었다.

> 나는 다시 한 번 '정의'의 이름으로 인간 세상의 밖으로 축출되었다. (李銳, 2007 : 151)

여기서 사람들을 흥분의 도가니로 몰아넣었던 남편의 말(言)은 비밀에 대한 폭로이자, 그녀를 사지로 몰고 간 악의에 찬 언어이기도 했다. 그는 그의 아내를 더 이상 '요괴(妖)' 또는 '백사(白蛇)'로 부르지 않고, '독사(毒蛇)'로 바꾸었다. 남편, 즉 가짜 허선의 악의에 찬 폭로는 추백의 행위가 전설 속의 요괴가 끼친 해악과 같거나, 혹은 독사가 초래할 결과는 죽음뿐임을 다시 한 번 강조했다. 현실에 대한 자유로운 생각과 자연스러운 비판, 추백의 사적이고 사소한 이야기는 사람들의 연약한 감정과 욕망을 이용하여 사람을 해쳤던 요괴의 '재앙'과 동일시되고, 사태는 걷잡을 수 없는 지경에 이르게 되었다. "인간 세상에 또 해를 끼치려고 나왔느냐"는 남편의 비난은 그녀를 가장 외로운 자리, 치유 받을 길 없는 상처의 자리로 내몰았다.

이는 과거 '백가쟁명, 백화제방'에 대한 작가의 재평가일 뿐일까? 이는 당시 있었던 사상, 언론의 통제, 자유의 억압에 대한 비판인 동시에, 인터넷의 발달로 예기치 않게 맞이하게 된 신(新) '백가쟁명, 백화제방' 시대에 다시 반복되고 있는 자유의 상실에 대한 분노, 절망과 포개지며 공명된다. 류샤오보는 언론의 자유, 표현의 자유가 박탈된 현 상황을 다음과 같이 표현했다.

> 중국에서는 공산당 권력이 최고 권력이다. 언론의 자유와 사법의 독립이 허용되지 않고 있으니, 법률 제정과 집행은 당 명령과 당의 이익에 따라 결정된다. 경찰은 독재정권을 수호하는 것을 자신의 가장 중요한 사명이라고 생각한다. 중국 헌법에는 중국 인민에게 '언론의 자유'가 있다고 명시되어 있는데도 중국 공산당은 권력을 유지하

> 기 위해 공공연하게 헌법을 위반한다. 심지어 '국가 정권 전복 선동죄'(제105조)를 〈형법〉에 명시함으로써 언론탄압의 법률적 근거로 삼기까지 했다. (劉曉波, 2011: 214)

일찍이 리루이는 모든 좋은 예술과 좋은 문학은 뼈에 새길 만한 체험에서 비롯된 것으로서, 구체적이고 실제적인 데서 출발한다고 언급하였다(李銳, 2009: 271). 이렇게 그는 그의 작품이 어떠한 형식으로 나타나든, 현실과 유리된 것이 아님을 밝힌다. 그렇다고 해서, 작가의 눈이 그 실제의 경험에만 머물러 있는 것은 아니다. 그는 '시간(時間)'과 '시간감(時間感)'을 따로 분리하면서, 이 둘은 엄연히 다른 문제라고 말한다. 작가의 살과 뼈, 기억에 새겨진 체험, 경험이 남겨준 '시간감'은 영원히 '현재시(現在時)'로 기능하게 된다고 말하는데(李銳, 2009: 270), 그것은 작가가 여전히 역사적 상흔의 기억에서 벗어나지 못함을 의미하는 것이 아니라, 그 오롯한 기억이 과거와 현재를 연속시키고 있고, 그 의미가 현재에도 여전히 유효하다는 의미로 이해된다. 즉, 리루이에게 있어 '뼈에 새길 만한 그 경험', 문화대혁명은 본질을 공유하는 수많은 과거, 현재의 사건을 '현재시'의 사유로 변화시키는 것이다. 구체적 사실, 경험이 아니더라도, 그 비극성은 먼 과거에서도, 현재에서도 무한히 반복될 수 있기 때문일 것이다. 이러한 작가의 말을 염두에 둔다면, 작가는 백사 여인과 범속한 서생의 사랑이라는 일종의 환상 서사를 통해, 여전히 비극이 되풀이 되고 있는 현실을 우회적이고 은유적인 동시에 가장 역동적인 방식으로 담아냈다고 생각해볼 수 있다.

작가는 생물학적 동류(同類)에 의한 배반을 묘사하는 한편, 생물학적 이류인 매화나무의 변함없는 사랑과 지지를 동시에 표현한다. 여기서 작가는 진정한 이류가 누구인지를 묻는다. 자신의 이익을 위해서 기꺼이 아내인 추백을 배신했던 남자는 분명한 동류인 인간이었다. 그러나 그는 진짜 허선이 아니라 다만 허선(許仙)을 '연기'하던 배우에 지나지 않았기에, '현실'이라는 진짜 무대에서 들리는 추백의 자유로운 목소리를 쓸모없는 것, 위험하고 나쁜 것으로 몰아갔다. 그들에게만 공유(共有)되던 단 하나의 진실이자 은밀한 비밀은, 낯선 자들에게 무가치하게 분유(分有)되어 조롱거리가 되었다. 향기로운 꽃이 아닌 독초가 된, 또 독사에 불과했던 추백은 세상 밖으로 축출되었다.

추백은 노역을 끝내고, 이혼 수속을 마친 후 고향집으로 돌아왔다.

> 고향 집에 도착했을 때는 저물녘이었다. …… 저녁 햇살 속에서 나의 나무를 보았다. 여러 해 꽃이 피지 않았던 그 칙칙한 나무가, 이 순간 놀랍게도 붉은 매화꽃을 피우고 있었다! …… 갑자기 기적이 일어났다. 수없이 많은 매화 꽃송이가 가지에서 떨어져 내렸다. …… 찰나에 나는 화인(花人)이 되었다. 나는 고개를 치켜든 채 날리는 꽃비 속에서 소리 없이 통곡했다. 드디어 깨달은 것이다. 이 나무야말로 전생에 나와 가장 가까웠던 사람, 나의 허선인 것을. (李銳, 2007: 152.)

소리 없이 통곡하는 추백과 붉은 꽃송이를 떨어뜨리는 매화나무, 끝내 음성(音聲)으로 발성되지 못했으나 이들의 목소리는 어떤 언어보다 선명하게 울릴 수밖에 없었다. 가짜 허선(許仙)과 추백의 어긋난 사랑, 인간으로 환생한 백사와 매화나무로 환생한 진짜 허선(許宣)의 슬픈 사랑은 역설적이게도 '지상의 천당'이라는 항주(杭州)를 배경으로 펼쳐지고 있다. 항주라는 공간성과 이들의 슬픈 사랑은, 그 간극을 더욱 벌려놓으며 비극성을 확장시킨다.

이 이야기를 이류에 대한 차별과 압제의 불편한 현실로 읽어내는 것은 지극히 타당하다. 그러나 간과하지 말아야 할 것은, 거시적 시야로 조망했을 때 이류가 차별과 박해의 대상이 될 수 있었던 것이 다양성의 불인정과 개인적/사회적 고통을 야기한 자유의 박탈에 힘입은 바 크다는 사실이다. 표현의 자유를 억압할 수는 있겠지만, 생각과 정신의 자유조차 억압할 수 없다는 사실은 비극성을 더욱 크게 만든다.

4. '자유', 치유의 세상

나는 당신의 의견에 동의하지 않습니다.
그러나 만일, 그 의견 때문에 당신이 박해를 받는다면
나는 당신의 말할 자유를 위해 끝까지 싸울 것입니다.
-볼테르

지난 2009년, 북경시(北京市) 인민법원(人民法院)은 류샤오보가 인터넷 매체를 이용해 유포한 글이 국가정권과 사회주의제도의 전복을 선동했기 때문에 언론의 자유가 아닌 범죄라고 최종 판결하고, 징역형을 선고하였다. 그러나 류샤오보는 그럴지라도 자유, 말하고 싶어 하는 자유에 대한 열망은 흐르는 물처럼 도도하고 자연스러운 것이어서 결코 막을 수 없을 것이라고 말했다.

> 21세기로 접어든 오늘날, 언론의 자유는 세계의 진리이나 언론 탄압은 세계인의 지탄을 받고 있습니다. 인민의 입을 막는 것이 내(川)를 막는 것보다 어려운 법입니다. 감옥의 높은 벽도 자유로운 의사표현에 대한 열정을 가두지 못합니다. (劉曉波, 2011: 343-344)

있는 그대로의 생각을 자유롭게 발설했던 추백(秋白)이 독초가 되어 추방되었던 것처럼, 스스로 믿고 있는 진실을 말했던 류샤오보도 위험한 존재로 간주되어 인간 세상으로부터 격리되었다.

자유롭게 피는 꽃은 계획된 정원에는 어울리지 않는다. 보다 섬세하게 말한다면 어울리지 못한다. 리옌원(李彦文)은 이 작품 속에 자유가 허용되지 않는 조원계획(造園計劃)의 기획이 드러나 있음을 다음과 같이 지적하며 말했다.

> “현대 국가는 일종의 조원국가로서, 인성의 이상적 목표를 설계하여 국민이 이 목표를 향해 노력하도록 교육, 감독한다. 이렇게 하여, 이 조원계획에 공동체 의식을 느끼고, 이 계획에 부합하는 국민은 잘 자라야 할 신선한 꽃이 되지만, 이 목표와 어긋나면 사라져야 할 잡초가 된다. 계급투쟁은 현대 조원계획의 일종의 실천이다. 현대적인 교육과 관리감독 체계에서, 계급투쟁은 자기 내부에서 기준에 부합하지 않는 잡초, 다시 말해 숨어 있는 계급의 적을 부단히 발견하는 동시에, 그것을 깨끗이 제거하는데, 이 제거는 내부의 순결을 보장하기 위해 필요한 단계이다. 이는 또한 최고의 인성의 유토피아라는 목표를 향한 전진이기도 하며, 미래의 아름다운 사회를 향해 진군하기 위해 반드시 확보해야 하는 것이기도 하다.” (李彦文, 2009: 81)

리옌원이 언급한 완전한 정원, 즉 조원계획은 백화제방(百花齊放)과 자연스럽게 겹쳐진다. 리옌원은 환생한 백사 인간인 추백이 만난 현실이 바로 이러한 조원계획에 의해 만들어진 무(無)자유의 정원이라고 말한다. 추백은 '백화제방' 정책에 따라 생각의 꽃을 활짝 피우고 싶었으나 오히려 독초로 판별되어 제거될 수밖에 없는 운명으로 내몰렸다. 조원계획에 의해 꾸며진 화원을 미처 생각하지 못하고, 자유롭게 피어나고자 했던 추백은 과거에 그랬던 것처럼, 아름다운 이름인 '정의'에 의해 인간 세상 밖으로 축출되었다(李彦文, 2009: 81).

언론, 출판, 집회, 결사의 모든 자유가 허용된다는 자유로운 땅이라고 말하지만 향기로운 꽃은 피게 하고 독초는 걸러낸다는 제한적 의미의 '백화제방'은 오늘날까지도 여전히 계속되고 있는 것처럼 보인다. 관상을 위한 화원, 그러나 언제든 독초거나 잡초로 지목되어 제거될 수 있다는 현실 때문에 그 아름다움은 황량할 수밖에 없다.

중국 사람들이면 누구나 알고 있는 백사전(白蛇傳), 리루이와 장원은 해피엔드의 교훈적이고 아름다운 이야기를 전복시켰다. 윤회의 법칙에 따라 백사는 각기 다른 세상에 다른 모습으로 나타나지만 백사전은 해피엔드로 끝나지 않고, 줄곧 비극으로 끝맺음된다. 그것이 생물학적이든, 사상적이든 자유롭게 피어나는 꽃들을 제거함으로써 '순결한 화원', '유토피아'를 건설하겠다는 인간의 열망이 잠들지 않는 한, 박해와 차별, 압제와 폭력의 역사는 과거에 그랬던 것처럼, 또 지금도 부단히 진행되는 것처럼 미래에도 동일하게 반복될 것이다. "『인간』이 현실과 무관한 신화전설이 아니라, 바로 지금 정체성의 문제에 대한 우언"(李彦文, 2009: 81)이라는 리옌원 설명이 더욱 설득력 있게 들리는 이유다.

작가 리루이는 그간 그의 작품을 통해 인간의 생명 가치와 존엄성을 말하고, 인간이 처한 삶의 곤경(困境)에 관한 추구와 질문을 그 지향점으로 삼아 왔다(翟永明, 2011: 39). 류샤오보는 그 이야기, 즉 인간과 삶, 곤경에 대한 생각을 생생한 날 것으로 발성하였다. 환상서사로 감싼 것이든, 날 것으로 발성된 것이든, 그 고통의 목소리는 다르면서도 같다. 인간은 홀로, 오롯이 살아가는 존재가 아니라 관계 속에서, 사회 속에서 살아가는 인'간'(人'間')이다. 따라서 인간이 겪는 모든 고통은 개인적인 동시에 사회적일 수밖에 없다. 선택의 여지없이 이미 '주어진' '침묵의 형벌'을 감내하는 개인들의 고통은 무(無)자유의 감옥을 헐어낼 때에야 겨우 치유될 수 있을 것이다.

『삼국유사』 속의 복두장이 죽음의 문턱에서 기어이 대나무 숲을 찾아간 것처럼, 표현의 자유를 빼앗긴 현실 속에서 자기들만의 대나무 숲을 찾아가 기어이 말(言)을 토해내는 행위는, '나'와 '너', '우리'의 빼앗긴 목소리, 자유가 억압된 현실의 울증(鬱症)을 덜어내려는 노력, 치유를 갈망하는 갈급한 몸짓일 것이다.

1) 이 책은 리루이(李銳) 한 사람의 이름으로 출간되었으나, 서문에서 밝히고 있듯 아내 장윈(蔣韻)과 공동집필한 것이다. "[이 소설은] 나와 아내 장윈이 함께 완성한 것이다. 이것은 우리가 처음으로 공동집필한

소설이다.(由我和我的妻子蔣韻兩個人合作來完成的, 這是我們此生第一次共同合作完成一小說.)" 李銳, 『人間』(序文)(重慶: 重慶出版社, 2007. 이하 『人間』으로 표기). 이 논문의 『人間』 번역은 다음을 참고하였다. 리루이, 김택규 옮김(『사람의 세상에서 죽다』, 시작, 2010)

2) 백낭자와 사랑을 나누었던 범속한 인간 허선은 리루이의 소설 『인간(人間)』에서 두 가지 한자(漢字)로 나뉘어 표기된다. 백낭자[白素貞]의 남편은 '허선(許宣)'으로, 추백(秋白)의 남편(가짜 허선, 연극 무대에서의 허선)은 '허선(許仙)'으로 달리 표현된다. 이 글에서도 소설의 표기를 따라 각각 허선(許宣)/허선(許仙)으로 표기함을 밝혀 둔다.

3) '문화대혁명(文化大革命)' 당시에 티베트인들에 대한 박해는 더욱 끔찍했다. 티베트인들은 인종적, 사상·종교적으로도 완벽한 이류였다. 여러 개의 다름을 가진 그들은 분노의 표적이 되기에 쉬웠다. 게다가 티베트인들이 당했던 고통과 비극은 온전한 목소리로 표출조차 되지 못하고 있다. "문화혁명이 발생한 지 40년이 되었지만 티베트 작가 웨써가 최근 출판한 『살겁: 사십 년의 기억의 금지 구역, 렌즈 속의 티베트 문혁』에 실린 사진들, 즉 중국이 티베트 문화를 파손하고 티베트인들을 모욕한 수많은 사진은 대다수의 독자가 지금까지 보지도 못한 것들이다. 중국이 티베트의 정보를 빈틈없이 봉쇄한 것은 중국이 말 못할 일을 저질렀다는 강력한 증거이다." 鍾祖康, 정우석 역, 『다시는 중국인으로 태어나지 않겠다』, 포엔북, 2012, pp.256-257.

※ 이 글은 다음의 논문을 수정 보완한 것이다. 유강하, 「자유(自由)의 상실, 그 고통에 대하여 : 李銳의 소설 『人間』 읽기」(『아시아문화연구』 27(2012): 147-171)

Ⅳ 문학 중심 인문치료의 실제

문학 창작을 통한 치유: 미래 자서전 쓰기

시 중심의 인문치료: 중년여성의 행복 찾기

문학 창작을 통한 치유 : 미래 자서전 쓰기

유 강 하

인문학은 학문 영역 안에서도 실용성과 경제성에 의구심을 갖게 할 뿐만 아니라 고답적인 학문이라는 오해를 종종 받곤 한다. 근래, 인문학은 기존의 고정관념과 편견을 깨고 그에 대한 의심을 불식시키려는 듯 대중과의 소통을 위해 스스로 길거리로 나서고 있다. 실천인문학, 사회인문학, 인문치료학, 소통인문학, 통일인문학 등 생소한 용어의 등장은 인문학에 관한 그간의 고민을 보여주는 것이기도 하다.

이 글에서는 강의실에서 이루어진 한 대학생의 미래 자서전 쓰기, 즉 문학적 창작(글쓰기)를 통해 인문치료가 어떠한 방식으로 실현되고 세상과 소통하며 삶의 장에서 실천되는지 소개한다.

1. 한 대학생의 이야기

2010년 봄, 대학가는 한 장의 대자보로 크게 술렁였다. 대학생이었던 김예슬이 자퇴를 선언하면서 "오늘 나는 대학을 그만둔다. 아니 거부한다"(이하 「오늘 나는 대학을 그만둔다」)는 제목으로 내건 대자보가 불러온 파장 때문이다. 스스로 대학을 거부하고 세상으로 걸어 나온 한 대학생의 선언은 인터넷을 뜨겁게 달구며 입에서 입으로 전해졌다.

한 장의 대자보, 한 시간의 1인 시위가 가져온 파장은 생각보다 컸다. 많은 대학생들과 졸업생들은 앞다투어 지지를 보냈다. 그들의 지지 이유는 그 글에 공감할 수 있다는 것이었다. 김예슬이 모든 대학생을 대표하지는 못하지만, 그녀의 이야기는 적어도 공부의 의미에 대해 고민하는 일부 대학생들을 대표한다고 할 수 있을 법하다.

당당하게 대학을 그만 두겠다고 밝히고 곧장 실행에 옮긴 김예슬은 '큰 가르침'이라는 뜻의 대학이 정작 큰 가르침은 가르쳐 주지 않고, 왜 사는지, 무엇이 진리인지는 가르쳐주지도 않은 채 오로지 질주하는 방법만을 가르쳐주는 곳일 뿐이라며 실망감을 토로했다.

> 큰 배움도 큰 물음도 없는 '대학(大學)' 없는 대학에서, 나는 누구인지, 왜 사는지, 무엇이 진리인지 물을 수 없었다. 우정도 낭만도 사제 간의 믿음도 찾을 수 없었다. 가장 순수한 시절 불의에 대한 저항도 꿈꿀 수 없었다." (김예슬, (대자보)「오늘 나는 대학을 그만 둔다」)

그렇다면 김예슬이 적어도 대학(大學)에서 묻고, 배우고 싶었다고 말하는 큰 배움이란 무엇인가? 그것은 이어지는 질문에서 실마리를 찾을 수 있다. 그녀는 "나는 누구인지, 왜 사는지, 무엇이 진리"인가 라는 의외로 소박한 질문을 던진다.

> 대학(大學), 대학은 크게 배우는 때이다. 큰 배움은 그냥 주어지지 않는다. 큰 배움은 곧 큰 물음일 것이다. 나는 누구인가? 나는 왜 사는가? 어떻게 살 것인가, 정해진 몇 개의 직업 내에서 고르는 꿈도 아닌 꿈 말고, 진정 나의 꿈은 무엇인가. 지금이 아니면 언제 이 물음을 물을 수 있을까. 돌아보면 대학시절만큼은 이 물음을 해결하라고 특권처럼 주어졌던 때가 있지 않았던가. (김예슬, 2010: 36-37)

김예슬은 "나는 누구인지, 왜 사는지, 어떻게 살 것인가"의 문제에 대한 답을 찾고 싶고, 적어도 대학 시절 만큼은 이 물음을 해결하라고 특권처럼 주어진 때가 아니냐고 말한다. 이 세계를 설명하려는 새로운 이론과 학설, 지식의 습득 방식에 대해 문제 삼지 않고, 이미 고대부터 있어온 해묵은 주제를 다시 꺼내고 있는 것이다.

김예슬이 대학을 그만 두는 이유는 명쾌하다. 대학이 그야말로 졸업장을 자격증처럼 팔아먹고, 그녀의 삶도 '자원'으로 분류되는 현실 속에서(김예슬, 2010: 54) 그녀의 삶이 한번 다 꽃피지도 못하고 시들어버리기 전에, 쓸모 있는 상품으로 '간택'되지 않기 위해, 아울러 '인간의 길'을 선택하기 위해 대학을 그만 둔다고 선언하고 있다.

> 그리하여 오늘 나는 대학을 그만둔다. 아니, 거부한다. 더 많이 쌓기만 하다가 내 삶이 한번 다 꽃피지도 못하고 시들어 버리기 전에. 쓸모 있는 상품으로 '간택'되지 않고 쓸모없는 인간의 길을 '선택'하기 위해. (김예슬, (대자보)「오늘 나는 대학을 그만둔다」)

아무리 현실적 삶에 충실하게 산다 하더라도, 도대체 사는 게 무엇인지, 무엇이 행복한 삶이며 또 무엇이 인간다운 삶인가 하는 근원적인 질문은 사라지지 않는다. 단순한 그 질문은 무화(無化)되는 것이 아니라 유보될 뿐이다. 스스로의 삶을 계획하고 미래를 꿈꾸는 대학 시절, 이런 고민을 진지하게 하는 것이 즉시적 이익과 결부되지는 않지만 무심히 지나칠 만한 성질의 것도 아니다. 곰곰이 생각해 보면 근원적 질문이야말로 가장 현실적이기 때문이다.

2. 인문학, 삶을 위한 공부

인간다운 삶을 위한 공부

김예슬이 던졌던 질문, "나는 누구인가, 나는 왜 사는가, 어떻게 살 것인가"라는 문제는 인문학의 가장 고전적인 주제 가운데 하나이다. 그렇다면 인문학이 김예슬과 비슷한 고민을 하는 학생들 또는 사람들의 문제를 해결해 줄 수 있을 거라고 생각할 수 있지만, 정작 그녀는 인문학에 대해서도 곱지 않은 시선을 보낸다.

> 최근 몇 년 사이에 시장만능주의에 대해 경종을 울린다며 '인문학의 위기'를 외치는 사람들이 늘어났다. 사회의 지적 천박성을 질타하며 스스로 사유할 수 없게 된 아이들에게 '그래서 인문학이다'라고 얘기하고 있다. 어느 중고생 인문학 공부 모임은 진보 언론과 교수들의 집중적인 찬사와 조명을 받기도 했다. 그런데, 알 수 없었다. 왜

또 '학'일까? 인문'학'은 인문'교양서'에 삶과 정신의 세계를 축소시키는 것이 아닐까? (김예슬, 2010: 85)

인문학이 희망인 듯 말하는 지식인들은 자신이 가진 독점적 대학의 권위나 권력과 이해관계를 갖고 있기에 과도하게 환상을 퍼뜨리고 있는 것은 아닌지 생각해볼 필요가 있다. …… 아무리 좋은 강의와 책도 그것을 아는 만큼 실천하고 삶으로 살아낼 때 살아 움직이는 사랑과 진리가 된다. (김예슬, 2010: 88)

김예슬은 인문학이 왜 굳이 '학'이어야 하냐고 반문하며 인문'교양서'가 오히려 삶과 정신의 세계를 축소시키는 것은 아닌지 의문을 제기하고, 인문'학'이 아니라 인문'삶'이어야 한다고 말한다. "아무리 좋은 강의와 책도 그것을 아는 만큼 실천하고 삶으로 살아낼 때 살아 움직이는" 것이 된다는 말에는 동의하지만, 이 지점에서 과연 인문학이 '지식'으로만 존재했던 적이 있던가 하는 의문이 생긴다.

고대의 성현들, 위대한 스승들은 지식만을 강조한 적이 없었다. 오히려 그들은 텍스트 외부에서 이루어지는 실천이 텍스트 내부에서 이루어지는 '학'만큼 중요하다고 강조했다. 그들에게 있어 공부란 인간과 세상을 이해하는 방식이자 '사람답게 사는 법'을 위한 과정이었으며, 철저히 자기 성찰과 실천이 수반되어야 하는 문제였다.

소위 문학 · 역사 · 철학으로 대표되는 인문학을 업으로 삼았던 옛 사람들에게 김예슬이 문제로 제기한 "지식 : 실천 = 인문'학' :

인문'삶'"의 도식은 적용되지 않는다. 그들에게 있어 '학'은 성찰과 실천이 담보되어야 하는 문제였으므로, 그들은 새로운 지식을 추구하느라 조급해하거나 괴로워하지 않았다. '학'을 업으로 삼은 사람들을 가장 고통스럽게 하는 것은 앎과 삶이 일치되지 않는 데서 비롯된 괴리감이었다. 근원적 문제는 인문학이 아니라, 오히려 인문학이 인문학'답지' 못한 데 있다(손동현, 2006: 212). 그렇기 때문에 사람들은 본래의 '인문 정신'으로 돌아가자고, 그 정신을 배우자고 하는 것인지도 모른다.

고전적 의미의 인문학 교육은 인간과 세계를 총체적으로 이해하고 이를 바탕으로 인간이 그 세계 안에서 어떻게 살아야 할지를 이해하고 이를 실천에 옮기는 것이며, 이러한 과정을 통해 지성과 덕성을 갖춘 성숙한 인격체로 성장하는 것을 목표로 해왔다(손동현, 2006: 220).

자기 경쟁력을 강화하기 위해 교양을 익히는 것이 아니라 인문학적 교양을 기르게 됨에 따라 인문학적 소양을 갖춘 교양인이 되고 결과적으로 자연스럽게 자기 경쟁력 강화가 되는 결과라야 자연스럽다. 대화가 통하는 사람, 상황에 따라 올바른 것을 감지할 줄 아는 사람, 역사적 맥락에서 사태를 파악할 수 있는 시야를 가진 사람, 그렇기 때문에 나와 다른 사람도 포용할 줄 아는 사람은 수치화된 점수로 환산할 수 없는 큰 경쟁력을 가진 사람이기 때문이다. 만약 우리 시대의 인문학이 인문학 본연의 위치를 회복하게 된다면, 이처럼 통렬한 비판의 대상이 되지 않을 것이다.

이 글에서는 인문학적 가치의 회복을 위한 공부, 인간다운 삶을 위한 공부와 고민의 의미를 되새길 수 있는 치유의 글쓰기를 소개한다. 작은 실천이지만, 치유의 인문학을 향한, 또한 인문학을 통한 치유를 향한 한 방법이 될 수 있을 것이다.

인문학, 나를 위한 공부

인문학은 어떻게 현실을 동시에 포괄하는 인문학 실천으로 이어질 수 있을 것인가? 대학에서 이루어지는 수업이 어떻게 '치유'를 이루어낼 수 있을까? '제자백가'라는 강좌명으로 개설된 이 수업에서는 우선 인문학 고전을 읽고 토론하며 성찰하는 데 중점을 두고, 말하기와 글쓰기까지 고르게 운용하여, 강단인문학이 삶의 실천으로 이어지도록 하는 데 목표를 두었다. 이 수업에서는 제자백가(諸子百家)의 많은 가운데 『논어(論語)』, 『맹자(孟子)』, 『순자(荀子)』, 『한비자(韓非子)』, 『노자(老子)』, 『장자(莊子)』 등 학생들에게 친숙한 텍스트를 기초로 하였다. 물리적 시간의 한계 때문에 모든 내용을 모두 다루지 못하고, 이 시대의 군자(君子), 돈, 명예, 용기, 행복, 말(言), 공부 등을 주제로 한 발췌독으로 진행하였다. 모든 강독 뒤에는 주제에 따라 토론을 하였고, 같은 주제로 에세이를 쓰는 작업을 과제로 병행하였다.

강의 주제로 선별된 키워드는 대부분 모두에게 익숙한 것이다. 이는 수없이 되풀이되어 익숙해진 주제들, 다시 말해 스스로의 비판을 거칠 여유도 없이 받아들여진 주제들을 낯설게 봄으로써, 기존의 가치관을 일방적으로 답습하는 것이 아니라 스스로의 깨달음과 성찰 속에서 자기 자신만의 가치관을 정립하는 데 도움을 주기 위한 것이다(유종호, 2010: 215). 또한 자아와의 소통, 과거, 미래와의 소통법을 터득하도록 돕기 위함이라는 목표가 동시에 설정되었다. 학생들은 인문학적 텍스트를 학문의 장(場)이 아닌 삶의 장에서 해석하는 연습을 통해 '내가 누구인지' 파악하고 깨달으며, 스스로 내적 성장을 이루는 기회를 갖게 되는 것이다. 이는 "우리의 인문학은 텍스트를 해석하는 고전적 방식에 머물러 있었지 텍스트를 통해 현실과 만나는 작업은 미흡"(김석수, 2008: 94)했다는 비판과 반성에 근거한 것이다.

이 수업에 참여했던 박연희(가명) 학생은 수업 시간에 이루어진 토론과 글쓰기에 대해 다음과 같이 소회를 밝혔다.

> '제자백가(諸子百家)'의 수업 주제는 익숙하고도 진부하지만, 막상 깊이 들어가면 쉽게 답을 낼 수 없어 고민하게 만드는 것들이었다. 군자(君子), 돈과 명예, 용기, 공부, 행복 ……. 고전을 통해 알아가고 배워가는 재미를 통해 공부의 즐거움을 느꼈고 토론을 통해서는 다른 사람들의 의견이나 가치관 등을 알아봄으로 인해서 나의 생각과 비교할 수 있어서 좋았고, 매주의 주제에 대한 글쓰기를 통해서는 생각을 글로 다듬는 과정을 거침으로써 내가 누구인지를 파악할 수 있는 시간을 갖게 되었다. (박연희, 「자유 에세이」, 2008)

박연희는 「공부에 대한 에세이」(2008)에서 "삶을 살아가는 이상 아는 나의 참된 자아를 찾기 원한다. 진짜 내가 원하는 것이 무엇인지, 어떤 환경 속에서 어떤 모습의 나일 때 가장 행복한 삶을 살아갈 수 있는지 알고 싶다. 공부는 그런 점에서 나에게는 자아를 찾아가는 하나의 수단이다"라고 밝힌 바 있다.

대학이라는 한정된 공간 안에서 이루어지는 모든 공부가 취업이라는 하나의 방향만을 향해 있지는 않다. 비단 학생들뿐만 아니라 많은 사람들은 성장에 대한 욕구가 있고, 참된 자아를 찾기 원한다. 그들에게 있어 '자아 찾기'는 취업만큼이나 현실적인 문제이기 때문이다. 이처럼 대학 수업이 '지식의 전수'라는 다소 일방적인 형식에서 탈피하여 타인/텍스트와 소통하는 것에 중점을 둔다면, 자기 자신과 삶에 대한 성찰은 보다 진지해지고 실천은 보다 쉬워질 것이다.

3. 창작을 통한 치유의 글쓰기: 미래 자서전

'자서전'과 '미래 자서전'

이 글에서 소개하는 것은 과제로 주어진 '미래 자서전' 쓰기의 사례이다. 인문학 고전 수업 중에 이루어진 고전 읽기와 토론이 마지막 과제인 미래 자서전 쓰기로 이어지도록 안배하였다. 이렇게 순서를 배치한 것은 인간다운 삶, 삶의 가치에 대한 성찰을 통해 배운 삶의 자세를 미래의 삶 속에 투영해 보고, 미래의 인간다운 삶을 구축하는 데 도움을 주기 위함이다.

그런데 왜 자서전 쓰기인가? 널리 알려진 대로 자서전 쓰기는 일종의 치유적 글쓰기이다. 본래 자서전 쓰기는 고통스러운 과거를 글쓰기의 과정을 통해 '쏟아놓음'으로써 숨기고 싶은 과거와 화해하고, 개인적 성장을 이루게 하는 중요한 치유 방식 가운데 하나다(Kominars, 2008: 94-96). 근래 글쓰기를 통한 치료는 주로 심리치료 또는 마음 치료와 결부되어 시행되고 있지만, 글쓰기는 생각에 머무르던 것을 활자화하고, 그것을 구체화시킴으로써, 삶의 방향성을 모색하는 데 오히려 더욱 큰 의미를 가진다고 할 수 있다. 실제로 자서전 쓰기는 자신의 과거사 체험 서술을 통해 자기를 성찰할 수 있는 기회를 얻게 되고, 자아 정체성의 형성에도 관여할 수 있기 때문에 교육의 한 방법으로도 수용되고 있기도 하다(나은미, 2009: 126).

그렇다면 왜 '미래 자서전 쓰기'인가. 기존의 자서전은 철저히 자신의 삶을 대상으로 하기 때문에 '과거-현재'를 중요한 시간틀로 상정한다. 반면 미래 자서전 쓰기는 기존의 구도를 탈피하여 '과거-현재-미래'라는 새로운 시간틀을 제시한다. 미래 자서전 쓰기는 기존 자서전 쓰기의 중요한 요소인 '성찰'과 미래적 요소인 '상상력'이 결합된 글쓰기라고 할 수 있다. 이 가운데서도 특히 인문학적 상상력을 발휘하여 미래의 꿈과 삶을 구체적으로 '기획'하는 데 초점이 맞추어져 있기 때문에 '미래 자서전'이라 부른다. 그러므로 미래 자서전 쓰기는 자아 성찰과 자아 찾기에 대한 욕구, 대학생 특유의 감수성과 문학적 상상력을 자극할 수 있는 문학적 글쓰기가 되는 것이다. 미래 자서전 쓰기는 스스로를 돌아본다는 의미에서 성찰적 글쓰기라 할 수 있으며, 현실에 뿌리내린 상상력을 발휘하여 보다 건강한 미래를 구축한다는 점에서 문학적, 치유적 글쓰기라 할 수 있다.

이 수업에서는 자서전 작성 시기를 70세 전후로 상정하고, 미래에 대한 상상을 함으로서 아직 오지 않은 미래에 대한 글쓰기에 중점을 두어 작성하도록 설정하였다. 현재를 기준으로 과거를 말하고 미래를 구축하도록 한 것이다. 이는 다른 사람들과의 토론을 통해 스스로의 것으로 받아들인 가치관과 부단한 성찰과 자기 혁신의 열망이 빚어낸 문학적 글쓰기라 할 수 있다.

자신의 미래를 생각만 하던 것, 그 생각을 활자화된 글로 표현한다는 것은 별개의 과정이다. 과거를 바라보는 '나', 미래를 구축하는 '나'는 현재의 '나'이다. 내가 과거를 바라보는 방식, 미래를 구축하는 과정 속에 수업 시간을 통해 배우고 토론해온 가치들이 스며들게 된다. 또한 미래 자서전 쓰기는 글쓰기를 하는 사람이 미래에 대한 구체적인 계획을 세우고 그것이 실제인 것처럼 상상하면서 현재의 어려움을 극복할 수 있는 힘을 얻게 되는 한편, 현재를 더욱 충실하게 살아가도록 돕는다는 적극적 의미도 내포하고 있다(나은미, 2009: 121-122). 이처럼 미래 자서전 쓰기는 단순한 직업을 꿈으로 상정하는 것이 아니라, '어떻게' 살아갈 것인가, 라는 진지한 고민을 포함한다. 이 글에서 소개할 미래 자서전은 박연희의 미래 자서전의 일부, 당시 함께 진행했던 글쓰기와 자서전을 쓰고 난 이후에 다시 작성한 「후기」로 구성되어 있다.

창작, 미래의 '나'와 만나기

> 개인적으로 나는 글쓰기를 통해 생을 두 번 산다.
> 한 번은 실제로 살아내고,
> 그리고 또 한 번은 그 삶을 글로 옮기면서 살아낸다.
> 실제 삶이 글에 영향을 미치는 것이 당연하지만
> 대개는 글이 거꾸로 실제 삶에 지대한 영향을 미친다.
> (공지영, 2009: 6)

박연희(가명)의 "나의 자서전"이라는 비교적 평범한 제목의 자서전은 모두 아홉 개의 소제목으로 나뉘어 있다. 이를 크게 '과거-현재-미래'의 시간적 단위로 나누어 살펴볼 수 있는데, 박연희가 묘사하는 자신의 과거는 다음과 같다.

> 가부장적인 집안에서 아들이 아니라 별 기대와 관심을 받지 못하고 자란 나는 별다른 재주도 없고, 머리가 총명하지도 않아서 공부 잘하는 형제들 속에서 약간의 열등감과 피해의식을 가지게 되었다. 그래서 공부를 열심히 해야겠다는 의욕도 없었고, 무언가를 눈에 띄게 잘 해야겠다는 생각도 없었다. …… [고등학교 자퇴를 하고] 매일 새벽 네 시에 일어나 첫차와 첫 지하철을 타고 한 시간 반씩 왕복으로 세 시간을 통학하는 학원생활에 몸이 힘들었지만 그곳에 모인 다양한 나이대의 사람들, 다양한 이유로 검정고시를 준비하는 사람들과 열심히 검정고시 준비하는 사람들을 보며 여태까지 내가 살아왔던 생활공간과는 차원이 다른 이곳에 자극을 받아서 공부에 대한 욕심이 처음으로 생겼다. …… 수능원서를 넣었다. 한 대학의 산림대학에 합격했는데, 등록하지 않았다. 막연히 더 넓은 곳으로 가서 다른 것을 배우고 싶었다. …… 이왕 늦은 입학, 동기나 선후배 간에 있어

> 서 나이에 연연하지 말고 배움과 대학생활 자체에 뜻을 두고 열심히 생활하자는 각오를 했다. 하지만 …… 더 넓은 곳으로의 욕망은 내면의 갈등을 일으켜 점차 학교생활에 회의를 주는 지경에 이르게 됐다. …… 그때의 나를, 내 환경을 견딜 수가 없었다. (박연희, 「미래 자서전」, 2008)

박연희의 과거는 주로 대입 이전의 이야기로 이루어져 있다. 현재에서 바라보는 과거는 고등학교를 자퇴하고 재수에 삼수를 거듭했던 20대 초반의 고단한 시간들로 기억되고 있었다. 물론 "막연히 더 넓은 곳으로 가서 다른 것을 배우고 싶었다", "이왕 늦은 입학, 동기나 선후배 간에 있어서 나이에 연연하지 말고 배움과 대학생활 자체에 뜻을 두고 열심히 생활하자"라는 각오와 포부도 있었지만, 마음 속에서 불현듯 일어나는 꿈과 욕망들, 현실적인 조건의 충돌 속에서 내면의 갈등은 점점 커져 갔다. 불안과 불만, 해결되지 않는 내면의 갈등은 대학생활 자체에 회의를 가지게 했다. 그래서 박연희는 그때의 자기 자신을, 환경을 견딜 수 없을 정도로 괴로워했다.

만약 일반자서전과 마찬가지로 지금까지 살아온 것만을 기술하게 된다면, 이는 과거의 아픈 기억을 재생하는 고통스러운 과정이 될 것이다. 때로 과거에 대한 글쓰기를 할 때, 과거의 어두운 기억과 사투를 벌여야 하기도 하는데, 그 모든 과정이 치유를 담보하지는 않는다. 그러나 미래를 염두에 둔 자서전을 쓰게 될 경우, 과거를 비교적 담담히 묘사할 수 있게 되는데, 이는 '미래' 자서전인 만큼 글 쓰는 사람이 '과거'에 집중하기보다, 미래에 시선을 둘 수 있기 때문이다. 미래 자서전을 쓰는 사람은 '과거-현재-미래'를 보다 긴 호흡으로 바라볼 수 있는 여유를 가지게 되는데, 이는 미래의 시공간에 초점을 맞춤으로써 앞으로 스스로 빚어갈 수 있는 가능성으로 충만한 미래를 기대할 수 있는 동력을 제공받기 때문이다. 따라서 삶의 고단함, 고통, 괴리감은 오히려 생산적인 에너지로 전환될 수 있는 기회를 얻게 되기도 한다.

> 학교 가는 하루하루가 고역일 때 문득 '왜 이렇게 스스로를 괴롭히며 살고 있지?' 라는 생각이 들었다. 생각의 거듭 끝에 '나는 행복하고 재미있게 살고 싶은 사람인데, 주어진 환경은 한정되어 있고, 변할 수 있는 건 나뿐인데, 그렇다면 학교생활을 하면서 충분히 만족하고 즐기면서 살 수 있을 거야'라는 결론을 내리게 되었다. 그렇게 스스로 고민해결을 하고 있을 때 마침 큰 언니가 나에게 『꿈꾸는 다락방』이라는 책을 한 권 선물해 주었다. …… 내 인생에 있어서 '진정한 자아를 찾아갈 수 있게 하는 첫 번째 혁명'과도 같았다. 한 권의 책으로 인해 사람의 인생과 사고가 변할 수 있다는 걸 직접 깨닫게 한 책이었다. …… 항상 성공과 부와 행복은 다른 사람의 것인 양 부러워만 하는 게 나의 삶이었다고 생각했는데 이번엔 달랐다. [자서전을 쓰면서] 뚜렷한 목표를 정하고 단기 · 중기 · 장기 계획을 세우자, 그 목표를 이루고 싶다는 생각이 간절해져서 머리 회전도 빨라지는 듯한 느낌이 들었다. (박연희, 「미래 자서전」, 2008)

박연희는 제자백가 수업을 수강하던 무렵, 우연히 선물로 받은 『꿈꾸는 다락방』을 읽고 용기와 에너지를 갖게 되었다고 말한다. 그 당시 미래 자서전 쓰기 과제가 주어졌고, 자신의 미래를 구체적으로 곰곰이 그려보면서 남의 이야기로만 생각했던 스스로의 삶

속에서 성공과 행복을 꿈꿀 수 있게 되었다고 말한다. 박연희는 미래의 이야기를 쓰기 위한 순간과 과정을 다음과 같이 기술하였다.

> 항상 성공과 부와 행복은 다른 사람의 것인 양 부러워만 하는 게 나의 삶이었다고 생각했는데 이번엔 달랐다. 나의 성공한 모습이 조금씩 그려지기 시작했다. 한 번의 큰 갈등과 고민이 어느새 나의 가치관과 사고방식에 변화를 주었다. 정말 새로 태어난 기분이었다. …… 평소 나는 사진촬영과 가구에 관심이 있었다. 그래서 그것을 이루기 위한 수단과 이유를 포함한 장기계획, 중기계획, 단기계획을 목표별로 설정해 놓았다. 목표가 생기고 나니 이루고 싶다는 생각이 간절해져서 머리회전도 빨라지고, 몸이 가벼워져 행동까지 빨라지는 느낌이었다. 차근차근 내 목표를 향해 노력하며 살고 있는 나의 모습이 대견했고 행복했다. (박연희, 「미래 자서전」, 2008)

좋은 책을 읽거나, 타인의 성공적인 삶을 통해서도 큰 깨달음을 얻을 수 있다. 그런데 그 깨달음이 보다 오랜 시간 동안 지속되고 실천으로 이어지기 위해서는 순간의 '깨달음'보다 더 많은 성찰과 부단한 노력이 필요하다. 계획을 세운다고 해서 인생을 계획처럼 살 수 있는 것은 아니지만, 박연희는 과제 안내에 따라 10년 단위로 차근차근 계획을 세웠고, 그 과정을 어떻게 이루어나갈 것인지에 대해서도 진지하게 고민하였다. 구체적인 목표가 세워지자 "이루고 싶다는 생각이 간절해져서, 머리회전도 빨라지고, 몸이 가벼워"졌으며, 아직 다가오지 않을 시간을 살고 있는 자신을 생각하니 스스로가 대견하고, 행복을 느끼기도 하였다. 만들어진 이야기, 허구의 이야기이지만, 스스로에 대한 물음과 고민, 구체적 계획에 따라 지어진 미래의 집, 미래의 시간은 현실의 시간을 더욱 충일하게 만든다. 미래 자서전을 완성하고 난 2년 후인 2010에는 미래 자서전을 쓰던 당시를 다음과 같이 회상하였다.

> 내 미래와 자신에 대해 한참 갈피를 잡지 못하고 갈팡질팡하던 시기, 가상이긴 했지만 과제로 자서전이라는 것을 쓰기 전까지는 내 자신에 대해서 확신도 없고 어떤 자신도, 구체적인 미래에 대한 계획도 세워본 적이 없던 나였다. 그래도 과제는 해야 했기에, 또 알 수 없는 미래에 대해서 구체적인 상상의 나래를 펴볼 기회였기에 호기심 반, 기대 반으로 며칠 동안 내 미리에 대해 내내 궁리해보면서 글이 써내려져 가는대로 썼다. …… 글을 쓰고 나서 일종의 카타르시스가 느껴졌다. 기분도 상쾌했고 마치 내가 쓴 자서전 속의 사람이 된 것 마냥 으쓱했다. (박연희, 「후기」, 2010)

박연희는 많은 대학생들이 그런 것처럼, 박연희 역시 미래와 스스로에 대해 갈피를 잡지 못하고 구체적인 미래를 계획해보지 못했다고 술회하였다. 비록 상상 속에 만들어진 자기 자신은 '현재의 자아'가 아님에도 불구하고, 박연희는 글로 빚어진 자신을 보며 카타르시스를 느끼고 으쓱해졌다고 밝히고 있다. 이처럼 '미래 자서전 쓰기'는 상상력으로 직조된 허구이기는 하지만 현실에 뿌리를 내린 상상력이라는 점에서 결코 허황되지 않으며, 스스로의 미래를 구체적이고 진지하게 생각해본다는 점에서 의미가 있다.

> 자서전을 쓰면서는 지금의 생활뿐 아니라 이전까지 한 번도 구체적으로 생각해보지 않았던 미래에 대해서도 진지하게 고민해보는 시

> 간을 갖게 되었다. 그리고 이미 꿈을 이뤄낸 것처럼 든든해졌다. 가끔씩 스트레스가 쌓일 때 몇 번씩 읽어보기도 했는데 시중에 나와 있는 성공담과 비교해서도 뒤떨어지지 않을 만큼의 활력을 불어넣어 주었다. (박연희, 「자유 에세이」, 2008)

스트레스가 쌓일 때 스스로 작성한 자서전을 읽으며 활력을 되찾을 수 있었던 것도 동일한 맥락에서 이해할 수 있다. 만약 그것이 현실과 유리된 허구일 뿐이라면, 활력을 찾거나 마음이 든든해지는 정도까지 이르지는 못했을 것이다. '상상력으로 직조된 이야기'는 이처럼 현재의 스트레스를 해소하고 새로운 활력을 제공할 정도로 치유적 힘이 있다. 이는 "실제 삶이 글에 영향을 미치는 것이 당연하지만 대개는 글이 거꾸로 실제 삶에 지대한 영향을 미친다"(공지영, 2009 : 6)는 공지영의 이야기와 겹쳐진다.

미래 자서전의 절반 이상은 미래에 대한 이야기로 이루어져 있다. 고등학교 자퇴와 검정고시, 재수에 삼수를 거듭하던 과거, 좌절의 연속이었던 암울한 과거는 결과적으로 다양한 인간을 보다 깊게 바라볼 줄 아는 눈을 가지게 해주었다. 현재의 박연희는 과거의 경험을 담담히 받아들이는 것에서 머무르지 않고, 고통스러운 경험을 오히려 미래를 단단하게 해 줄 경험체로 설정한다. 그 경험체는 앞으로 올 미래를 더욱 견고하게 구축하도록 돕는다. 더 정확하게 말하자면 미래를 구축할 주인공인 자아를 더욱 건강하고 단단하게 만들어준다.

> 나는 성취감에서 존재의 의미를 느끼는 사람이라 나의 꿈을 이루는데 또 가족들의 도움을 받고 싶지는 않았다. 스스로 해결하고 스스로 이루고 싶었다. 그렇게 5년의 공무원 생활 동안 사회생활과 집단생활에 대해 알게 되었고, 동시에 영어 공부와 사진에 관련된 기술자 격증을 위한 공부를 병행했다. …… 재미있고 좋아서 즐기는 일이나 전혀 힘들지도 않았고, 어려운 과정에 맞닥뜨리고 그것을 풀어낼 때마다 더할 수 없는 희열을 느꼈다. 나에게 있어서 꿈을 이루기 위한 과정은 그것조차 하루하루, 모든 사건 하나하나가 살아있는 나를 느끼게 하며 행복하게 만들었다. 유학을 위해 저축도 열심히 했다. 그렇게 하루하루 목표를 향해 달리다보니 어느덧 내 꿈에 다가갈 발판이 한 걸음 가까워졌다. (박연희, 「미래 자서전」, 2008)

현재에 대한 불만은 누구나 느낄 수 있다. 그런데, 그런 불만은 때로 미래에 대한 과도한 불안감을 야기하기도 한다. 구체적인 계획을 이야기로 풀어나가다 보면, 그 허구의 삶이 구체적으로 그려지면서 막연한 불안감을 떨칠 수 있는 요소로 작용할 수 있다. 허황된 꿈이 아닌, 현실을 직시하고 현실에 뿌리를 내린 건강한 상상력은 건강한 미래를 꿈꾸게 한다.

> 꿈을 실현하기 위해 떠나긴 늦은 나이라고 느꼈지만 그건 남들의 기준일 뿐, 내 인생의 시간표에는 아직 청춘이라고 생각했다. …… 나의 꿈을 실현하기 위해서 구체적인 계획들을 정리하고 크게 적어 매일매일 볼 수 있게 거실의 창 옆에 걸어두었다. …… 솔직히 내 발등을 스스로 찍고 싶었던 적이 한 두 번이 아니었다. 남몰래 밤중에 울기도 많이 했다. …… 고난과 수고로움도 행복의 일종이라 마음을 먹었다. …… 나는 주로 환경에 따른 인물들의 모습을 찍는다. 사

람의 얼굴에는 희노애락의 모든 감정이 담겨 있다고 생각한다. 그래서 나는 사람의 얼굴과 표정에 관심이 많다. (박연희, 「미래 자서전」, 2008)

결혼하기엔 적지 않은 나이지만 나는 그동안 나 스스로에게 당당하기 위해 열심히 살아왔기 때문에 나이에 연연하지 않고 사람을 만나왔다. …… 우리는 각자가 생각한 앞날에 대해 이야기를 나누었다. 나는 사진 속에서 인간의 모든 모습을 담을 수 있는 휴머니즘 작가가 되고 싶다고 말했다. …… 내가 가진 것을 남에게 베풀 수 있는 기회가 주어졌다는 것에 감사했다. 나는 시간이 갈수록 젊어지는 것 같았다. (박연희, 「미래 자서전」, 2008)

나의 분신같은 가족들이 쓸, 편하고 아름다운 가구를 만드는 공부를 시작했다. …… 우리 가족은 서로 다른 목표로 함께 성장해왔다. 서로를 격려하고 응원하며 사랑으로 지켜냈다. …… 원하는 일을 하기 위해서 노력했던 내 모든 수고로움과 인내의 순간을 사랑한다. 더불어 내 인생 최고의 보물을 얻었기에 감사하고 또 감사한다. (박연희, 「미래 자서전」, 2008)

과거의 기억에 매여 있던 박연희는 '운명'에 대해 에세이에서 "나는 운명을 믿지 않는다. …… 왜냐하면 인간에게는 이성이 있고, 그 이성에 따라 감정과 의지대로 움직일 수 있는 선택을 할 수 있다고 믿기 때문이다. …… 어떤 인간에게도 '어떻게 살게 될 것이다'라고 정해진 것은 아무것도 없기 때문에 개인의 의지와 선택에 따라서 달라지는 것이 인간의 삶이 아닐까 하는 생각을 한다. 인간의 삶에 운명은 없다"(박연희, 「운명에 대한 에세이」, 2008)고 밝힌 바 있다. 운명에 대한 이런 생각은, 보다 구체적이고 밝은 미래를 그려나가는 데 긍정적인 요소로 작용했던 것으로 보인다. 이어 박연희는 이 시대의 군자를 나름대로 정의하며 앞으로 살아가야 할 밑그림을 그렸다.

> 시시각각 빠른 속도로 변해가는 사회 속에서 자신의 진정한 자아를 찾을 수 있는 목표를 찾는 일이란 쉬운 것이 아니다. …… 각자가 설정한 목표를 달성하기까지의 과정은 결코 쉬운 일이 아니다. 금전적인 문제나 시간과 노력, 그리고 끈기와 성실함이 요구되는 것이 대부분이다. 단순히 먹고 살기 편한 직장만을 위해서 한번뿐인 삶을 소비하기 보다는 어렵더라도 참아내고 스스로를 다져가면서 흔들림 없이 노력하며 살아가는 것이 참된 의미로서의 삶이 아닐까. (박연희, 「'이 시대의 군자'에 대한 에세이」, 2008)

윤리 시험에 판박이처럼 나오곤 했던 '자아실현', '자아 찾기'는 실제로 삶에서 이루어졌을 때 비로소 의미를 찾을 수 있다. 자아를 찾겠다는 긍정적인 에너지는, 미래의 자기 자신을 보다 긍정적인 인물로 만들게 된다. 미래의 자신을 사진작가로 그린 박연희는 "나는 주로 환경에 따른 인물들의 모습을 찍는다. 사람의 얼굴에는 희로애락의 모든 감정이 담겨 있다고 생각한다. 그래서 나는 사람의 얼굴과 표정에 관심이 많다"고 말하면서, 미래 자신의 입을 통해 "사진 속에서 인간의 모든 모습을 담을 수 있는 휴머니즘 작가가 되고 싶다"고 말하고 있다. 자서전 속에서 세계 최고의 사진작가가 되지는 못했지만, 스스로 좋아하는 일을 하면서 남과 나눌 수 있는 여유도 가지게 되었고 "가진 것을 남에게 베풀 수 있는 기회가 주어졌다는 것에 감사"했으며, 덕분에 "시간이 갈수록 젊어지는 것 같았다"고 했다. 두 아이를 입양하여 세 아이의 부모가 되고 행복한 가정을 이루었지만, 그들에게 꿈을 강요하지 않음으로써, "서로 다른 목표로 함께 성장해왔다"고 말할 수 있게 된 것이다. 서로 다르지만, 오히려 그 다름을 통해 조화를 이루고 행복을 이루는 "화이부동(和而不同)"(『論語』「子路」)을 삶의 장에서 그려내고 있다.

자서전에 서술된 대학 졸업 이후의 삶은 철저히 상상 속에서 만들어진 미래이다. 흔히 현실과 반대되는 개념에서 사용되는 상상의 세계, 허구의 세계에서 만들어진 삶이지만 그것이 현실에 뿌리를 둔 자아에 의해 만들어진 삶, 세계라는 점에서 비현실적이라고는 할 수 없다(Lucian Boia, 2000: 33). 때로 상상력은 "세상 속에 놓인 인간의 상황을 보다 좋은 것으로 만드는, 미래를 내다보는"(장경렬 · 진형준 · 정재서, 1997: 248) 역동적 힘을 담지하고 있으며, 한계를 뛰어 넘어 앞으로 나아가는 데 도움이 되기도 한다(Rosemarie Meier-Dll' Olivo, 2009: 135).

> 자서전을 마무리하던 무렵 나는 일 년 가까이 하던 파트타임을 그만두고 새로운 일을 구해야 하는 상황이었다. 나는 새로운 사람을 만나거나 새로운 환경을 접하는 것을 어렵고 불편해 했는데, 자서전을 쓰기에 앞서 읽었던 책과 자서전을 생각하니 어차피 내가 나서야 하는 상황이라면 적극적이고 긍정적으로 임하자는 생각이 들었다. 아주 확실히 느껴지는 생각의 변화였다. 그렇게 생각이 변하니 행동이나 말에서 자신감이 생기고 사람을 대할 때 들곤 했던 두려운 마음이 없어져 표정도 한결 밝아지는 기분이었다. …… [파트타임 일에 힘들어 지쳤을 때] 한참 도서관이나 집에서 혼자 책상에 앉아 자서전

복사본을 꺼내서 자주 읽어봤다. 읽다 보면 지금 처한 현실의 고단함이 아주 작은 일부이고, 앞으로 남은 긴 인생을 생각해보면 언젠가는 도움이 될 과정이라는 생각이 들었다. 또 어느 땐 내가 쓴 글이었지만 너무 상상력을 과하게 펼쳤나 하는 생각에 어이없는 웃음을 짓기도 했다. 그러는 새 나도 모르게 일을 하는 곳에서 일의 고단함을 즐기고 같이 일하는 여러 사람들에게서 배울 점을 찾아가는 습관이 생겼다. 내가 한계치라고 생각하고 만약 그 일을 중간에 그만 두었다면 인내를 배우는 법, 과정을 즐기고 미래를 좀 더 낙관적으로 내다볼 수 있는 내면적인 성장은 불가능했을 것이다. 자서전에서 내가 썼던 글의 일부분에서처럼 과정 그 자체에서 느껴지는 행복도 분명 존재한다고 생각했기 때문에 힘들다고 생각되는 순간이 닥쳐올 때마다 스스로를 다스릴 수 있는 기운이 생겨난 것 같다. (박연희, 「후기」, 2010)

박연희가 인문학(고전) 수업과 '미래 자서전 쓰기'를 통해 얻은 것이 있다면, 자아를 발견하고 더 나은 미래를 진지하게 모색한 것, 현재 스스로를 둘러싼 문제를 보다 긍정적인 시선으로 바라볼 수 있는 긍정적인 시선을 가지게 되고, 현재의 고단함도 언젠가는 미래의 삶을 풍요롭게 만들어 줄 것이라는 생각을 가지게 된 점, 내면의 성장이다. 이는 마음이 건강, 행복한 삶을 지향점으로 하는 인문치료의 궁극적 목표와도 일치한다(강원대학교 인문과학연구소, 2009: 20). 아울러 그 생각의 변화와 깨달음은 추상적인 생각에만 머물러 있지 않고 조금씩 실천에 옮겨지고 있다. 마지막으로 박연희는 '미래 자서전 쓰기'를 통해 "내가 누구인지, 궁극적으로 무엇을 원하는지" 알게 되었다고 말한다. '나는 누구인가'를 묻고, 스스로에게 답을 줄 수 있는 것만으로도(물론, 그 답은 변할 수 있겠지만) 보다 건강한 삶을 향해 나아가는 치유의 과정이라고 말할 수 있다.

결코 적지 않은 노력을 요구하는 '미래 자서전 쓰기'가 누구에게나 유용하고, 즐거운 글쓰기가 된다고 말할 수 없다. 또한 이를 통해 누구나 깨달음을 얻으며 건강한 자아를 구축할 수 있다고 단정할 수도 없다. 이는 현재 우리 사회에 통용되는 다양한 글쓰기를 비롯한 방법과 치료 기법이 누구에게나 동일한 효과를 담보하지 못하는 것과 마찬가지다.

다만 자기를 표현하고자 하는 욕구가 강하고, 다른 연령대에 비해 '글쓰기'에 상대적으로 거부감이 덜하며, 미래에 대한 고민이 어느 때보다 많은 대학생들에게 '미래 자서전 쓰기'는 자기 자신을 알아가고 궁극적인 꿈을 알아가는 과정이 된다는 점에서 유용한 글쓰기의 방법이 될 수 있다고 할 수 있다. 창작의 글쓰기, 미래자서전 쓰기는 때로 잊고 싶은 자신의 과거도 삶의 일부로 받아들일 수 있는 힘, 그리고 미래를 낙관하고 긍정적으로 바라볼 수 있는 힘을 기르게 된다.

인문학은 미래를 만드는 과정에서 충분한 자양분이 된다. 인문학 공부가 결여된 공부, 현실에 뿌리를 내리지 못한 상상은 공상에 머물기 쉽다. 불통(不通)의 삶, 성찰이 결여된 삶은 탐욕스런 성공 신화로 끝날 수 있다. 인문학을 통해 부단히 삶의 의미와 목적을 묻고, 숱한 관계 속에서 스스로를 성찰하고 소통하는 법을 배우는 과정에서 만들어진 상상력, 그 상상력으로 만들어낸 미래 자서전은 현실에 튼튼한 뿌리를 내린 건강한 미래의 조감도가 된다. 자기 자신과 세상을 바라보는 건강한 시선은 앞으로 다가올 미래를 긍정적으로 바라보게 한다는 점에서 치유적이고, 앞으로 건강한 삶을 지향할 수 있다.

4. 인간의 길, 치유의 길을 향하여

김예슬은 '인간의 길'을 걷기 위해 '큰 가르침(大學)'을 준다는 대학을 그만둔다고 당당하게 선언하면서 대학을 졸업장이나 주는 브로커로 단정하고, 더 나아가 '나의 적'이라고 언명하였다(김예슬, 2010: 12). 김예슬이 현재의 대학에 극도의 실망감을 느낀 것에 대해서는 안타깝고 미안한 마음이 들지만, 그녀의 모든 생각에 동의하지는 않는다. 그녀의 항변은 대학 강의에는 최첨단의 이론과 지식도 포함되어야 하지만, 자기를 성찰할 수 있는 능력, 삶에서 맞부딪혔을 때 이겨낼 수 있는 능력의 배양도 동시에 이루어져야 한다는 항변, 외침으로 들린다.

대학에서는 '인간다운 길'을 가르치지 않는가? 그렇다고도, 아니라고도 말하기 곤란하다. 그러나 분명한 것은 최근의 대학이 시대가 요구하는 인재를 길러낸다는 명목 아래 첨단 기술과 지식 흡수에 높은 가치를 부여하고 있다는 점이다. 학생들은 조직에 부합한 훌륭한 인재(전문가)로 길러지는 것이 사실이지만, 그들의 삶이 어떠한지에 대한 관심은 상대적으로 적은 것처럼 보인다. 인간은 실로 대단하고 위대한 존재지만, 자신의 한계를 모르고 앞으로 나아가기만 할 때에는 결국 인간성을 벗어난 존재, 즉 기계가 되고 만다(강유원, 2010 : 14). 인문학은 사람이 거대한 기계의 부품으로 전락하는 것을 거부하고, 사람이야말로 유기적 전체 속에서 개성을 가진 살아있는 개체이자 그 질서 속에서 조화를 이루는 궁극적 존재임을 말한다.

최첨단의 학문인 '과학'으로 설명할 수 없는 것들은 너무나도 많다. 과학이 궁금증 하나를 해결하는 동안 '사람', '사람다움', 그리고 '인간다운 삶'이라는 해묵은 주제는 계속해서 답을 요구할 것이다. 시간에 따라, 또 문화의 상이함에 따라 행복과 인간다운 삶에 대한 기준은 변화를 거듭할 것이다. 그러나 분명한 사실은 사람은 사회적 존재라는 것이고, 사람들과 만들어내는 삶 속에서 스스로의 존재 의미를 찾아가게 될 것이라는 점이다. 동서고금의 수많은 사람들의 역사가 쌓여 이루어진 고전 인문학은 지금 이 시대에 생기와 더불어, 낡았지만 여전히 새로운 지혜를 불어넣어 그 답을 찾아가는 실마리를 찾도록 길을 안내할 것이다.

※ 이 글은 다음의 논문을 수정 보완한 것이다. 유강하, 「인문학, 인간다운 삶을 빚다 – 미래 자서전 쓰기의 인문치료적 접근」(『中國語文學論集』 65(2010): 601–623)

시 중심의 인문치료 : 중년여성의 행복 찾기

유 건 상

근대 이후 문명과 의학기술의 발달로 인류의 평균 기대수명이 크게 연장되었다. 우리나라도 지난 수십 년간 괄목할만한 경제성장과 정치 · 사회적인 변화를 경험하게 되었다. 특히 국민의 중위연령(median age, 전체 인구를 연령 크기순으로 일렬로 세워 2등분한 연령)이 1970년 18.5세에서 1997년 처음으로 30대(30.3세)로 진입함으로써 중위연령 30세 이상으로 정의되는 고령화 국가에 속하게 되었다. 그 결과 인구구조에서 중년층이 가장 큰 비율을 차지하고 중년기가 장기화됨에 따라 중년기의 개인은 지나간 삶을 되돌아보고 후반부의 삶을 준비해야 하는 과제를 안게 되었다.

인간의 발달은 연속적인 변화와 환경적 · 심리적 요인과 상호작용에 의해 이루어지므로 중년기에 대한 명확한 구분은 쉽지 않고 학자마다 그 견해가 다르다. 성인발달에서 중년기는 청년기와 노년기 사이의 중간단계로, 대부분의 학자들은 이 시기를 인생단계에서 결정적 전환기, 혹은 변동의 시기로 본다. 중년기에 대한 개념은 융(Carl G. Jung)에 의해 발전되었는데, 그는 40-60세 사이의 삶을 중년기로 본다. 그는 이 시기가 개별화가 부활하는 시기로,

그간 외적으로 향하던 에너지를 내적인 세계, 즉 영적인 세계로 전환시키지 못할 때 위기를 겪게 된다고 주장한다(권두승 외, 2003: 75). 레빈슨(D. J. Levinson)은 중년기를 과도기 혹은 마음의 혼란기로 정의하고, 이 시기의 중요한 과업은 자신에게 발생하는 일에 당면하여 느끼고 변화하는 것이며 그러한 전환기적 역할에 적응하지 못할 때 생동감을 잃게 된다고 말한다. 따라서 이 시기에 다수의 사람들은 삶의 의미와 가치에 대한 회의와 정체감의 혼돈 및 갈등을 경험하고, 삶의 후반부를 새로이 준비해야 하는 과제를 감당하면서 갈등과 위기를 겪는다.

특히 여성은 사회문화 · 심리적으로 남성과 상이한 상황 속에서 성장하고 살아왔으므로 남성과 연령에 따른 공통적 특성들을 공유하기도 하지만, 여성만의 고민과 삶을 구성하면서 남성과는 다른 위기증상을 나타낸다(김재인 외, 2001: 202). 허록(Hurlock)은 중년기의 여성이 생식능력과 성적매력의 상실, 신체적 노화의 진행, 자녀 양육의 책임감과 질병, 지인의 죽음 등으로 우울 증세나 정신적 질환, 신체적 변화로 인한 심리적 · 정서적 장애를 겪기도 하지만, 지금까지의 준비와 노력에 의해 이루어 놓은 성과를 거두어들이는 인생의 절정기를 맞이한다고 말한다. 즉 중년기 위기가 부정적인 것만은 아니며 자아실현에 더욱 적합한 인생구조를 구축하는 혜택이 따르기도 하는 것이다. 중년의 위기는 도전과 기회를 내포한 발달 과정의 정서적 과업으로 개인의 대처 능력에 따라 재성장의 기회가 될 수도 있는 것이다(레빈슨, 1998: 69).

그동안 전통적인 한국사회에서 중년여성은 중년남성에 비해 수

동적이고 의존적인 존재, 직업적 경쟁력이 없는 존재로 인식되어 왔다. 그러나 여성의 역할이 점차 확대되어가고 있는 현시점에서는 더 이상 그렇지 않다. 한 가정의 정신적 지주로서 그들의 정신건강은 가족은 물론, 더 나아가 사회의 정신건강에 영향을 미칠 수 있다. 그러므로 성숙하고 책임감 있는 중년여성의 역할이 필요한 현대 사회에서 그들이 스스로 삶의 전환기적 위기감에 대처하는 능력을 갖추는 일은 개인은 물론 가정과 사회의 행복과 안녕을 유지하는데 중요하다.

본 연구는 중년여성 A(51)에 대한 인문치료 적용 사례이다. A는 남편과 사별한 중년여성으로 앞날에 대한 걱정으로 행복하지 못하다고 느끼는 상태이다. 구체적인 치료방법은 A에게 시 감상 및 창작 중심에 미술을 보조적으로 활용한 인문치료를 실시하여 심리적 부담감과 위축된 자아를 보살펴주고 자신감을 북돋아줌으로써 자기표현 능력을 향상시키고 행복감을 증진시키는 것이다. 시를 읽거나 쓰고 그림을 그리는 과정을 통해 자신의 내적 상처에 대해 표현하도록 유도하고 억눌려있던 갈등이나 분노 등을 분출시켜 문제의 진행을 예방하고 긍정적 사고를 갖도록 유도하는 것이다. 따라서 본 연구는 A의 행복감에 초점을 맞추어 인문치료를 통해 그 방법을 모색해 보고, 인문치료의 중년여성에 대한 임상사례가 미흡한 임상현장에 기초자료를 제공함으로써 인문치료의 활용가능성을 살펴보고자 한다.

1. 행복감

대부분의 사람들은 행복한 삶을 추구한다. 일찍이 아리스토텔레스(Aristotle)는 인간의 행복은 너무나 중요하기 때문에 이 세상의 그 어느 것보다 우선한다고 말한 바 있으며, 대한민국 헌법 제10조에는 행복의 추구가 모든 국민이 인간으로서 가지는 보편적인 권리라고 명문화되어 있다. 그렇다면 행복감이란 무엇인가. 그것은 매우 주관적인 개념이어서 객관적인 실체로서의 행복감이란 존재하지 않겠지만, 국립국어원의 정의에 의하면 행복감이란 "생활에서 충분한 만족과 기쁨을 느끼는 흐뭇한 상태"이다. 다시 말해 행복감이란 그러한 기분을 느끼는 마음으로, 원하는 바가 충족되어 하등의 부족함이나 불안감 없이 생활전반에 걸쳐서 지속적으로 느끼는 만족감, 평화로움, 충만함 같은 긍정적인 정서라고 광의적으로 해석할 수 있을 것이다.

리프(C. D. Riff)는 행복한 삶의 개념을 자신을 있는 그대로 수용하고, 긍정적인 대인관계를 지속적으로 유지하며, 자신의 행동을 스스로 조절하는 능력이 있고, 환경을 선택하고 변화시킬 수 있는 주위 환경에 대한 통제력이 있으며, 삶의 구체적인 목적이 있고, 자신의 고유한 잠재력을 실현시키고 성장시키려는 동기가 있는 삶이라고 정의한다. 브래드번(N. M. Bradburn)은 행복이란 삶에 대한 부정적 요인의 부재만을 의미하는 것이 아니라 긍정적인 감정이 우세한 심리상태를 의미한다고 정의한다. 김종로 역시 자신이 처한 환경에서 긍정적 측면을 찾아내는 일이 행복감 증진을 위해 개인이 노력해야 할 중요한 일이라고 언급함으로써 행복감과 긍정의 상관관계에 대해 논한다(2010: 374).

이처럼 행복감은 긍정적인 정서를 포괄함과 동시에 개인이 주관적으로 인식하는 감정이라는 특징을 지닌다. 본 논문에서는 이러한 행복감에 대한 개념을 적용하여, 인문치료가 중년여성의 행복감에 미치는 영향을 탐구한다.

2. 연구방법

2.1 연구대상

본 연구의 대상은 B시에 소재한 모재활병원에서 간병인으로 일하는 A이다. 그녀는 연구자가 재활병원에 입원중인 환자 5명을 대상으로 “시와 미술을 활용한 행복 찾기 프로그램”이란 제목으로 진행한 인문치료 회기 첫날, 자신이 간병하는 C를 수발하러 왔다가 참여의사를 표명해 동참하게 된 케이스다. A를 연구대상으로 선정한 이유는 사전 검사 결과 그녀가 심리적으로 위축되고 우울한 상태였기 때문이다. 그녀는 자신의 위축된 상황을 잘 알고 있었고, 본 프로그램을 통해 이를 극복하고자 하는 소망을 가지고 있었다. 그래서인지 회기 내내 진지한 자세로 프로그램에 임했다. 연구대상 A의 개요는 〈표 1〉과 같다.

〈표 1〉 연구대상 A의 개요

연령	- 만 51세 (여, 간병인)
가족관계 및 경제력	- 15년 전 남편과 사별, 자녀 없음 - 간병인으로 근근이 살아감
전반적 특성	- 긴 생머리를 하나로 묶은 소녀 같은 외모와 감성이 풍부. - 수년간 간병해 온 C와의 관계가 매우 각별, C와 수양모녀 관계 맺음. - 가족도 경제력도 없는 현재와 그로 인한 미래에의 불안감이 큼.
행복에 대한 언어표현의 특성	- 과거를 언급 할 때 "행복," "사랑," "그리움" 등의 어휘 자주 사용 : 남편과 부친 생전시의 행복한 과거를 자주 언급. 매우 과거 지향적. - 미래를 이야기 할 때 "불안," "걱정," "두려움" 등의 어휘 자주 사용 : 경제력 없이 홀로 늙어가야 하는 앞날에 대한 불안함을 "가족도 없고, 돈도 없는데," "늙어서 병들면 안 되는데..." 등의 말로 자주 토로.

2.2 연구도구

2.2.1 동적 집-나무-사람(Kinetic-House, Tree, Person: KHTP) 그림검사

KHTP 그림검사는 상호작용이 나타나지 않는 HTP(집 · 나무 · 사람 그림검사)에 역동성을 보완하여 그림을 전체적으로 보게 함으로써 내담자의 자아상과 환상세계, 환경과의 상호 작용을 보게 하고, 자기인식과 환경과의 관계를 이해할 수 있게 한다.

이 그림검사에서, 집은 내담자의 자아상이 투사되어 그의 성격이나 정서에 영향을 주었을 가정환경을 파악하는데 용이하며 개인생활의 물리적 측면을 반영한다. 나무는 내담자의 기본적인 자아상을 나타내어 그의 깊고 무의식적인 감정과 성숙도, 그리고 정서적으로 혼란스러운 특징들을 파악하기에 용이하며 그의 개인적 변화과정을 반영해준다. 사람은 자기 신체 이미지와 자아개념에 대해서 의식적으로 느끼는 바를 파악하는데 용이하며, 나무와 상호작용함으로써 내담자 자신이나 자아기능을 더 많이 반영해 줄 수 있다. 이러한 각각의 요소들을 한 장의 그림에 그림으로써 그림의 전체적인 평가, 형식적 분석, 내용분석을 통해 내담자의 특성을 파악하는데 용이하다. 따라서 집, 나무, 사람의 상호작용 및 관계는 그리는 사람에 의해서 표출되는 시각적 은유를 반영해주며 언어의 한계에서 벗어난 자유로운 표현이 가능하게 한다(김동연 외, 2006: 144-49).

본 연구에서는 A의 내면 변화를 살펴보고자 KHTP 그림검사 시의 태도, 위치와 순서, 세부묘사 등을 중심으로 변화를 고찰한다.

2.2.2 행복수준 측정검사

본 연구에서 사용한 행복수준 측정검사는 김형태가 2005년에 개발한 행복수준의 정도를 측정한 도구이다. 이 검사는 자기 보고형 검사로 간단한 설명을 들은 피검사자가 검사자 없이 20개의 설문지에 스스로 답을 하도록 되어있다. 이 도구는 자신에 대한 정서적, 인지적 영역을 포함하고 있으며 점수 범위는 0점에서 48점이다. 여기서 총점의 크기는 행복수준과 반비례한다. 다시 말해 총점이 높을수록 행복수준이 낮으며, 총점이 낮을수록 행복수준이 높다고 할 수 있다. 김형태는 물론 이 평가가 절대적인 것은 아니지만, 행복과 관련된 모든 변인들을 분석해 본 결과, 어떤 사람이 대표적으로 이 검사에서 제시된 특성이 강할수록 그만큼 더 행복하다는 것이 증명되었다고 설명한다(2007: 299-300). 그러므로 일반적으로 이 검사문항에서 긍정적인 방향으로 대답한 사람일수록 행복한 삶을 살아갈 확률이 그만큼 높다고 할 수 있다.

2.3 연구절차

본 연구는 B시에 소재한 모(某)재활병원에서 2011년 4월 13일부터 2011년 6월 8일까지 회기마다 1시간, 주 1회로 총 8회 실시하였다. 본 연구의 절차는 〈표 2〉와 같다.

〈표 2〉 연구절차

절 차	일 시
사전검사	2011년 4월 14일
인문치료 프로그램	2011년 4월 21일 - 6월 1일
사후검사	2011년 6월 8일

2.4 인문치료 프로그램

본 프로그램은 연구의 목적과 가설에 맞추어 단계별 목표를 다음과 같이 설정하였다. 초기(신뢰형성 단계)는 관계형성과 친밀감 형성기로, 연구자와 내담자간, 내담자과 내담자간의 상호작용과 자연스러운 활동의 유도로 자발적인 참여를 하게 했다. 중기(자기이해 및 탐색 단계)는 적극적인 자기표현 단계로, 이를 통해 자기 탐색과 현실수용 및 긍정적 사고 확립의 기회를 가지게 하였다. 종결기(수용 단계)는 자신감 획득 단계로, 긍정적 경험을 통해 자신감을 회복하고 미래를 계획하며 행복감을 증진시킴을 목표로 하였다.

프로그램을 구성함에 있어 유념하였던 것은 시의 도입시기와 시의 선정이었다. 대부분의 사람들은 시 자체를 어려워하므로 상호간에 신뢰감이 충분히 형성된 중기부터 시 읽기와 쓰기를 도입하였다. 시의 선정은 내담자들의 상황과 유사하되 긍정적인 결말을 지닌 것들로 하였다. 우울한 내담자들은 희망적이고 낙관적인 주제를 지니되, 슬프고 우울한 분위기의 시에 도움을 받기 때문이다. 그러한 시는 그들로 하여금 그들이 혼자가 아니며 타인들도 자신들처럼 슬퍼하고, 또 슬퍼하다가 회복되기도 하며, 이러한 감정의 변화가 부끄러운 것이 아니라는 것을 알게 한다(Leedy, 1985: 82).

각 회기의 전반적인 프로그램 구성은 다음과 같다.

〈표 3〉 시와 미술을 이용한 인문치료 프로그램

단계	회기	회기별 목표	주요활동 내용	재 료
신뢰 형성	1	프로그램 소개 및 사전검사	- 소개/소망, 현재 느낌 나눔 - 사전검사	- KHTP, 행복수준 측정검사지 - 색지, 필기도구
	2	긴장해소와 친밀감 형성	- 연작 동화 만들기 - 낙서기법 - 협동화 그리기와 나눔	- 도화지(4, 8절지) - 회화재료, 풀, 가위 - 명상음악CD
자기 이해 및 탐색	3	과거를 추억하고 현재를 되돌아 봄	- 내 삶의 파노라마 그리기 - 시쓰기	- 도화지, 채색도구 - 명상음악CD
	4	가족/친척관계에 내모습 통찰하기	- 시 감상과 나눔 - 손바닥 그리기와 편지쓰기	- 류시화, 〈바람 부는 날의 풀〉 - 활동지, 채색도구

	5	나의 장점 키우기	- 시련을 이겨낸 작가의 글 읽고 감상 나누기 - 감사한 것 찾아 시쓰기	- 장영희, 〈살아온 기적, 살아갈 기적〉 - 필기도구
	6	긍정적인 사고방식으로 살아가기	- 걱정거리 던져버리기 - 걱정은 이제 그만에 대한 개인시와 협동시 짓기	- 김은자, 〈근심의 별에게〉 - 포스트잇, 한지, 풀, 가위
수용	7	나의 미래 그려보기	- 나의 꿈 명상하기 - 콜라주와 시쓰기	- 활동지, 필기도구 - 명상음악 CD
	8	프로그램 마무리	- 프로그램 정리 - 사후검사	- KHTP, 행복수준 측정검사지 - 활동지, 필기도구

3. 연구결과

3.1 회기별 변화

3.1.1 초기단계 : 1-2회기

초기단계에서는 신뢰감 형성을 위해 소개와 소망, 현재의 느낌 나누기, 닉네임 짓기, 낙서와 협동화 그리기를 하였다. 첫날, A는 프로그램에 참여하게 되어 매우 기대되고 조심스럽다며 15년 전 고향을 떠나 여러 일을 전전하다 간병인이 되었다고 자기소개를 하였다. 그녀는 본인의 특징이나 정체성을 가장 잘 나타낼 수 있는 닉네임을 온라인상에서 항상 사용한다는 “나비”로 정했다. 이는 자유롭게 훨훨 날아다니고 싶은 본인의 희망사항이 담긴 것이라는데, 연령에 비해 소녀적 감성이 풍부한 그녀의 이미지와 잘 맞는 것 같다. 한편으로는 아직 현실에 단단히 뿌리를 내리지 못하고 부유하는 그녀의 상황을 대변하는 듯도 했다.

협동화는 눈을 감고 명상 음악을 들으면서 손을 허공에 대고 마음이 흐르는 대로 낙서를 하고, 각자 자신의 낙서에서 이미지를 찾아 채색하여 오린 후 내담자들과 상의하여 이미지들을 배치하고 더 필요한 것을 그려 넣어 하나의 그림으로 완성하기로 진행되었다. 낙서는 내담자들의 경직된 면을 자유롭게 하고 내면의 감정을 표출시키기 위해 사용하였다. A는 명상 시, 양손을 움직이며 춤추는 동작을 하였는데 마치 춤추는 나비를 연상시켰다. 그녀는 본인의 낙서에서 삶의 버팀목이 되는 애완견 "쭈"의 이미지를 찾아 채색하였고(그림 1), 협동화 작업 시 "강아지가 혼자라 외롭다"며 그 옆에 배와 낚시하는 남자를 그려 넣었다(그림 2). 그녀의 외로운 현실을 잘 나타내 주는 것으로 해석되었다. 제목은 모두의 동의하에, "봄나들이"로 정하였다.

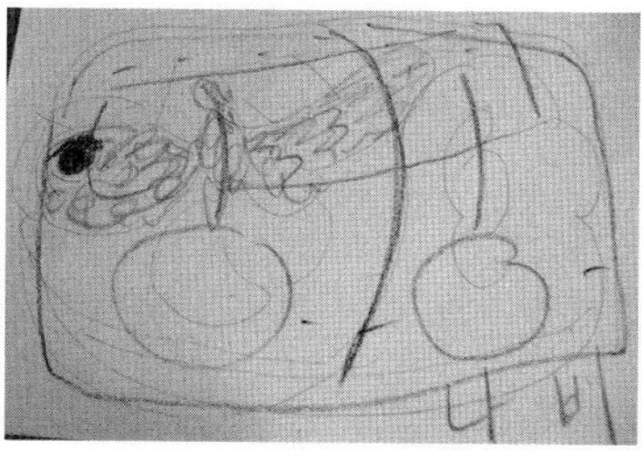

〈그림 1〉 낙서

〈그림 2〉 협동화

3.1.2 중기단계 : 3-6회기

중기단계에서는 내담자의 감정이 표출된 작품을 통해 내면을 탐색함으로써 자신을 인식하고 현실수용 및 긍정적 사고를 확립하는 데 주력하였다. 이 단계에서는 내 삶의 파노라마 그리기와 시 쓰기, 손바닥 그리기와 편지쓰기, 시련을 이겨낸 작가의 글을 읽고 내가 가진 감사해야 할 요소들 10가지 이상 찾아보기, "걱정은 이제 그만"에 대한 시 쓰기를 하였다.

내 삶의 파노라마 그리기와 시 쓰기는 내 삶의 의미 있던 시기를 추억하고 현재를 되돌아보는 시간으로, 과거를 추억하기에 앞서 연작동화 창작을 함으로써 유년시절로 돌아간 느낌을 갖게 하여 과거로의 회상이 용이하도록 유도하였다. 연작동화는 "목소리를 잃어버린 원숭이"라는 제목으로 연구자가 먼저 "옛날 한 왕궁에 원숭이 한 마리가 살고 있었습니다"라는 문장으로 시작하였다. 내담자들은 한사람씩 번갈아 돌아가면서 다음과 같은 스토리를 완성하였는데, 모두들 매우 즐거워하였다.

목소리를 잃어버린 원숭이

> 옛날 한 왕궁에 원숭이 한 마리가 살고 있었습니다. -> 그 원숭이의 이름은 맘마였습니다. -> 맘마는 귀엽고 재간둥이여서 숲속 친구들의 사랑을 받았습니다. -> 그에게는 어여쁜 여자 친구 미미가 있었습니다. -> 여자 친구가 생긴 이래로 맘마는 외롭지 않았습니다. -> 그러나 친구들에게 소홀하여 친구들은 섭섭하게 여겼습니다. -> 미미는 맘마에게 노래를 불러 달라고 했습니다. -> 맘마는 목청껏 노래를 불러 주었습니다. -> 어느 날, 맘마는 목감기에 걸렸습니다. -> 그래도 미미를 위해 노래 부르다 목이 완전히 잠겨 쉿소리만 나게 되었습니다. -> 미미도 목감기에 걸렸고, 맘마가 노래 불러줄 때 얼마나 아플까 생각했습니다. -> 맘마는 의사의 도움으로 목이 나았고, 숲속 모든 친구들에게 노래를 불러 주었습니다. -> 그 노래를 들은 친구들은 모두 행복했습니다.

위에서 줄친 부분이 A의 것으로, 서로에게 헌신하며 삶을 나눌 동반자가 있었으면 하는 소망과 주변사람들에게 즐거움을 주면서 행복하게 살고 싶은 그녀의 소망이 드러나 있음을 알 수 있다.

내 삶의 파노라마 그리기는 명상음악을 들으며 떠오른 내용을 그림으로 그려보기로 진행하였다. A는 어릴 적 부친의 방앗간 앞에서 곡식 낱알 주워 먹는 참새들, 그것을 잡아 구워주시던 부친, 남편과 사별 후 잠시 교제하던 남자를 묘사하고 제목을 "시골 길"로 적었다(그림 3). 남자를 박스 안에 넣은 이유는 그가 "사별한 남편과 너무 닮아 남편의 환생"이라 생각하고 사귀었다며, 인연이 되지 못했기에 박스에 넣었는데 이제 와 생각하니 미안하다고 하였다. 또한 부친에게 두 겹의 옷을 입힌 이유는 부친 생존 시에 비싼 옷을 사드리지 못한 죄송한 마음의 표현이라고 하였다. 평화롭던 유년과 슬픔을 겪은 시절이지만, 지금의 본인이 있게 해준 토대가 된 소중한 시절이라고 하였다. A는 그 시절에 대한 그리움과 회한 등으로 감정이 격해진 듯 눈물을 보였고, 진정하느라 시간이 지체되어 시 쓰기는 하지 못했다.

〈그림 3〉 내 삶의 파노라마

손바닥 그리기와 편지쓰기는 가족의 소중함을 인식하고 가족관계에서 내 모습을 통찰하는 시간이다. 진행은 관계의 소중함을 노래한 류시화의 시 「바람 부는 날의 풀」 낭송으로 시작하였다. 명상 음악을 배경으로 시를 천천히 두 번 읽어 준 후, 시에 대한 감상을 나누었는데 "서로 도와주는 삶"에 대해 생각했다는 반응이 많았다. 나눔 후, 도화지에 손바닥을 펼쳐 그대로 그린 다음, 각 손가락마다 어려울 때 도움을 청할 누군가가 연상되는지 쓰고, 그 중 한 사람에게 편지쓰기를 하였다. A는 엄지손가락부터 어릴 때 돌아가신 어머니, 5년간 피아노를 배웠던 선생님, 남편을 잃고 힘들 때 많은 도움을 주었던 사장님, 수양엄마, 애완견 순으로 적었다. 다음은 사장님에게 쓴 편지 전문이다.

사장님,

사랑하는 그이를 보내고 긴 세월을 보내며
지내온 것에 대해 감사와 고마움뿐입니다.

눈물 속에 자연에 속삭이며
이런 저런 고통을 이겨내는 동안,
세상의 넓은 바다를 걸어보라던 사장님.

많은 것을 배우며 편안하고 행복했으며
지금이라도 미안하고 감사하다고 말하고 싶습니다.

힘들고 어려울 때 생각이 많이 납니다.

A는 여전히 사별한 남편을 그리워 하지만 도움을 청할 사람 목록에 그가 없는 것으로 보아 남편과 본인이 사는 세계가 다름을 인정하고 있으며, 자신의 지나 온 이야기를 스스럼없이 하는 것으로 보아 그 슬픔을 잘 극복 중인 것으로 해석된다. 회기를 마치며 현재의 기분을 한 문장으로 묘사하기를 하였는데, A는 "마음이 뭉클하면서도 호수처럼 잔잔하다"고 하였다.

시련을 극복한 작가의 글을 읽고 내가 가진 감사해야 할 요소들 10가지 이상 찾아보기는 장영희의 「살아온 기적, 살아갈 기적」을 활용하였다. 에세이를 읽고 나눔을 하였는데 "병을 극복한 저자가 대단하다, 감동적이다, 병을 앓기 전과 후의 작가의 생각이 다른 것 같다, 지금 나의 상황이 힘들지만 감사하다" 등의 반응이 나왔다. 다음은 A의 시 전문이다.

감사한 것들

사람으로
태어난 것에 감사하다.

숨을 쉬고
공기마시며
살아있음에 감사하다.

들녘에 민들레꽃도 살아남는데,
하물며 사람임에야...
자연은 아름답다.

간직하며
생각하며
감사하며…

A는 이 시를 잡지와 신문에서 드넓은 초원, 하얀 단층 집, 선글라스를 쓴 여인, 성경책 등의 그림을 오려 콜라주 장식을 하였다. A는 선글라스의 여인이 본인이며 비바람 피할 수 있는 조그만 집이 있으니 참으로 감사하다고 하였다.

"걱정은 이제 그만"에 대한 협동시 쓰기는 긍정적인 사고방식을 유도하는 시간으로 김은자의 「근심의 별에게」를 활용하였다. 연구자가 시를 한 번 낭송해주고 나서 모두 함께 큰 소리로 낭송한 후, 현재 자신을 짓누르는 걱정거리를 구체적으로 색색의 포스트잇에 적어 A4용지에 붙인다. 걱정들을 하나씩 떼어 휴지통에 던져 버리되, 구기거나 밟거나 찢기 등 하고 싶은 대로 해서 던진다. A는 "노후 대비를 어떻게 해야 하나, 나를 위해 무엇을 해야 하나, 가족도 없는데 몸이 많이 아프면 어쩌나" 등 3가지를 적어 휴지통에 던졌다. 이어 마음에 드는 색의 한지 위에 "걱정은 이제 그만"이란 주제로 시를 쓴 후, 낭송과 나눔을 하였는데, A는 연보라색 한지 위에 다음과 같이 적었다.

걱정은 이제 그만

일이 있을 때는
일로 풀며
시간적 여유가 있을 때는
걱정은 이제 그만.

살아있다는 존재만으로
만족하며
걱정은 이제 그만.

생명이 있는 한
감사와 행복을 느끼며
걱정은 이제 그만
멈추자 여기서.

나눔 후, 각자 본인의 시 중 마음에 드는 부분이나 행을 찾아오려서 구성원들과의 상의 하에 시행의 순서를 정하고, 도화지 위에 붙여 협동시를 완성하였다. 다음은 협동시 전문이고, 첫 행이 A의 것이다.

살아있다는 존재만으로

살아있다는 존재만으로
걱정하지 말기로 하자.

세상 살면서 중요한 것은
내 생각 보다는
이웃을 생각하면서
한 마음이 되어서 즐겁게 사는 것이다.

걱정은 마음의 평화를 파괴하는 태풍이다.
집으로 가겠습니다.

협동시 중 마음에 들었던 어휘나 시행은 무엇인지 각자 이야기하고 회기를 종료하였는데, 모두 A의 "살아있다는 존재만으로"가 좋다고 하여 제목도 그리 정했다.

3.1.3 종결단계 : 7-8회기

종결단계에서는 나의 꿈 그려보기와 "인문치료를 마치며"란 글쓰기를 하였다. 나의 꿈 그려보기는 현 시점에서 나의 미래를 계획해 보는 시간으로, 그 전단계로 어릴 적 꿈에 대한 나눔을 하였다. A는 어릴 적에 선생님이 되고 싶었는데, 젊은 시절 잠시 피아노 학원을 운영했으므로 어느 정도는 꿈을 이룬 셈이라고 하였다. 나눔 후, 음악을 들으며 각자 꿈꾸는 미래의 모습을 구체적으로 명상하고 이를 토대로 신문과 잡지 등을 이용하여 콜라주를 하였다. A는 잡지 등을 이용해 15년 전에 불타 소실되었다는 20여년을 살았다는 기와집을 묘사하였다. 그때는 몰랐는데 지금 생각하면 참 행복했다면서 피아노 연주회하는 소녀의 모습, 화초 등을 오려 장식하였다. 예전에 커다란 기와집에서 피아노를 치며 행복하게 살았듯이, 앞으로 크진 않아도 소박하고 편안한 나만의 집에서 피아노를 치면서 애완견과 행복하게 살고 싶다고 하였다. 콜라주 내용을 기초로 나의 꿈에 대한 시 쓰기를 하였는데, A의 시는 동료들의 굉장한 환호를 받았다. 다음은 A가 쓴 시의 전문이다.

꿈

마음 밭에 꿈을 심었네.
뿌리고
너와 함께 심었네.

같이 지내자고
마음 밭에 꿈을 심었네.
새 꿈을 심었네.
빛, 소리와 함께 꿈이 보이네.

여기에
사람들이여
꿈과 함께 하자고 나는 청하네.

이 시에는 밝은 빛과 행복한 소리로 가득한 미래를 꿈꾸는 A의 소망이 씨앗을 뿌리고 수확하는 농부의 이미지로 잘 형상화 되어있다. 게다가 마지막 연은 화자의 행복한 꿈에 주변사람들까지 초대함으로써 "나" 개인의 행복한 미래를 "우리" 모두의 행복한 미래로 확장시킨다. 이는 물론 A의 내면적 성장의 상징으로 보아도 좋을 것이다.

회기 마지막 날, "인문치료를 마치며"란 제목으로 소감 및 앞으로의 각오에 대한 글쓰기를 하였다. A는 인문치료가 "새 삶을 살아가는데 도움이 되었고, 즐겁고 긍정적인 시각으로 자신과 주변을 보도록 이끌었으며, 마음의 상처가 치료되었다"고 하였다. 앞으로 "열심히 노력하는 사람, 꿈을 이루는 사람, 매사에 긍정적이고 행복한 사람이 되고 싶다"고 하였다.

3.2 사전·사후검사 결과

3.2.1 KHTP검사

동적 집-나무-사람(KHTP) 검사는 내담자가 나타내지 않은 역동성과 내면의 세계를 시각적으로 파악하고 피드백의 자료로 활용하기 위하여 실시한 것으로써 A의 인문치료 전과 후 변화를 비교한 결과는 〈표 4〉와 같다.

사전검사 시, A는 그림그리기가 너무 오랫만이라 어색하다며 머뭇거리다 그리기 시작했는데, 일단 시작하자 거침없이 빠르게 그렸다. 그림은 대체로 A4용지 중앙에 여백 없이 꽉 차게 집-나무-사람 순으로 그렸는데, 집을 처음에 그리는 것은 세상·사회에 소속되고자 하는 욕구를 상징한다. A는 "과거의 가을날"이란 제목으로 15년 전 화재로 소실된, 격자창이 많아 거의 문화재 평가를 받았다던 옛집과 그 주변을 숲처럼 에워 싼 나무와 꽃, 그리고 각각 15년 전과 3년 전에 사망한 남편과 부친을 그렸는데, 나눔 시간에 행복하던 그때가 그립다며 눈물을 보였다. 〈표4〉에 보이듯 집에 출입문이 없고 격자가 많이 붙은 창문이 있는데, 이는 타인이나 외부와의 교류를 원하지 않는 폐쇄성 상징한다. 이것은 그린 순서와는 반대되는 해석인데, 아마도 의식적으로는 사회에 소속되고자 하지만 잠재적으로 이를 회피하려는 경향으로 풀이할 수 있을 것이다. 가느다란 줄기에 잎이 하나 밖에 없는 나목은 회피와 낮은 에너지,

그리고 삶의 의지의 부족을 상징한다. 만화처럼 단순한 형태의 사람은 인간관계의 회피를 상징한다. 게다가 죽은 사람들의 묘사는 A가 그들에게 사로잡혀 있음을 반영한다.

사후검사 시, A는 익숙한 듯 정성껏 그리기 시작했다. 그림은 중앙에 나무-집-사람 순으로 그렸는데, 나무를 먼저 그리는 것은 생활에너지와 성장을 의미한다. A는 주목나무 속에 형상화된 사람은 15년간 세상에 뿌리박지 못하고 부초처럼 살아온 자신이고, 햇빛이 환하게 들어오는 집 옆에 서 있는 행복한 표정의 여자는 미래의 자신이라며 제목은 "과거의 나와 미래의 나"라고 하였다. 커다란 창으로 햇빛이 환하게 들어오는 집은 환경과의 능동적인 접촉을 상징한다. KHTP 그림검사 해석 시, 뿌리가 묘사된 나무는 흔히 불안을 상징하나 여기서 나무는 A의 과거의 모습 묘사이므로 긍정적으로 풀이된다. 사람도 동체의 비율이 사전보다 맞으며 손가락과 옷 등 세부 표현이 증가하고, 특히 더 이상 과거의 죽은 사람이 아니라 미래의 행복한 자신을 묘사했다는 점에서 매우 발전적이다. 폐쇄적이고 과거지향적인 상태에서 개방적이고 미래지향적인 상태로 변모했다고 볼 수 있다. "온정에 대한 욕구를 나타내는" 우측 상단의 "태양"(김동연 외, 2006: 238)도 이를 뒷받침한다.

이처럼 A의 동적 집-나무-사람 그림검사 결과, 세부묘사와 동체의 균형 증가, 생활에너지와 성장의 가능성 증가, 주변과의 능동적인 접촉 증가가 드러나는 등 인문치료가 중년여성의 자기표현과 자신감 회복에 유의미한 효과를 내었고, 그 결과 행복감에도 긍정적인 효과를 미쳤음을 알 수 있다.

〈표 4〉 KHTP 사전 · 사후 그림검사 비교

	사 전	사 후
A의 그림		
검사 태도	- 머뭇거리다 그림 - 과거를 추억하듯 간간히 눈물	- 정성껏 오랜 시간을 들여 그림 - 옆 사람과 담소 나누며 즐거워 함
위치와 순서	- 대체로 중앙 - 집-나무-사람 순으로 그림.	- 중앙 - 나무-집-사람 순으로 그림.
내용	- 과거의 가을날 - 예전에 살던 집과 주변을 에워싼 나무들, 오래 전에 사망한 남편과 부친이 있는 행복한 과거의 풍경	- 과거의 나와 미래의 나 - 주목나무 속에 묘사한 15년간 부초처럼 살아 온 나, 햇빛이 환하게 들어오는 집 옆에 서 있는 행복한 나
전체적 분석	- 출입문 없고 격자창이 있는 집은 타인/외부와의 교류를 원치 않는 폐쇄성 상징 - 가는 줄기의 나목은 회피, 낮은 에너지, 생존 의지의 부족 의미 - 만화처럼 단순한 형태의 사람은 인간관계의 회피 상징	- 커다란 창으로 빛이 들어오는 환한 집은 환경과의 능동적인 접촉 상징 - 나무뿌리는 불안의 상징이나 자신의 과거 묘사이므로 긍정적 - 손가락과 옷 등 세부 표현 증가, 미래의 나를 묘사한 점에서 긍정적

3.2.2 행복수준 측정검사

인문치료가 A의 행복감에 어떠한 효과를 미쳤는지 알아보기 위해 실시한 행복수준 측정검사의 사전 · 사후 점수 차는 〈표 5〉와 같다. 총 48점 중 A의 사전검사 결과는 32, 사후검사 결과는 28로, -4의 유의미한 변화를 보였다.

〈표 5〉 A의 행복수준 측정검사 점수

구 분	사 전	사 후	검사 결과
행복수준 측정검사 점수	32	28	4점 감소

A가 20개의 문항 중 점수 차를 보인 항목은 1)당신은 얼마나 적극적인 사람인가, 5)당신의 사회성은 어떠한가, 7)나는 능력이 있는 사람이다, 12)나는 나 자신을 매우 좋아한다 등 4개의 부분이다. A는 사전검사에서 이 문항들에 대해 각각 그저 그렇다, 내향적이다, 아니다, 아니다로 답변했지만, 사후검사에서는 각각 매우 적극적이다, 외향적이다, 그렇다, 그렇다로 답변했다. 말하자면 자신감을 회복하여 본인에 대한 부정적인 평가가 긍정적으로 바뀌었다고 볼 수 있다. 이는 시와 미술을 활용한 인문치료가 A의 행복감 증진에 유의미한 효과를 미쳤음을 시사한다.

3.2.3 언어 표현 및 글쓰기 내용의 변화

2011년 4월에 처음 만난 A는 행복했던 과거에 집착하고 감정 조절이 다소 불안정한 상태였다. 과거를 언급할 때는 미소를 지으며 "행복," "그리움," "사랑" 등의 어휘를 자주 사용했으며, 과거를 추억하다 격해진 감정과 눈물 때문에 회기 진행이 원활하게 이루어지지 않은 적도 있었다. 첫날 자기소개를 할 때도 경제력 없이 홀로 늙어가야 하는 앞날에 대한 불안함을 "두렵다"고 표현하던 그녀는 회기의 진행과 더불어 사용 어휘와 글쓰기 내용이 긍정적으로 변하였다. 1회기에서 15년 전에 사별한 남편을 잊지 못하고 "외로운" 그녀는 "눈물 속에... 이런 저런 고통을 이겨내는 동안"(4회기), "사람으로 태어난 것에... 살아있음에 감사"(5회기)함을 깨닫고 "살아있다는 존재만으로/ 만족하며/ 걱정은 이제 그만"(6회기) 하자고 다짐한다. 그녀는 7회기에서 "마음 밭에 꿈을 심"고 그 꿈의 밭에 사람들을 초대하여 "꿈과 함께 하자고...청하"는 여인으로 변모하며, 8회기에 "마음의 상처가 치료되"고, "매사에 긍정적이고 행복한 사람이 되고 싶"은 소망을 가진 여인으로서의 자신을 천명한다. 말하자면 그녀는 오래전 사망한 남편과 부친이 있는 과거의 기억 속에 홀로 칩거하던 "행복하지 않은" 여인에서 자아를 찾고 타인들과 함께 "행복한" 미래를 꿈꾸는 여인으로 변모한 셈이다. 이는 A가 치료적 시 읽기와 쓰기, 그리고 미술 활동에 참여하여 긍정적이고 창조적인 노력에 개입되는 동안 감정배출을 하고 자기 탐색과 통찰을 거쳐 행복감이 향상된 결과라고 보아도 타당할 것이다.

우리나라는 지난 수십 년간 수직적인 경제성장과 정치 · 사회적인 변화를 경험하게 되면서 평균 기대수명이 크게 연장되고 중위연령이 30세 이상으로 정의되는 고령화 국가가 되었다. 그 결과 인구구조에서 중년층이 가장 비중이 커지고 중년기가 장기화됨에 따라 중년기의 개인은 지나온 전반부의 삶을 되돌아보고 미래의 후반부의 삶을 준비해야 하는 부담을 안게 되었다. 따라서 인생단계에서 결정적 전환기, 혹은 변동의 시기라 불리는 이 중년기에 다수의 사람들은 삶의 의미와 가치에 대한 회의와 정체감의 혼돈 및 갈등을 경험함과 아울러, 노후 준비라는 과제를 감당하면서 더욱 증폭된 갈등과 위기에 봉착하게 되었다.

특히 여성의 경우, 갱년기를 거치면서 신체적 변화와 심리적 위축감, 고립감 등의 문제에 직면하여 남성과는 다른 위기 증상을 겪는다. 본 연구는 이러한 중년여성의 문제를 인문치료를 통한 행복감 증진에 초점을 두어 접근한 인문치료 임상사례이다. 본 연구에서는 행복감을 긍정적인 정서를 포괄함과 동시에 개인이 주관적으로 인식하는 감정이라는 특징을 지닌 개념으로 상정하고, 이러한 개념을 중년여성의 행복감 증진을 위한 인문치료 사례연구에 적용하여 그 결과를 고찰하였다. 본 연구의 대상은 중년여성 A(51)로, 연구자는 2011년 4월부터 6월까지 주 1회, 1시간씩 총 8회기 동안 시 감상 및 창작 중심에 미술을 보조적으로 활용한 인문치료를 실시하여, 인문치료가 A의 행복감에 미치는 영향을 살펴보았다.

본 연구의 결과는 다음과 같다. 첫째, 인문치료는 중년여성의 회기별 자기표현을 증가시킨다. 둘째, 인문치료는 중년여성의 자신감을 회복시키고, 그 결과 행복감을 증진시킨다. 결론적으로 시와 미술을 활용한 인문치료는 중년여성의 행복감 증진에 긍정적인 변화를 가져왔다. 따라서 본 연구는 단일사례로서 객관화의 한계가 있지만, 인문치료는 중년여성의 행복감을 증진시키기 위한 중재 자료로 활용될 수 있을 것이다. 이상의 결론을 토대로 앞으로 보다 다양한 인문치료 프로그램의 개발과 실천적인 연구가 이루어지기 바란다.

※ 이 글은 필자의 논문 「중년여성의 행복감 증진을 위한 인문치료 사례연구」(『인문과학연구』 제33집 (2012): 477-501)를 수정 · 보완한 것이다.

V
언어 중심 인문치료의 실제

결혼이민자의 글쓰기를 통한 치유와 언어 분석

여성결혼이민자의 상실과 애도 언어

결혼이민자의 글쓰기를 통한 치유와 언어 분석

정 성 미

1. 들어가며

한국 사회에서 결혼이민자의 수가 급증하면서, 다문화 가정의 문제도 복잡하고 다양한 양상을 보이고 있다. 결혼이민자들이 이민생활에서, 결혼생활에서 겪게 되는 문제들을 그들 스스로 해결하기는 어렵다. 그래서 결혼이민자의 한국에의 적응은 이제 그들만의 문제가 아닌, 우리 사회가 함께 고민해야 하는 문제로 인식 전환이 이루어지고 있다. 사회 곳곳에서 다문화 가정을 위한 정책과 지원은 역차별의 이야기가 나올 정도로 많아졌다.

그러나 결혼이민자들을 위한 복지 차원의 접근은 역차별의 부작용뿐 아니라, 결혼이민자들에게 낙인 효과와 같은 열등 의식을 심어줄 수 있다. 결혼이민자들은 15, 20년을 살아도 이민자라는 이름으로 지칭되고, 각종 다문화 행사에서는 그 나라의 문화를 인정한다는 미명 아래 일회적이고 전시적인 행사에 그치고 마는 경우가 많다. 정책과 관련 행사에서 결혼이민자들의 주체적인 목소리는 잘 들리지 않는다.

결혼이민자들을 위한 행사 위주나 시혜적인 접근은 재고되어야 하며, 결혼이민자들이 결혼이민생활의 주체자로서 당당히 자신의 문제를 인지하고 해결책을 모색해 갈 수 있도록 이민 생활, 결혼 생활에서 오는 다양한 문제들을 자기 목소리로 말하고, 새롭게 인지하며 적극적으로 해결하려는 의지를 고취할 수 있는 활동이 필요하다.

일기프로그램은 여성결혼이민자들이 하루 하루 삶의 의미를 탐색하게 하고, 삶에 대한 관점을 점검하고 새롭게 변화시키기 위해 고안된 프로그램이다. 이봉희(2007:236-7)에서 일기를 '사적인 감정을 가장 자유롭고 솔직히 털어 놓을 수 있는 감정표현 글쓰기라고 정의하면서 감정을 자유롭게 표현하는 감정표현 글쓰기는 정서적, 정신적 문제를 치료해 주는 효과가 있다고 하였다. 또한 일기쓰기가 치료적 힘을 갖는 것은 글쓰기 과정 자체가 해결되지 못하고 저장된 감정을 처리할 수 있기 때문이라고 하였다. 또한 일기는 자신의 삶을 나누는 과정을 통해 자신과의 소통, 타인과의 소통이 통합적으로 가능하게 한다. 다른 참여자들과 자신의 삶을 나누면서 자신을 객관화하는 기회를 제공받게 됨으로써 건강한 자기 찾기를 할 수 있다는 장점이 있다.

에린 그루웰의 『프리덤 라이터스 다이어리』는 일기쓰기의 좋은 사례로 캘리포니아 롱비치의 윌슨고등학교의 교사였던 에린 그루웰이 문제아였던 학생들에게 〈안네 프랑크의 일기〉와 〈즐라타의 일기:어느 사라예보 아이의 삶〉을 지침 삼아 자신의 생각과 느낌을 쓰는 일기쓰기를 통해 학생들을 긍정적으로 변화시켰다. 에린 그루웰(2008:523-524)에서도 일기쓰기의 장점으로 "학생들은 글을 쓰면서 자신의 정체성을 더욱 분명하게 확인했고, 공동체 의식을 키웠으며, 자기 표현의 욕구를 발산했다."고 하였다. 또한 에린 그루웰(2008)의 서문에서 즐리타 필리포비치도 자신의 일기 쓰기의 효과에 대해 "나는 일기를 통해 글쓰기의 아름다움을 발견했다. 하얀 백지 위에 자신을 쏟아 부어 감정과 생각을 채우고, 영원한 기록으로 남기는 것은 아름다운 일이다. 그래서 전쟁이 지속된 2년 가까운 시간 동안 계속 일기를 썼다. 그것은 내게 모든 현실의 상처를 치유하는 과정이었다."라고 언급하였다. 즐라타 일기의 편집자는 "'현대의 안네 프랑크'라 불리는 즐라타 필리포비치는 민족과 종교 갈등으로 빚어진 보스니아 내전의 생존자다. 열한 살이 되던 해 사라예보에 전쟁이 터지면서 삶의 극적인 변화를 맞게 된 그녀는 무자비한 전쟁의 폭력과 죽음, 은신처에서의 소소한 일상을 자신의 일기장에 기록했다. 매일같이 죽음의 공포와 마주하면서도 미래에 대한 희망과 인간의 존엄성을 잃지 않은 어린 소녀 즐라타의 일기는 전 세계 사람들에게 깊은 감동을 전해 주었다고 하였다 (에린 그루웰, 2008:21).

일기를 적극적으로 치료법으로 활용한 예도 있다. 이봉희(2007:238)에서는 독특한 치료법으로 변형시킨 새로운 형태의 일기와 기존의 일기를 구분한다. 그러나 기존의 일기도 상당 부분 내적인 경험, 반응, 인식을 표현하고 있고, 일기가 삶의 기록이라는 것도 중요한 의미를 지니고 있기 때문에 본고에서의 일기쓰기는 내면의 추이를 따르는 일기만은 아니다. 그 이유는 참여자의 한국어 쓰기 능력과 연관된다. 여성결혼이민자들의 경우 내면의 경험과 인식을 계속적으로 표현하는 것은 상당한 한국어 능력을 요구하는 것이어서, 자유롭게 하루의 삶 속에서 중요하게 생각하는 인물, 대상, 사건 등을 중심으로 일기를 쓰게 하고, 그 일기를 매개로 자신의 삶을 이야기하는 과정에서 자신의 내면을 자연스럽게 표현할 수 있도록 하였다.

일기쓰기프로그램이 대상자들에게 미친 영향을 입증하는 것은 어렵다. 제한적이기는 하지만 일기쓰기프로그램 사전, 사후에 우울척도의 변화를 살펴 볼 것이고, 첫 일기와 마지막 일기의 어휘 비교를 통해 참여자의 사고나 감정의 변화 또는 차이를 살펴보려고 한다.

결혼이민자의 치유의 글쓰기 프로그램은 「찾아가는 다문화학교」라는 이름으로 진행되었다. 이 프로그램에 참여한 결혼이민자는 춘천 여성결혼이민자(10)로 아래의 표는 결혼이민자들의 이름 약자와 소재지와 국적이다.

번 호	이 름	소재지	국 적
1	STELLA (히)	춘천	베트남
2	BINAY(아)	춘천	필리핀
3	CHOEDEN(로)	춘천	티베트
4	ALVIN(웨)	춘천	미국
5	OL(올)	춘천	캄보디아
6	ZHOU(주)	춘천	중국

7	MY(보티)	춘천	베트남
8	MEN(멘)	춘천	캄보디아
9	JI(희)	춘천	중국
10	THEA(테)	춘천	인도네시아

「찾아가는 다문화학교」의 구성원의 한국어 의사소통 능력은 일상적인 생활을 말하고 듣는, 기본적인 의사소통이 가능한 수준이었으며, 쓰기 능력의 편차가 심했다.

2. 일기쓰기프로그램 내용

2011년 「찾아가는 다문화학교」는 한국에서의 행복한 결혼이민 생활을 위해 '하루'라는 일상적인 삶에 대한 기록(일기)을 통해 자신을 이해하고, 주변 사람을 이해하고, 한국문화, 한국을 이해하며 살아갈 수 있도록 하는 인문치료 프로그램이다. 회기를 살펴보면 다음과 같다.

회 기	주 제	비 고
1-5	일기 쓰기	사전검사
6	일기 속 중요단어 찾기	
7	일기 속 중요문장 찾기	
8	남편과 함께 쓰기	
9	친구들과 함께 쓰기	
10	일기 제목 정리하기	
11	최고의 일기	
12	미래의 일기	사후검사

1) 일기 속 중요단어 찾기

① 히	산, 놀다, 오래오래, 집, 선물, 화장태(농기구 일종을 의미하나, 정확한 명칭은 아님), 목욕, 아기, 바다, 파도, 기분, 마음, 봄, 보건소, 개울, 달팽이, 버스, 오토바이꽃, 따뜻하다, 아름다움, 땅, 고추, 이마트, 에스컬레이터,
② 아	이빨, 집, 사냥을, 동급생친구, 좋아요, 5월 5일, 만날, 팔봉산친구, 기념일, 축하해요, 하나님은, 뜨거워
③ 로	꽃냄새, 초대장, 생각이 나다, 축하해요, 입안 가득, 예쁘게, 출근해서
⑤ 올	준영이, 나무 심었어요, 우리가족, 우리아들 생일, 어린이날, 어버이날, 반찬 만들려, 남편 바빠
⑥ 주	깨끗하다, 친절하다, 지진, 계속, 답답하다, 활동, 대나무, 돌잔치

이 활동은 일정기간 동안의 일기를 다시 읽으면서 일기 속 자신에게 의미 있는 중요 단어를 찾는 활동이다. 이 활동은 대상자가 주목하고 있는 대상을 좀 더 분명하게 확인할 수 있다.

①이 선택한 단어는 자연과 아기와 관련된 단어가 많은 것이 특징이다. ②는 친구, 하나님과 관련된 단어를 선택하였다. ③은 결혼 초대장을 보며 자신의 결혼식을 떠올리기도 하고, 바쁜 직장생활 관련 단어를 선택하기도 하였다. 꽃냄새는 모국인 티베트를 떠올리게 한 단어이다. ⑤는 준영(아들), 가족, 남편, 가족 행사와 연관된 단어를 선택하였다. ⑥은 다양한 형용사 사용했는데, 깨끗하다, 친절하다는 중국여자에 대한 형용사이다. 중국여자에 대한 평가로 깨끗하다, 친절하다를 선택한 것은 중국인에 대한 한국인의 비하적인 평가를 의식한 것으로 보인다. 또한 자신의 감정을 나타내는 형용사 답답하다를 선택하기도 했다. 대나무는 다문화 활동

과 관련된 단어이고, 그 외에도 친구 아이의 돌잔치 등 다양한 단어를 선택하였다.

이 활동을 통해 결혼이민자들의 삶이 가정에 치우쳐 있고, 사회적으로 아직 다양한 관계를 맺지 못하고 있다는 점을 살펴 볼 수 있었다.

2) 일기 속 중요문장 찾기

① 히	㉠바다를 보면 마음이 편해집니다
	㉡어머님 오래오래 건강하세요
	㉢이런 멋진 풍경들을 바라보면서 책을 보는 맛이 참 좋습니다
	㉣한글공부도 열심히 하고 한국요리도 열심히 배워서 남편과 아기에게 잘해주고 싶습니다
	㉤산에서 미나리산하고 두릅 땄습니다
	㉥가족들과 인형극장 놀러 갔습니다
	㉦아기가 우유를 주었습니다
	㉧남편의 친구들이 도와줬습니다
	㉨에스켈레이터에서 융 만났습니다
	㉩효정이 주사 맞고 많이 울었습니다
	㉪개울에서 물고기하고 달팽이 잡습니다
	㉫버스정류장 가서 오토바이 탔습니다.
② 아	㉠우리도 행복했다. 밥 먹고 한참 놀다가
	㉡많이 행복하세요 그럼 우리가 하나죠
	㉢나를 항상 행복하게. 괜찮아요 완벽합니다
	㉣나는 그를 위해 아무것이나 해
	㉤난 집에 가서 내 친구 이야기하구 밥 먹고 놀았어요
	㉥내 친구 우리가 만날 외식하고 많이 놀았어요
	㉦내 이빨 하루 종일 조금 아퍼. 하지만 전 괜찮아요 준비하고 있어요. 형님과 아주버님 왔어요
	㉧남편은 떠나고 사냥을 위한 다시 근무 시작

	ⓩ지하에 우리가 앉아 의미 있는 대화를 해요. 커피 마시는 동안
	ⓩ나 집에 머물 거야
③ 로	출장비 육만원 달라고 하니까
	피곤했지만 기분이 좋았어요
⑤ 올	나무 심었어요.
	고추, 상추, 가지
	얼굴 빨간 게
	우리 집밖에 마당에서
	시장 가려고 했어요
	풀 베었어요
	5월 5일
	5월 8일
	우리집에서 남편회사에서
⑥ 주	우리 중국 친구들 마음에 아주 친절해요
	우리 날마다 열심히 연습했어요. 많이 힘들지만 재미있었어요
	날마다 애기가 건강하고 예쁘게 자라서 너무 행복해 보여요
	사장님 여자예요. 얼굴 봐 좀 무서웠지만 재미있는 사람이에요
	날마다 건강하게 성장해요
	석사동에서 수도공사하는데 시동생같이 일해요

이 활동은 일기를 읽으면서 중요 문장을 찾는 활동이다. 이 활동을 통해 참여자가 주목하고 있는 행동이나 사고, 감정을 파악할 수 있다. 이는 문장식의 목차와도 다른 특징을 볼 수 있는데 목차는 그 전체적인 글을 대표하는 문장이나 단어이지만 중요 문장은 대상자가 일기 속에서 특별히 자신이 주목한 특별한 행동, 사고, 감정에 관련된 문장이라는 점이 다르다. 목차와 문장이 일치하는 경우도 있다. ①의 경우 감정 표현은 ㉠이고 생각 표현에 해당하는 문장은 ㉡㉢㉣이고, 행동 표현에 해당하는 문장은 ㉤㉥㉦㉧㉨㉩㉪

ⓔ이다. 이는 참여자가 주목하는 감정, 사고, 행동의 경향성을 보여주는 것이다.

②는 한국어 쓰기 능력이 매우 미숙해서 비문을 많이 쓰지만, 말하기를 통해 글쓰기의 내용을 보완해서 이해할 수 있었다. 이를 토대로 해서 감정 표현, 생각 표현, 행동 표현으로 문장을 분류해 보았다. 감정 표현은 ㉠㉡㉢이, 행동 표현은 ㉣㉤㉥㉦㉧㉨㉩이 있으며 생각 표현에 해당하는 문장이 없다. 이는 ②의 주목이 감정, 행동 표현에 주목하고 있음을 보여준다. 또한 ②는 ①에 비해서 인간관계가 매우 단조롭다(남편, 친구, 나, 아주버님). 그러나 행복, 괜찮아요 등을 반복적으로 선택하고 있어서 참여자의 긍정적 사고를 보여 준다. 문장에서 '나'의 빈도가 현저히 많은 것도 특징 중 하나이다. 영어를 공용어로 사용하는 화자이기 때문에 영어의 영향으로 보인다.

①, ② 문장 활동 결과는 공통적으로 행동, 사고, 감정 중에 행동 중심적인 표현이 많은 것이 특징이다.

3) 소통일기

소통일기는 참여자의 일기를 중요한 타인에게 읽게 하고 답글을 받는 활동이다. 프로그램 참여자의 주변 사람 중 남편이나, 시어머니, 친구 등 가까운 관계에 있는 사람들과 문자를 매개로 소통을 하는 활동으로 주로 일상생활에서 말로 소통하는 것과는 다른 것을 환기시키고, 표현하지 못하던 것을 표현할 수 있다는 장점이 있다. 그러나 주변 사람들의 참여가 없으면 진행하기 어려운 단점이 있다.

중요타인으로는 모두 남편이 선택되었고, 대상자 중 3명의 여성만 참여하였다.

(1) 남편과의 소통일기

① 〈제목없음〉 아 수요일 오후9시 난 혼자에요. 왜냐하면 제 남편은 떠나고 사냥을 위한 다시 근무 시작. 아마 집에 갈 1시 자정 2시 자정 3시 자정 하지만 난 기다리고 있어. 나 졸렸지만 아직 기다리는 하이..... 세상에!! 그게 내 인생이야. 그냥 파이팅 해해!! 끝나고 감사합니다. 남편 글 : 날마다 한국말 공부하더니 이제는 제법 잘하네. 한국말 빨리 배워서 우리 재미있게 살자. 사랑해.

①에서는 남편이 아내의 글을 읽고 한국어 능력에 대해 칭찬하고, 아내를 격려하는 답글을 썼다. 이 남편의 글을 집단에서 발표하면서 뿌듯해 하는 모습을 확인할 수 있었다.

② 2011년 4월 29일 금요일 흐림 〈중국 친구 모임〉 오늘 수업이 끝나고 우리는 중국 모임이 있었어요. 춘천시에 있는 중국요리 집이 얼마나 편했는지 몰라요. 저는 다문화센터 선생님들과 같이 식당에 갔어요. 친구들도 다 도착했어요. 맛있는 음식을 많이 시켰습니다. 친구가 다 매주 먹을 수 있는데 저 혼자 먹는 수 없어요. 허허 어떻게요? 저는 말했어요. 자매 죄송합니다. 오래오래 동안 한번 안 먹었는데 중국 음식이 정말 정말 맛있었어요. 우리 친구에게 시분이 아주 좋았습니다. 사진도 찍었어요. 마지

막 친구가 말했는데 언니 감사합니다. 이번 모임 활동 우리 다문화센터 신청했습니다. 매달 한번 오 만원 줘요. 우리 정말 다문화센터 감사드립니다.

-남편 답글
한국에 와서 중국음식 먹고 기분 좋아하는 우리 부인 보니 저도 기분이 좋네요. 자주 중국친구 모임 갖고 중국요리도 직접 해 먹으며 고향을 생각했으면 합니다.

②의 경우는 남편이 아내의 일기를 읽고 난 후 자신의 감정과 바람을 표현한 답글을 썼다. 이 글을 통해서 참여자는 평상 시 무뚝뚝한 남편이 글을 통해 자신에 대한 마음을 표현한 것에 감동을 받고, 그 글을 집단에서 읽으면서 더 흡족해 하였다.

③〈저는 한국에 살면서 친한 친구〉
나는 1년 6개월 동안 한국에서 살았습니다. 한국에서 살면서 제 친한 친구 누구인지 알아요? 제 친한 친구는 제 친정엄마하고 제 아이들과 제 자카르타 여동생과 오빠 아내하고 호주에 남동생이에요.

-남편 답글 : 친정 가족들과 친하게 지내는 것은 참 좋은 일입니다. 주변의 다른 사람들과도 친하게 지내도록 노력했으면 해요. 넓은 사랑과 이해를 갖고 살았으면 합니다. 다른 사람을 배려하는 마음도 가졌으면 해요. 항상 웃음과 희망을 잃지 않도록 노력, 노력......

③의 경우는 남편이 아내의 일기를 읽고 그 내용이 친정식구들에 애정을 표현한 것에서 그치지 않고 한국에 있는 다른 사람들과도 잘 지냈으면 한다고 표현한 답글을 썼다. 이 답글은 대상자에게 자신을 이해하고 격려해 주는 글이라기보다는 충고, 조언으로 읽히면서 약간의 갈등을 야기하기도 했다. 소통일기를 쓰는 경우는 두 사람의 기본적인 관계에 따라 전달되는 의미가 다를 수 있어서

세심하게 관찰해야 한다.

(2) 친구와의 소통일기

친구와의 소통일기는 집단에 참여하는 친구들과 일기를 교환해서 읽고 서로 답글을 쓰는 활동이다. 그날의 일기 내용뿐만 아니라 집단에 참여하면서 서로에 대한 이해가 있어서 적절한 위로와 격려를 할 수 있다는 장점이 있다. 같은 상황에 처해 있는 참여자들이 마음을 표현하고, 서로 친밀한 관계로 나아가는 기회를 제공한다.

보티황미 ⇆ 아리안	
아 씨에게 보티: 아 씨 무슨 일이 좋겠어요. 아기 낳고 좋아요? 아 씨 정말 행복해요. 아리안 정말 예뻐요. 아 씨 집에 일이 있어요? 아: 네 집안일해요. 남편이 회사에 와서 같이 요리해요. 보티: 아 씨 정말 힘들지 않아요? 아: 네. 남편이 도와줘서 괜찮아요. 보티: 시간 있으면 뭐해요? 아: 저는 시간 있으면 친구한테 약속을 해 같이 놀러가요.	보티 씨에게 보티, 너무 바빠요. 보티 쉬는 게 좋아요. 큰 희망을 가지세요. 힘내세요. 걱정하지 마세요. 하나님 항상 옆에 있어요.

로띠 ⇆ 김희	
희 씨에게 지난 주 시어머님 현재 안 좋고 누구나 힘든 일이 있어요. 괜찮아요. 열심히 살아야 해요.	로 씨에게 힘들어서 애기 때문에 큰 집 이사 갔어요. 집수리하고 일도 하고 좀 힘들어도 행복해요.

웨인 ⇆ 테아아	
웨 씨에게 테 씨 많이 바쁜 날이에요. 테아씨 매일매일 바쁘지만 재미있어요. 그리고 가족이 많이 중요해요. 테아씨 좋아해요.	테아 씨에게 웨인 씨는 친절한 사람입니다. 웨씨하고 로라씨하고 재밌게 살 수 있어요. 재미있고 행복하게 한국에서 생활하면 좋겠어요.

히에우 ⇆ 주소운	
히 씨에게 오늘은 옆 친구 일기 읽었어요. 너무 잘 썼어요. 친구가 혼자 산에 가서 무섭지 않습니다. 야채 많이 땄어요.	주 씨에게 밖에 나가면 몸이 안 좋습니다. 몸조심해요. 그런데 비가 오면 나무하고 채소 심어 잘 살아요.

올샌튼 ⇆ 멘량	
멘 씨에게 멘 씨는 동서 때문에 속상해요. 같이 이야기하게 도와주세요.	올 씨에게 아기 돌보느라 힘들죠. 아기가 금방 잘 클 거예요. 공부 열심히 하는 모습이 좋아요.

일기프로그램에 참여한 구성원들은 서로의 삶을 나누며, 비슷한 처지이지만 각자의 상황 속에서 삶의 문제들을 극복하려고 노력하는 구성원들에게 칭찬과 격려의 글을 통해 서로를 위로할 수 있었다.

문자로 하는 소통은 즉각적인 말보다 더 오래 생각하고 난 후 표현되기 때문에 내면의 것을 신중하게 표현하게 된다. 평상시 말로 표현하지 않던 것을 표현하기 때문에 타인의 글에 더 집중하게 되고, 새롭게 타인을 이해하는 기회가 될 수 있다. 또한 이런 이해를 통해 칭찬, 격려와 같은 지지하기의 글을 쓰게 되면 관계를 개선하는 데도 도움이 된다.

4) 일기 제목 정리하기 활동

① 히	매일 바빠요
	하루
	바다의 마음
	봄
	소개
	산에서 나물을 뜯었습니다
	어린이날
	어버이날
	바쁜 날
	이마트에 갔어요
	아기가 보건소에 갔어요
	개울 갔어요
	매일마다 바빠요
② 아	안녕하세요
	기념일 축하해요
	친구아이
	사랑사랑
	어린이날
	공휴일
	나
	우리 집에
	사냥을
	팔봉산 친구집에
	오늘 하루
③ 로	3월 25일 출장 가다가 고향생각
	3월 31일 목요일공부

	4월 6일 집수리 때문에
	4월 14일 출장
	5월 3일 결혼식이야기
	5월 12일 공부와 꿈
	5월 19일 지현씨 얼굴 그리기
	5월 22일 유진이 첫돌
	5월 26일 돌사진 찍기
	회식
	바쁜날
④ 웨	4월 18일 저는 과일을 좋아합니다
	4월 19일 집에 언제 오세요
	4월 22일 영화를 보았습니다
	4월 25일 저는 오늘 돈을 많이 썼었어요
	4월 27일 오늘 아침에 처음 투표를 했습니다
	5월 1일 매일마다 한국어를 배우고 있어요
	5월 7일 봄이 끝나고 여름이 왔어요
	5월 12일 오늘은 운동을 했어요
	5월 13일 화분에 고추를 심었어요
	5월 27일 아기 아빠가 됐어요!
⑤ 올	준영이 얼굴 빨간게
	마당에서 나무를 심었어요
	우리 가족하고 시장에 가려고 해요
	아기 첫 생일 돌잔치
	5월 5일 어린이날 밖에 놀러 가려고 해요
	5월 8일어버이날 선물 사줬어요.
	우리집 반찬 만들었어요
	남편은 이번 달이 좀 바빠서요
	아이들 있어서 좀 힘들었어요. 마당이 있어서 나무를 심었어요. 기분이 좋아요
⑥ 주	3월 18일 오늘 학교에 갑니다
	3월 24일 운동가요
	4월 1일 나물 캤어요

	4월 9일 화초
	4월 12일 수업했어요
	4월 20일 좋은 친구
	4월 22일 비가 와요
	4월 29일 중국친구모임
	5월 5일 어린이날 행사
	5월 11일 입양의날 행사
	5월 16일 비누 만드는 방법
	5월 21일 돌잔치
	6월 4일 선생님 함께 소풍 갔습니다
	6월 9일 하루 수고했어요
	6월 19일 우리 사랑하는 남편
⑦ 보티	고향생각 한다
	4월 4일 한국어교실
	4월 16일 어린이날
	4월 23일 아기가 돌잔치요
	4월 23일 바빠서 학교 못 갔어요
	4월 30일 하루종일만
	5월 6일 농사를 지어요
	5월 19일 병원에 갔습니다
	5월 26일 제주도에 가 본 적이 없습니다
	6월 3일 도와줘서 고마워요
	6월 10일 사랑하는 남편이에요
	6월 17일 항상 바빠요
⑧ 멘	취미
	제 아기 돌잔치랑 비슷해요
	어버이날
	봄바람
	밭에 갔습니다
	친구 결혼식 합니다
⑩ 테아	3월 30일 저의 지난 주말에 활동
	4월 12일 제 취미

	4월 9일 재미있는 공부반
	저는 한국에 살면서 친한 친구
	4월 28일 내가 하고 싶은 일
	4월 22일 강아지이발 미용실에서 짜증 났어요

일기 제목 정하기 활동은 일기의 제목이나 중요 단어로 목차를 작성하는 활동이다. 이 활동은 일정 기간 쓴 일기를 전체적인 관점으로 조망하게 하는 것으로 하루의 삶의 기록이 축적된 일기를 통해 일기를 쓴 기간 동안의 자신에 삶에 대해 반추하고 그 의미 찾기를 돕는 활동이다.

이 활동은 기억 속에서 사라져 가고 있던 일상의 소중함에 대해 생각하도록 유도함으로써 자신의 현재의 삶에 대한 의미를 찾게 돕는다. 일상을 기록하지 않았다면 기억조차 할 수 없었던 순간을 포착해서 자신의 사소한 삶에 대한 시선 머무르기와 같은 글쓰기로, 자신의 일상생활에 대한 소중함을 갖게 할 수 있다.

①의 제목을 살펴보면 매일 바빠요, 하루, 바다의 마음, 봄, 소개, 산에서 나물을 뜯었습니다, 어린이날, 어버이날, 바쁜 날, 이마트에 갔어요, 아기가 보건소에 갔어요, 개울 갔어요, 매일마다 바빠요 등이다. 제목을 통해서 살펴본 ①의 삶은 바쁜 일상이지만, 자연 속에서 쉼을 얻고 어린이날 등 가족 행사, 아이들 건강을 돌보는 모습으로 이 기간의 삶을 정리할 수 있다.

②의 제목을 살펴보면 안녕하세요, 기념일 축하해요, 친구아이, 사랑, 어린이날, 공휴일, 나, 우리 집에, 사냥을, 팔봉산 친구 집에,

오늘 하루 등이다. 제목을 통해서 본 ②의 삶은 남편과 좋은 관계를 맺고 있지만 남편의 직장이 너무 바쁘고, 아이가 없는 부부 중심의 삶을 보여준다. 혼자서 보내야 하는 시간을 친구와 주로 보내고 있는 삶의 모습을 확인할 수 있다.

정리하면 일기 제목 정리하기 활동은 일기를 진행하고 마무리 과정에서 일기를 쓴 기간 동안의 자신에 삶의 의미를 전체적으로 살펴보게 함으로써 자신을 탐색할 수 있는 기회를 제공한다.

5) 최고의 일기

최고의 일기는 프로그램 운영 기간 동안 쓴 일기 중에서 가장 자신의 삶을 대표하는 일기를 선택해서 다시 낭독하는 활동이다. 이는 일기를 쓴 기간 동안 가장 의미 있는 사건을 선택해서 그 의미를 다시 한번 되새김으로써 자신의 삶을 정리할 수 있다.

> 2011년 4월 5일 화요일 쌀쌀
> 봄이 왔습니다. 개나리, 진달래, 벚꽃.... 사방 천지에 봄꽃들이 활짝 피어있습니다. 제가 봄 좋아합니다. 봄날씨는 변덕스럽지만 맑고 따뜻합니다. 식욕이 별로 없어서 점심시간에 책 한 권과 함께 자전거를 타고 꽃구경을 했습니다. 이런 멋진 풍경들을 바라보면서 책을 보는 맛이 참 좋습니다. (①히)

> 〈아이〉
> 2011년 4월 11일 목요일 좋은 날씨
> 오후 11시 20분. 잠이 준비. 하지만. 내가 먼저 쓰기. 친구는 대전 사람. 건강한 여자 아이. 아이.....난 언제........와아아..... 그래도 난 항상 행복해요. 충분히 괜찮아요. 아 모두 완벽합니다. 난 그저 행복해요. 남편과 필리핀에 있는 우리 가족 모두 괜찮아요. 내가 행복하고 만족해요. 하나님은 항상 좋은 시간 주세요. 그래서 감사합니다.(②아)

저는 지금 배워(우)는 한국어, 요리, 컴퓨터, 시간이 많이 없었어요. 메(매)일 아침 9시 가서 1시 와서 식사하고 공부 조금 따가 딸 될(데)려와하고 저녁 준비해요. 하로(루) 종일 힘들었지만 재미 있었습니다. 왜냐면 웃고 울고 우리 아기 저는 힘들 때마다 우리 남편 항상 대화를 좋은 쪽으로 했습니다. 캄보디아, 생활보다 한국생활 어렵고 힘들고 그러(렇)지만 예쁜 아기 이(있)고 작(착)한 남편도 있어서 앞으로 더 열심히 공부하고 우리 가족이 더 재밌게 행복할 겁니다.(⑧멘)

2011년 4월 4일 월요일 맑아요
우리 한국어교실에는 베트남 4명 있습니다.
캄보디아 2명 있습니다. 그리고 중국에 2명 있습니다. 필리핀 사람 있습니다. 미국사람이라서 키가 너무 커요. 로는 티베트 사람이에요. 그리고 테는 인도네시아 있습니다. 우리 교실에 선생님이 멋있고 기분이 정말 좋습니다. 우리 교실에는 일주일에 2번씩 만나서 반갑게 공부하고 이야기를 했습니다. 한국어 어렵지만 재미있습니다. (⑦보티)

2011년 5월 8일 일요일
〈어버이날 꽃 드려야 돼요〉
오늘 어버이날이에요. 나 시댁에 가서 용돈 조금 드렸어요. 같이 식사하고 이야기도 했어요. 너무 재미있어 좋아요. 누구나 늙을 때 있어요. 그러니까 노인 많이 관심 가져야 돼요. 이야기하면 부모 다 좋아해요. 네가 더 잘할 수 있어요.(희)

2011년 5월 27일 맑음
〈아기 아빠가 됐어요〉
오늘 우리는 병원에 갔어요. 로라가 임신을 했어요. 저는 기분이 너무 좋았어요. 우리는 놀라고 행복해서 눈물이 났어요. 하루종일 기뻐서 이야기를 많이 했어요. 아기 태명을 '아기천사'라고 지었어요. 우리 아기 이야기를 하루종일 했어요. 로라는 아기의 심장소리를 듣고 많이 기뻐했어요. 나도 행복했어요. 나는 친구들에게 로라가 임신했다고 전화를 많이 했어요. 많이많이 행복했어요.(④웨)

2011년 5월 11일 수요일 흐림
〈입양의 날 행사〉
오늘은 다문화센터에 입양의 날 행사 있었어요. 우리는 오후에 춘천국립박물관에 갔어요. 사람들이 많이 왔습니다. 우리 중국친구들도 많이 오네요. 모두들도 자리 찾아서 앉았어요. 얼마 후에 어린이들이 먼저 춤을 연습했어요. 얼마나 귀여운지 몰라요. 저는 생각을 했어요. 어린아이 만세 날마다 기분좋게 성장해요. 그리고 입양가족의 애기엄마가 편지 썼어요. 엄마도 편지 읽었어요. 우리 모두들 열심히 들었어요. 너무 감동했어요. 나중에는 애기 커서 또 이 편지 봐요. 엄마는 날마다 애기가 건강하고 예쁘게 자라서 너무 행복해 보여요. 마지막에 다문화센터에 맛있는 음식 많이 준비했어요. 선물도 많이 줬어요. 너무 기분 좋았어요.(⑥주)

4월5일 화요일 맑음
지난달에 우리집에서 마당밖에 고추를 심었어요. 모종 48그루 심었어요. 가지 모종 세 대를 심었어요. 토마토 한 그루 심었어요. 상추 열두 포기를 심었어요. 거름 줄 때 상추에서 한 뼘 정도 떨어지게 주었어요.(⑤올)

봄날 멋진 풍경을 보면서 책을 읽는 내용(히), 친구의 아이를 보면서 자신에게 아기 없는 것에 속상해하지만, 그래도 감사하는 내용(아), 육아에 대한 부담을 남편과 대화함으로써 행복한 생활을 꾸려가는 내용(멘), 한국어 수업을 함께 받는 친구들과 선생님에 대해서 쓴 내용(보티), 어버이날 쓴 일기로 노인에게 관심을 많이 가지고 잘 해 드려야 한다는 내용, 아내가 임신해서 아빠가 될 생각으로 행복해 하는 내용(웨), 입양 행사에서 엄마의 편지를 듣고 감동한 내용(주), 마당에 야채를 심은 내용(올)의 일기를 최고의 일기로 선택하였다.

최고의 일기를 낭송하며, 그 일기 내용의 사건이나 대상이 자신의 삶에 갖고 있는 의미를 되새기는 것은 자신과 자신의 삶에 대해 깊이 생각할 기회를 제공한다.

6) 미래일기

미래일기는 10년 후 어느 날 일기를 쓰는 것이라 설정하고, 10년 후 자신의 모습을 상상해 보는 것으로, 미래를 통해 현재의 삶에 대해 돌아보게 하는 일기이다. 현재 자신이 바라는 바를 인지하고 삶의 방향을 살필 수 있는 일기이다.

> 2021년 후에 나는 35세입니다. 남편은 57세하고 큰 딸은 13세하고 아들은 12살입니다. 그리고 나는 직장 가고 그런데 남편은 나이 많으니까 일 못 갑니다. 아기가 초등학교 6학년 됐습니다. 나는 10년 후 돈 많이 벌어서 (베트남)부모님같이 살고 있습니다. 나는 10년 후에 한국사람처럼 됐습니다.(①히)

> 아마 십년 후에 나는 집이 있어요. 자동차 그리고 일 그리고 남편, 필리핀 가족, 아이가 있어요. 나, 남편, 아이 그리고 필리핀 가족 같이 희망적인 미래 행복해요. (②아)

> 지금은 아기 아빠됐어요! 미래에 한국에 집을 가지고 있어요. 우리의 가족이 많이 여행할 것입니다. 우리의 아이가 많이 있을 것입니다. 미래에 저는 한국사람하고 미국사람입니다. 한국에 삶은 좋습니다.(④웨)

> 저는 지금부터 한국어 공부 열심히 했어요. 다음은 일해요. 아르바이트나 회사나 공장이나 다 일해요. 그냥 돈 벌어요. 아이들 좀 더 크면 대학교 돈 많이 필요 때문에. 그리고 저랑 남편이랑 같이 돈 벌어요. 그 다음 저랑 남편이랑 아이들도 같이 캄보디아 부모님께 여행해요. (⑤올)

> 지금 저는 건강 괜찮습니다. 나중에 어떨지 몰라요. 남편하고 행복할지 안 행복할지 모르겠습니다. 저는 자주 이렇게 생각했어요. 우리 아들이 10년 후에 혼자 잘 살고 그리고 열심히 일 하고 여자 친구도 사귀어서 몇 년 후에 결혼해 그리고 제일 중요한 건 몇 년 후에 손자도 있습니다. 그 때 저는 정말 할머니야. 허허 저는 정말 희망 나의 미래 행복을 많이 받습니다.(⑥주)

미래일기를 쓰면서 대상자들은 미래에 대해 긍정적으로 생각하고 일기를 쓰고 발표하면서 행복해 했다. 대상자들이 꿈꾸는 미래는 '나는 10년 후에 한국사람처럼 됐습니다.', '미래에 저는 한국사람하고 미국사람입니다.'와 같은 표현을 통해 한국에 잘 적응하고 있는 자신을 희망하고, '나는 10년 후 돈 많이 벌어서 (베트남)부모님같이 살고 있습니다.', '그 다음 저랑 남편이랑 아이들도 같이 캄보디아 부모님께 여행해요.'와 같이 본국의 부모님과 함께 하는 것을 꿈 꾸기도 하고, '나는 직장 가고', '일', '아르바이트나 회사나 공장이나 다 일해요' 와 같이 직장을 갖기를 희망하는 모습도 볼 수 있었다. 그 외에 자기의 건강 문제나 아이 문제가 있는 참여자는 그 문제가 해결되는 것을 기대했다. 미래에 대해 행복한 상상을 하는 것이 대부분이었는데, 막연한 불안감을 표현하기도 하였다.

3. 첫 일기와 마지막 일기의 어휘 분석을 통한 변화

정성미(2011) 인문치료 사례연구에서 프로그램 진행 후 사전, 사후에 여성결혼이민자들의 삶의 변화에 대한 추이가 필요하지만, 여성결혼이민자들의 삶을 통제하기가 불가능하기 때문에 객관적으로 입증하기 어렵다고 지적한 바 있다.

이를 보완할 방법으로 우울척도와 첫 일기와 마지막 일기의 어휘 분석을 통한 어휘의 변화를 살펴보았다.

	사전	사전 점수	사 후	사후 점수	
①히	가벼운 우울 상태	12	우울하지 않은 상태	5	향상
②아	가벼운 우울상태	11	우울하지 않은 상태	4	향상
③로	우울하지 않은 상태	7	우울하지 않은 상태	8	유지
⑥주	우울하지 않은 상태	8	우울하지 않은 상태	9	유지
⑨희	우울하지 않은 상태	3	우울하지 않은 상태	0	유지

아론 벡의 우울척도를 사전 사후로 비교하였다. 사전 사후 검사에 모두 참여한 대상자는 다섯 명으로 이 중 세 명은 사전 우울척도에서 우울하지 않은 상태로 진단되었는데, 그대로 이를 유지하였다. 또한 두 명의 대상자는 가벼운 우울상태에서 우울하지 않은 상태로 향상되었다.

한 참여자의 첫 번째 쓴 일기와 마지막 쓴 일기의 품사별로 분류하였다. 어휘 분석비교의 원칙은 우선 실질의미를 지닌 어휘만을 대상으로 한다. 예를 들어 체언(1), 동사(2), 형용사(3), 관형사(4), 부사(5)가 비교 대상이 된다. 둘째 동사와 형용사의 경우는 형태소 분석하지 않는다. 셋째 첫 일기와 마지막 일기의 어휘를 양적으로 공평하게 비교하기 위해서 적은 어휘수에 맞춰서 비교한다.

①			
첫 번째 일기 (26/26개 어휘)		마지막 일기 (26/53개 어휘)	
아기	1	아침	1
남편	1	밥	1
아침	1	아기	1
7시	1	두명	1
밥상	1	분유	1

아기	1	11시	1
지난번	1	학교	1
부모님	1	버스	1
때	1	정류장	1
아기	1	오토바이	1
마음	1	12시	1
저	1	버스	1
걱정	1	1시	1
일어나서	2	일어나서	2
준비해요.	2	준비하고	2
놀아요.	2	청소하고	2
바빠요.	3	빨래했습니다.	2
바빠요.	3	주고	2
편찮으실	3	준비하고	2
슬퍼요.	3	갑니다.	2
아파요.	3	가서	2
많이	3	탔습니다.	2
아파요.	3	탔습니다.	2
많이	3	일찍	5
해요.	3	벌써	5
매일	5	빨리	5

①의 어휘를 품사별로 분석하면 다음과 같다.

①	명사	동사	형용사	부사	
첫 번째 일기	13	3	9	1	26
마지막 일기	13	10	0	3	26

①의 첫 번째 일기의 명사 특징은 '아기'가 반복적(3)으로 출현되었고, 그 외에 유정명사에 남편, 부모님, 저, 시간명사에 7시, 때, 아침, 지난번, 추상명사에 마음, 걱정, 무정명사에 밥상이 출현되었

다. 마지막 일기의 명사 출현 횟수는 첫 번째 일기의 명사와 동일하다. 마지막 일기의 명사 특징은 시간명사(아침, 11시, 12시, 1시)와 무정명사 그 중에서도 이동과 관련된 명사(버스2, 오토바이, 버스, 정류장)가 있고, 유정명사는 아기(1)가 유일하다.

또한 첫 번째 일기와 마지막 일기의 동사와 형용사의 출현 빈도가 다르다. 첫 번째 일기의 서술어적 특징은 형용사가 동사에 비해 더 높은 빈도를 보인 것에 비해, 마지막 일기는 형용사가 없고 동사로만 표현되어 있다. 첫 번째 일기의 형용사는 바빠요(2), 편찮으시다, 슬퍼요, 아파요(2)와 같은 부정적 의미의 형용사가 출현되어 있다.

부사의 경우는 첫 번째 일기는 매일이, 마지막 일기는 빨리, 일찍, 벌써로 마지막 일기의 부사는 시간과 관련된 부사이다.

어휘 비교를 통해 ①은 아이와 관련하여 부정적인 감정에 초점이 맞춰져 있던 것에 비해 마지막 일기에서는 시간을 나누어서 바쁘게 움직이는 모습에 초점을 맞추고 있는 변화를 겪게 된다. 부정적인 감정은 사라지고, 일상적인 삶에 열심히 살고 있는 모습으로 변화된 모습을 보이고 있다. 바쁜 일상이 긍정적인 의미로 볼 수 없지만 사로잡혔던 부정적 감정에서 벗어나 있음을, 어휘 분석을 통해 확인할 수 있었다.

②			
첫 번째 일기(35/127)		마지막 일기(35/35)	
금요일,	1	목요일	1
오전	1	나	1

10시	1	집	1
내	1	필리핀	1
평소	1	우리	1
나	1	가족	1
혼자	1	전화	1
내	1	다음	1
남편	1	집안일	1
직장	1	다음	1
나	1	잠간	1
한	1	다음	1
잔	1	나	1
커피	1	저녁	1
동안	1	식사	1
컴퓨터	1	남편	1
후	1	다음	1
12시	1	같이	1
전	1	텔레비전	1
나	1	준비	1
나	1	머물거야.	2
생각	1	자요.	2
내	1	준비해요.	2
친구	1	왔어요.	2
중	1	식사하고	2
하나	1	봐요.	2
나	1	자요.	2
밖	1	했어	2
보니	2	뜨거워	3
가서	2	있다	3
전화했는데	2	있다	3
지루해요.	3	조금	5
배고파.	3	그리고	5
다음	5	다음	5
다시	5	조금	5

②의 어휘를 품사별로 분류하면 다음과 같다.

②	명사	동사	형용사	부사	
첫 번째 일기	28	3	2	2	35
마지막 일기	19	7	4	4	35

첫 번째 일기의 명사 특징은 그 숫자가 마지막 일기에 비해 월등히 많은 것을 확인할 수 있는데, 이는 ②의 첫 번째 일기의 문장이 비문이 많아서 주로 서술어 없이 문장을 끝내는 불완전한 문장을 사용하기 때문에 동사의 숫자가 급격히 낮아진 것으로 볼 수 있다. 마지막 일기에서는 명사의 숫자가 많이 줄었고, 동사, 형용사, 부사의 출현 빈도가 상대적으로 높아졌는데, 문장력이 향상된 결과로, 비문을 문법적인 문장으로 썼기 때문이다.

②의 명사 특징은 나(9)가 빈도수가 높다는 점이다. 일기가 지닌 특징이기도 하지만 ①과 비교해서도 특징적인 것으로 볼 수 있다.

구체적으로 첫 번째 일기에는 지루하다처럼 부정적인 의미의 형용사가 있는 반면 마지막 일기의 형용사에는 부정적 의미의 형용사가 사용되지 않았다.

4. 나오며

「찾아가는 다문화학교」 일기쓰기프로그램은 한국에서의 행복한 결혼이민생활을 위해 '하루'라는 일상적인 삶에 대한 기록(일기)을 통해 자신을 이해하고, 주변 사람을 이해하고, 한국문화, 한국을 이해하며 살아갈 수 있도록 결혼이민자들 대상으로 하는 인문치료 프로그램이다.

일기를 쓰고 참여자들과 함께 일기 속 중요단어 찾기, 일기 속 중요문장 찾기, 남편과 함께 일기쓰기 친구들과 함께 쓰기, 일기제목 정리하기, 최고의 일기, 미래의 일기 등을 나누었다.

중요단어 찾기 활동을 통해 결혼이민자들의 삶이 가정에만 치우쳐 있고, 사회적으로 아직 다양한 관계를 맺지 못하고 있다는 점을 알 수 있었다. 중요문장 찾기 활동은 행동, 사고, 감정 중에 행동중심적인 표현의 문장을 많이 선택한 것이 특징이다. 소통일기는 평상시 말로 표현하지 않던 것을 표현하기 때문에 타인의 글에 더 집중하게 되고, 새롭게 타인을 이해하는 기회가 될 수 있다. 일기제목 정하기 활동은 일기를 진행하고 프로그램 마무리 과정에서 일기를 쓴 기간 동안의 삶의 의미를 전체적으로 살펴볼 수 있다. 최고의 일기는 일기를 낭송하며, 그 일기 내용의 사건이나 대상에 의미를 되새기는 것은 자신과 자신의 삶에 대해 깊이 생각할 기회를 제공한다. 미래일기는 현재 자신이 바라는 바를 인지하고 삶의 방향을 살필 수 있는 일기이다. 결혼이민자들은 한국에의 적응, 고국의 부모님과 함께 사는 것, 직장, 건강, 아이에 대한 바람을 표현하였다.

프로그램 진행 후 사전, 사후에 여성결혼이민자들의 삶의 변화에 대한 추이가 필요하지만, 객관적으로 입증하기 어렵다. 이를 보완하는 방법으로 우울척도와 첫 일기와 마지막 일기의 어휘 분석을 하였다.

사전 사후 검사에 모두 참여한 대상자는 다섯 명으로 이 중 세 명은 사전 우울척도에서 우울하지 않은 상태로 진단되었는데, 그대로 이를 유지하였고 두 명의 대상자는 가벼운 우울상태에서 우울하지 않은 상태로 향상되었다.

어휘 비교를 통해 대상자①은 아이와 관련하여 부정적인 감정에 초점이 맞춰져 있던 것에 비해 마지막 일기에서는 시간을 나누어서 바쁘게 움직이는 모습에 초점을 맞추고 있는 변화를 겪게 된다. 부정적인 감정은 사라지고, 일상적인 삶에 열심히 살고 있는 모습으로 변화된 모습을 보이고 있다. 바쁜 일상이 긍정적인 의미로 볼 수 없지만 사로잡혔던 부정적 감정에서 벗어난 있는 것은 어휘 분석을 통해 확인할 수 있었다. 참여자②의 일기에서는 형용사의 경우 첫 번째 일기에서는 지루하다처럼 부정적인 의미의 형용사가 있는 반면 마지막 일기의 형용사에는 부정적 의미의 형용사가 사용되지 않았다.

※ 이 글은 필자의 논문 「결혼이민자의 인문치료사례 연구2」, 『인문치료』 제1집 (2011)를 수정 · 보완한 것이다.

여성결혼이민자의 상실과 애도 언어

정 성 미

1. 들어가며

한국은 2009년 체류 외국인 수가 1991년과 비교하여 7배 이상 급증하였고, 체류 외국인의 국적, 체류 목적이 다양한 다문화 사회가 되었다. 그 중에서도 2008년 국제 결혼의 건수는 2000년과 비교하여 3.1배가 증가하였다. 외국인과 더불어 살아가는 것이 익숙하지 않은 한국은 지금 다문화 몸살을 앓고 있다.

다문화 사회에 당황해 하던 한국이 다문화에 대한 우려 섞인 공포감을 갖게 된 사건이 있었다. 2005년 7월 7일 런던의 중심지 4곳에서 연쇄 폭발 테러사건이 있었다. 자살 폭탄 테러를 저지른 4명의 범인은 파키스탄계 영국인들로 밝혀졌다. 이들은 10~30대의 평범한 영국 시민들로, 이들은 무슬림 이민자 및 그 2-3세대들이었다. 프랑스에서도 이민자들에 의한 소요가 있었다. 2005년 파리 교외 저소득층이 많이 사는 지역에서 이슬람 및 북아프리카 청년들의 야간 소요 사태가 7일간 계속됐다. 이 사건은 영국 프랑스 등 다문화 사회의 갈등을 단적으로 보여준 사건이었다.

결혼이민자들의 수가 많아지면서 다문화 사회를 방치하게 되면 영국, 프랑스와 같은 부작용이 발생할지도 모른다는 당혹감과 공포감에 한국은 다각도로 다문화 사회의 대비책 마련에 고심하고 있다. 다문화와 관련이 있는 정부기관들은 다문화 관련 정책들을 경쟁적으로 내놓기 시작했다. 문화체육관광부, 여성가족복지부, 법무부 등의 지원을 받아 다문화지원센터, 사회통합프로그램 거점 대학, 대학, 지방자치단체에서 여성결혼이민자들을 위한 한국어, 한국문화 교육이 중복 진행되었다. 그 외에 여성결혼이민자들에게 필요한 컴퓨터, 요리 교실, 양육 서비스, 건강검진, 취업 교육, 상담 서비스 등 다양한 복지 정책도 쏟아졌다.

기존의 다문화 정책에 대한 반성이 일면서 이민자의 일방적 시혜 정책에 대한 반성이 있었다. 과도한 시혜적 정책은 내국인에게는 역차별이라는 불만을 갖게 했고 이는 이민자들과의 소통과 통합에 역행하는 결과를 가져올 수도 있다. 또한 정부 부처 간에도 중복된 다문화 정책을 지양하였고 다른 나라의 다문화 정책에 따라 퍼주기 식의 정책이 아닌 이민자들의 적극적인 참여 의지를 키우는 방향으로 조율을 거듭하고 있다. 또한 동화주의식 사고에 익숙한 한국은 결혼이민자들이 동화를 전제로 한 한국어, 한국문화 교육을 함으로써 결혼이민자들의 개별적 정체성, 문화적 정체성에 부정적인 영향을 주어 교육의 효율성을 저하시키는 면이 있었다. 이에 대한 대안으로서 다문화주의를 논의하고 있지만 아직 선언적 논의 수준을 벗어나지 못하고 있다.

혼돈된 다문화주의, 다문화 정책 사이에서 이리 저리 끌려 다니는 것처럼 보이는 여성결혼이민자들은 자신들을 위한 정책이라고는 하지만 자신들의 소리에 표면적인 관심을 보이는 우리의 세심하지 못한 태도, 우리의 배려하지 못하는 정책에 '당신들의 천국'이라고 외치는 것은 아닌지 우려 된다.

다문화 소통은 문화가 다른 사람들 사이의 소통을 가리킨다. 협의의 다문화 소통은 언어가 다르고 문화가 다른 사람들 사이의 소통으로, 외국인들과의 소통을 지칭한다. 이 글은 외국인의 소통 중에서 결혼으로 한국에 이민 와서 사는 여성 이민자들과의 소통에 초점이 놓여 있다.

'여성결혼이민자'라는 용어를 보더라도 이들과의 소통은 여성, 결혼, 이민, 언어, 문화 문제들이 다층적으로 복잡하게 얽혀 있다는 것을 짐작할 수 있다. 여성, 결혼이라는 보편적인 문제와 언어, 문화 등의 특수한 문제, 자녀들의 정체성 혼란, 학교 부적응 문제 등 보편적인 문제와 특수한 문제가 섞여 있는 문제들, 그리고 개별적인 삶의 문제들까지. 복잡한 실타래를 연상시키는 삶이 여성결혼이민자들의 삶이다.

결코 행복을 쉽게 노래할 수 없는 조건 속에서 꿈과 희망을 노래하는 여성결혼이민자들의 삶을 이 글에서는 '상실', '애도'와 '떠남'으로 나누어 살필 것이다. 이는 여성결혼이민자의 내적인 의사소통을 돕는 것으로 인문치료가 지향하는 소통에 대한 논의이다.

인문치료는 인간에게서, 인간의 삶에서, 인간의 삶을 반영하고 있는 인문학에서, 행복한 주체가 되어 살아가는 방법을 찾는 인간 중심의 실제적인 학문이다. 본고에서는 여성결혼이민자들이

5년 이상의 세월을 좌절 속에서도 굴하지 않고 행복해지기 위해 몸부림 치며 살아 냈던 생활수기 47편을 대상으로 그들이 힘들어 했던 부적응의 문제들을 분류해 보고 적응, 극복, 회복의 길을 찾아 볼 것이다.

문학의 한 장르인 고백적 형식의 수필은 타인을 이해하는 소통의 도구로써 그 역할을 할 수 있다. 저널치료나 글쓰기치료에서 수필쓰기가 자기 탐색의 치료도구로 활용되고 있는 것과는 달리 구체적인 치료의 방향을 수립해야 하는 치료방향 설정단계에서도 문학 자료 특히 수필은 인문치료적 자료로서의 의미를 지닌다. 이는 설문 조사에서는 간과될 수밖에 없는 구체성을 확보할 수 있다는 점에서 설문 조사를 보완할 수 있고, 내담자가 스스로 주체가 되어 인지한 자기 삶의 문제를 파악할 수 있다.

여성결혼이민자의 삶의 문제들을 파악하기 위해서는 그들의 삶에 밀착해서 삶의 편린들을 살펴보는 것이 필요하다. 이 글에서는 여성결혼이민자들의 생활수기 속에서 그들의 문제들을 살펴보았다. 그들의 부적응의 문제를 파악하는 것은 여성결혼이민자들과의 소통을 위한 인문치료의 전체적인 밑그림을 그리는 과정에서 필요하다.

여성결혼이민자들은 출신국이나 외모에 따른 편견, 외국인에 대한 선입견 등에 따른 차별을 어려움으로 토로하고 있다. 여성결혼이민자들의 어려움을 더 어렵게 만드는 것은 자신들이 받는 편견과 차별이 자녀에게도 대물림된다는 것이다. 여성결혼이민자들이 자녀 양육에서부터 느끼는 좌절과 자녀들이 받는 차별에 대한 아픔을 표현하고 있다.

이러한 여성결혼이민자들의 부적응은 감정이나 신체적 이상 증후로 나타난다. 임은희(2008:229)에서는 국제결혼을 한 이주여성의 주된 문제로는 제한된 언어로 인한 의사소통의 어려움, 남편의 상습적 폭행과 학대, 심한 경우 우울, 무기력감, 사회적 편견에 노출되는 것이라고 하였다. 그러므로 여성 결혼이민자들은 갈등, 어려움, 혼란, 심지어는 우울과 무기력감으로 정서적 건강을 유지하기가 어렵다고 하였다. 또한 여성결혼이민자들은 감정적으로도 외로움, 슬픔, 초라함, 허망함, 우울함, 허탈함, 두려움의 감정들을 표현하고 있다.

여성결혼이민자들이 겪게 되는 가장 어려운 문제는 소통의 어려움이다. 여성결혼이민자들의 소통의 어려움은 한국어 소통 능력이 부족하기 때문이다. 여성결혼이민자들은 이민 초기에 한국어 의사소통 능력이 없으므로 소통 부재로 인한 관계 단절과 외로움을 겪게 된다. 이때의 느낌을 비유적으로 '아기, 바보'의 느낌이거나, 감옥 안에 있는 동물이나, 유치원생보다 작은 존재 같은 느낌으로 표현하고 있는데, 이는 의사소통 단절로 인한 낮은 자존감을 보여주는 것이다. 또한 소통의 부재는 인생에 중요한 사건의 의미들을 희석시키는 결과를 초래하기도 한다. 결혼이민자들은 의사소통의 단절로 인하여 결혼이나 자녀를 양육하면서 찾게 되는 인생의 의미를 느끼지 못하거나, 약화시킨다.

여성결혼이민자들도 고부 간의 갈등과 같은 대인 의사소통의 갈등을 겪는다. 여성결혼이민자는 관계가 가족관계나 한정된 좁은 관계를 형성하고 있다(임은희,2008:230). 한국어 소통 능력이 어느 정도 가능하다 해도 문화적 차이에서 오는 소통 단절이 있다. 게다가 내국인 부부도 겪고 있는 남녀 차이에 의한 의사소통 단절 등도 부가된다. 이러한 소통의 어려움은 이혼이라는 극단적인 결론에 이르게도 한다.

여성결혼이민자의 생활수기 속에 나타난 부적응의 문제도 의사소통의 문제가 가장 두드러지는 것으로 나타났다. 의사소통의 다양한 구체적 사례들을 살펴볼 수 있다는 장점이 있기는 하지만, 남편의 상습적 폭행과 학대 등 심각한 문제들은 표현되지 않고 있어 생활수기라는 공적인 글쓰기의 한계를 보이기도 했다. 본고에서는 여성결혼이민자들이 겪고 있는 가장 큰 의사소통의 문제를 다루려고 한다.

의사소통은 크게 자신과의 의사소통과 대인 간 의사소통(interpersonal communication)으로 나뉘는데, 자신과의 의사소통(intrapersonal communication)은 감정적 행복에 강력한 효과가 있고 대인 간의 의사소통의 효율성에도 결정적인 영향을 끼친다. 자기와의 소통이 건강해야 대인 간의 소통이 건강할 수 있다. 그러므로 대인 간 의사소통보다 자기와의 소통이 먼저 다뤄져야 한다.

2. 여성결혼이민자의 상실

베레나 카스트(1982:6)는 사별한 사람들이, 큰 상실인 죽음을 충분히 애도함으로써 새로운 자기와 세계에 대하여 이해의 폭을 넓히고 새로운 변화를 갖게 된다고 하였다. 또한 베레나 카스트(1982:175)는 애도를 사별한 사람에게 국한시키지 않고, 일상적인 것에도 확대해서 적용할 수 있다고 하였다. 정신적인 떠남인 결혼, 물리적 떠남인 이민이 중첩된 떠남의 자리에서 여성결혼이민자들은 행복할 수 있을까. 여성결혼이민자의 소통을 위한 인문치료에서 자신과의 의사소통(intrapersonal communication)의 한 방법으로 애도의 개념을 적용해서 내적 소통의 문제를 고찰해보고자 한다.

떠남은 익숙한 것을 잃어버리는 것이다. 결혼은 원 가정을 떠나 새로운 가정으로의 이동이다. 새로운 가정으로 떠난다는 것은 원 가정에서 익숙한 규칙, 습관, 문화를 버리고, 새로운 질서의 가정을 이루게 됨을 의미한다. 이민 역시 자기 나라의 공간, 관계, 언어, 문화에서 떠나는 것이다. 이민은 새로운 나라의 공간, 관계, 언어, 문화를 한꺼번에 받아들여야 하는 전면적인 변화를 겪게 된다.

여성결혼이민자들이 겪은 상실이 여성결혼이민자들의 생활수기 속에 고스란히 표현되고 있다.

> ① 엄마를 만나는 꿈을 자주 꿉니다. 많은 이야기를 나누지 못하고 엄마 얼굴만 보다가 일어납니다. 엄마가 너무 그립습니다. (아이비,

필리핀)
비록 못난 자식이기는 하지만 부모님의 말씀이 곧 천명인 줄로만 알고 있었기에 부모님의 뜻대로 그토록 정든 고장도 친구들도 모두 뒤로 한 채 이 낯선 땅에 내 뿌리를 내렸습니다.(김정옥, 중국)

② 고향의 채소들인 물냉이, 싸요태맨줄, 바기오콩과 암태가 그립습니다.(에밀리아, 필리핀)

③ 매년 4월 보름이 되면 태국에 큰 행사가 있습니다. 그날은 바로 '송크란'날입니다. 태국 사람들은 '송크란'날을 설날이라고 합니다. 부모님, 할아버지, 할머니의 손과 발을 물로 씻어주고 다른 사람에게 물세례를 하면서 행운과 건강을 기원하는 축제입니다. '송크란'은 우리 대가족이 모이는 날이었습니다. 그런 날 저는 아주 행복했습니다.(가하마 남캉, 태국)

④ 머릿속에서 일본어에 대한 생각은 모두 지워버리고 나는 처음부터 한국사람이라고 생각하며 아이가 태어나 말을 배우듯 그렇게 내 주변 사람들이 하는 대화를 새겨들으며 일 할 때에도 문장을 생각하고 밥 먹을 때에도 나의 느낌들을 언어로 풀어내는 연습을 하며 많이 묻고 많이 따라하며 한국어만을 생각했다.(사또 아까네, 일본)
한국말도 잘 못하고 의사소통이 잘 안되어서 너무 괴로워서 방구석에서 혼자 운 적도 여러 번 있었습니다. (우치다 게이꼬, 일본)
러시아 문화는 자기 기분, 자기 생각을 상대방에게 보여주고 알려주는 거예요. (김제인, 우즈베키스탄)
시부모님과는 아이들 언어 교육에서도 갈등이 있었다 (가마노 미끼꼬, 일본)

⑤ 슬픔이 목까지 차올랐지만 어쩌지도 못하는 사면초가의 상황 속에서 울고 싶어도 제대로 울 수 있는 언덕이 없었습니다. 먼 하늘

저편으로 사라져 가는 비행기를 보면서도 왜 나만 쏙 빼놓고 저렇게 가는가 싶어서 너무 야속했고 뒤편 도랑가에 아기를 안고 몸을 던지고 싶기도 했습니다. 냉혹한 현실은 나를 더욱 초라하게 만들었고 굳게 버텨왔던 내 마음도 어느새 무너져 내리는 듯했습니다. 미래에 대한 기대도 산산이 조각나 버렸습니다. 정말 하루하루가 지옥 같았고 오늘보다 당장 돌아오는 새날이 두렵기만 했습니다. (김정옥, 중국)

①은 관계를 잃어버리는 것이다. 여성결혼이민자들은 부모, 형제, 친구 등의 인간관계를 정리하고 한국으로 왔다. 통신으로 관계가 완전히 차단된 것은 아니지만 지속적이고 친밀한 관계와는 거리가 먼 제한된 관계이어서 관계의 변화가 주는 상실감이 있게 된다. 그 사람과의 관계가 차지하고 있던 공간이 비게 되므로 허무의 감정이 일어나게 된다(베레나 카스트, 1982:175).

②는 환경을 잃어버리는 것이다. 환경은 계절, 기후, 공간, 대상물 등이다. 익숙한 계절이나 기후, 공간, 대상물 등을 상실한다. 예문에서는 상실한 대상이 음식 재료이다. 대상물의 경우 흔한 물건들이 귀한 물건으로 관계를 달리 설정하게 되고 이러한 변화는 상실감을 주게 된다. 환경은 문화와도 연관이 있어서 환경 자체를 상실한다는 의미보다는 환경과 연관되는 문화와 관계의 상실이 더 관련이 깊어 보인다.

③은 문화를 잃어버리는 것이다. 예문 속 문화는 전통문화에 해당하는 명절 문화이다. 타국에서 산다는 것은 다른 음식, 다른 풍습, 다른 민족의 사람들과 새로운 문화를 접할 수밖에 없는데, 새

로운 것은 지나간 것을 기억하게 하고 결국은 자기 문화에 대한 상실감을 겪게 된다. 신인아(2007:24)에서 오늘날 의미하는 문화는 고급예술, 전통문화, 또는 국가문화로서의 특정한 영역을 지칭하기보다 익숙하지 않은 사고 방식, 행동 방식을 설명해 주는 하나의 이론적 틀이라고 했다. 여성결혼이민자는 내국인과의 갈등 시 자기의 사고나 행동을 주장하기 어려운데, 문화가 확연히 드러나지 않는 사고나 행동의 방식이라고 할 때 여성결혼이민자는 사소하지만 익숙한 사고나 행동의 방식을 잃어버리거나 버릴 것을 강요 당한다.

④는 언어를 잃어버리는 것이다. 언어를 잃어버리는 것은 자기 모국어를 부정하는 것, 한국어 소통 능력의 결여, 언어문화 차이에 의해서 말할 수 없거나, 말을 못하는 상실이다. 한국어 소통 능력이 제한적이어서 기본 정보만 전달하고 정서와 의지를 전달하지 못하는 것도 언어의 상실이라고 했다(변학수, 2007:13). 또한 모국어의 경우도 마음대로 자녀에게 자기 모국어를 가르칠 수 없는 환경이다.

여성결혼이민자들의 상실은 자신에 대한 이해(베레나 카스트, 1982:13)에 혼란을 갖게 하고, 세상을 적대적으로 느끼므로 당황스러움, 좌절, 분노, 걱정, 슬픔의 감정을 동반한다. 고립, 불안, 소외의 순환이 반복되고, 상실의 충격이 너무 크기 때문에 변화에 적응하지 못한다. 변화의 부적응 상황에서 잃어버린 것들에 대한 이상화 경향이 있고 귀국에 대한 꿈을 꾸게 된다. 이는 과거지향적인 태도를 취하게 하고, 새로운 만남에 적응하지 못하도록 지연시킨다.

⑥ 나는 필리핀 코르딜레라의 산골에서 태어나고 자랐으며, 배를 타고 이곳에 오게 됐습니다. 혼자였고 잘 몰랐기 때문에 어쩔 수 없이 나 자신을 문화적인 충격과 변화의 희생물로 내어놓아야만 했습니다.(에밀리아, 필리핀)

갑자기 아기가 된 것 같고 바보가 된 것 같아 실망도 하고 이 상태로 늙어 할머니가 될까봐 불안하고 초조할 때가 많았다.(오오야 히로미, 일본)

저는 화장실 가고 싶어도 끝까지 참다가 빨리 화장실 가고 다시 빨리 들어왔어요. 그 느낌, 감옥 안에 있는 동물느낌하고 똑같은 것 같았어요.(알라바예바 쿤두스, 키르키스스탄)

무슨 말을 하고 있는지 모르는 내 자신이 유치원생보다 작은 존재로 생각되었습니다. (이시카와 마수미, 일본)

신인아(2007:101)에서 이방인들은 자신이 성인임에도 불구하고 다시 어린아이로 후퇴하는 상황 때문에 심리적으로 많은 혼란을 겪는다고 하였다. 여성결혼이민자들은 혼자이어서, 잘 몰랐기 때문에, 어쩔 수 없는 상황에서, 아기 같기도 하고, 바보가 된 것 같기도 하고, 감옥 안에 있는 동물 같기도 한, 아주 작은 존재로 자기에 대한 혼란을 겪게 된다.

⑦ 베트남에서의 결혼식 날, 나는 처음부터 무서움과 불안감을 느꼈어요. '과연 한국이라는 나라는 어떨까? 한국에서의 생활을 어떻게 잘해 나갈 수 있을까? (부티한, 베트남)

⑧ 하지만 제 마음은 우울했어요. 친정 가족들이 많이 보고 싶었어요. 쓸쓸하고 우울한 느낌이 들었어요. 이렇게 아플 때 친정 가족을 자주 못 보는 것이 저한테는 한국에서 제일 어려운 것이에요. (나디라, 우즈베키스탄)

⑨ 잘 살아보겠다는 일념 하나로 사랑하는 가족도, 다니던 직장도, 정다운 친구들도 버리고 머나먼 한국 땅에 왔는데 제게 돌아온 것은 허탈함이었습니다. (김봉해, 중국)

⑩ 매운 김치도 괜찮고 남편과 의사소통 안되는 것도 괜찮고 살고 있는 집이 딸랑 방 한 칸인 것도 괜찮았지만 '나 혼자 있다'는 것은 참 고통스럽고 외로웠습니다. (가하마 남캉, 태국)

⑪ 태국으로 돌아가고 싶었습니다. (가하마 남캉, 태국)

⑫ 언제나 큰 소리로 화를 내시는 시어머님의 말씀은 총을 맞는 것 같은 느낌이었습니다. 저는 참을 수가 없어 신랑한테 이야기를 하고 세 아이들을 데리고 일본으로 갔지만 일본에서는 돈도 많이 필요하고 살 수가 없어 돌아왔습니다. 시어머님께서는 돌아와도 기뻐해 주시지 않고 저를 미워하셨습니다.(사사자끼마유미, 일본)

여성결혼이민자들은 상실로 인해 무서움과 불안감(⑦), 쓸쓸함, 우울함(⑧), 허탈함(⑨), 외로움(⑩)의 감정을 토로한다. 결국 귀국을 꿈꾸고(⑪) 새로운 만남에 적응하지 못하고(⑫) 그 충격은 총을 맞는 것 같이 강렬하다. 여성결혼이민자들이 받는 총을 맞은 것 같은 강렬한 상실의 충격은 여성결혼이민자의 삶을 불행하게 만든다.

3. 여성결혼이민자의 애도

슬픔과 애도는 의미 차이가 있다. 한국어에서 슬프다는 형용사인데 슬퍼하다는 동사이다. 슬픔은 단순한 감정임에 비해서 애도는 슬픔에 대한 주체성과 역동성의 의미가 부가된다. 상실에서 온 상처를 치유하는 것으로서의 애도는 여성결혼이민자들이 결혼과 이민에 의해 잃어버린 관계, 환경, 문화, 언어, 꿈과 내적으로 소통하는 것이다. 이 내적 소통 행위인 애도를 통해 잃어버린 것들의 의미를 찾는다. 애도는 강요된 상실에서 주체적으로 잘 떠나기 위한 머묾 행위이다(베레나 카스트, 1982:169).

상실의 치유 과정인 애도를 상실의 종류에 따라 살펴보았다.

관계의 상실에서는 제한적으로 만나는 부모, 친구가 자신의 삶에 주는 의미를 충분히 성찰하도록 함으로써 제한적인 관계의 한계(현실적인 한계)를 인정하고, 예전의 관계에서 떠날 수 있어야 한다. 이때 중간자 역할을 해줄 타자를 만드는 경우가 발견된다. 주로 어머니와 남편이다. 여성결혼이민자를 돕는 사람의 경우도 가족 은유를 써서, 도우미가 친정엄마, 친정식구의 역할을 해 준다. 여성결혼이민자들은 제한적인 부모, 친구와의 잃어버린 관계를 중간 역할자의 도움을 받아 부모, 형제와 잘 떠나서 새로운 관계로 건강하게 옮겨갈 수 있다. 부모, 형제와 잘 떠난다는 의미는 정신적 자립을 위한 심리적 떠남을 의미한다.

환경의 상실은 익숙한 장소, 물건 등이 귀한 대상물로 바뀌면서 잃어버린 대상물들의 의미를 탐색하고 잃어버린 대상물을 상징하는 중간 대상물을 통해 단계적으로 새로운 환경에 적응하도록 한다. 또 소지가 가능한 대상물은 기억의 촉매제이므로 연관된 관계, 문화의 상실을 슬퍼하도록 돕는다.

잃어버린 문화는 타문화에 대해 좌절하거나 오해한 경우 문화적 우월감, 열등감, 자민족 중심주의, 경직된 고정관념과 편견, 다른 문화에 대한 비판과 비난과 같은 태도에서 더 부각될 수 있다(김숙현,2007:67). 그러므로 잃어버린 문화에 대해 충분히 탐색하면서 동시에 거리두기를 해야 한다. 문화에 대한 열린 자세와 새로운 문화에 대한 정보를 인지하고, 문화 간의 동질성을 확인하는 과정은 잃어버린 문화에 지나치게 슬퍼하는 것을 막을 수 있다.

잃어버린 문화는 새로운 문화에서 오는 충격과 연관될 수 있다. 문화 충격은 일방적으로 자신의 문화 코드로 다른 문화를 해석하는 것이 특징이기(신인아, 2007:103) 때문에 일어난다. 문화 충격은 의식하는 경우와 의식하지 못한 경우로 나눌 수 있다. 후자의 문화 충격은 본인도 의식하지 못하는 가운데서 이루어지기 때문에 시간이 아무리 흘러도 그 상태가 지속되면서 적응을 방해하는 장애로 남기 쉽다.

잃어버린 문화를 반영하고 있는 문학, 음악, 그림 등은 매우 중요한 촉매제와 치유의 도구이므로 잃어버린 문화를 슬퍼하도록 돕는 역할을 할 수 있다. 잃어버린 문화에서 오는 상처를 문화의 창조물인 문학, 음악, 그림에 의해 간접적으로 접근하는 것도 필요하다. 이러한 부분에서 인문치료의 활동은 여성결혼이민자들에게 애도의 기회를 제공할 수 있게 된다.

잃어버린 문화를 슬퍼하는 것은 잃어버린 문화에 대한 탐색, 그 문화를 대하는 객관적이고 열린 태도, 타문화에 대한 새로운 인지적 요소가 균형 잡히게 이루어져야 제대로 슬퍼할 수 있다.

잃어버린 언어를 슬퍼하는 것은 우선 모국어에 대한 그리움을 탐색하는 것이다. 여성결혼이민자들에게 모국어가 주는 경계 해제의 영역에서 충분히 슬퍼하도록 한다. 이때 자기 모국어로 표현적 글쓰기를 한다는 것은 외부 검열에 대한 경계 해제가 될 수 있어 자기 문제를 들어내기에 유리하다. 글쓰기치료에서 비밀 보장은 핵심적인 부분이다. 여성결혼이민자들이 모국어로 글쓰기를 하게 되는 경우, 내국인들의 검열에서는 자유로울 수 있다. 글쓰기치료에서는 사용하는 언어가 모국어이든 다른 언어이든 치유적 효과는 둘 다 나타난다고 하였다(페니베이커, 2007:35).

한국어 교육 내용은 말하기, 듣기, 읽기, 쓰기로 구성된다. 인문치료에서 사용하는 인문학적인 활동 방법과 일치한다. 한국어교육의 교육 목표도 한국어 의사소통 능력 증진에 있다. 인문치료 목표 중 하나는 소통을 통한 관계 회복이다. 그러나 인문치료에서는 기능주의적 소통 능력을 증진시키는 것을 목표로 하지 않는다. 그러므로 한국어교육에서 말하기, 듣기, 읽기, 쓰기가 평가의 대상이지만 인문치료에서는 평가를 배제한다. 말하기, 듣기, 읽기, 쓰기를 통해 타인을 이해하고 자신을 표현함으로 소통하는 것이다.

여성결혼이민자를 대상으로 글쓰기치료를 할 때, 내국인을 위한 글쓰기치료와는 달리 한국어 능력을 고려한 세심한 자료 선정이 있어야 한다. 이런 면에서 여성결혼이민자들을 위해 인문치료 텍스트를 선정할 때는 한국어교육에서의 등급별 어휘, 문장에 대한 고려가 필요하다. 여성결혼이민자를 대상으로 하는 글쓰기치료에서는 한국어교육에서의 자료보다는 등급이 낮은 자료를 활용해야 더 효율적이다. 또한 문어만을 표현 수단으로 하는 것이 아니라, 구어, 여성결혼이민자의 모국어, 그림, 몸짓(비언어) 등 표현 수단을 다양하게 활용해야 한다.

잃어버린 꿈을 슬퍼하는 것은 꿈에 대해 탐색하면서 내적으로 소통하는 것이다. 꿈을 잃어버린 것이 결혼, 이민 이전부터인지, 결혼, 이민으로 인한 것인지를 구분하는 것이 필요하다. 이문화 적응 단계, 결혼하게 된 경위, 개인적인 경험, 개인적인 발달 단계에서의 문제인지를 관찰해야 한다.

잃어버린 것에서 변화된 삶으로 나아가기 위해서는 잃어버린 대상에 대해 애도가 있어야 한다. 충분히 애도하지 않으면 잃어버린 것에서 분리가 잘 이뤄지지 않고 계속적으로 귀국에 대한 꿈을 꾸게 되거나 과거지향적인 태도를 취하게 된다. 이는 새로운 만남을 지연시키게 된다(페니베이커, 2007:16). 충분한 애도는 자신과의 의사소통에서 진행되며 대인 간의 의사소통을 통해 표현되는 과정을 거쳐 새로운 관계로 옮겨갈 수 있다. 인문치료 활동은 이러한 기회를 안전하게 제공할 수 있다.

4. 새로운 관계 맺기

여성결혼이민자들의 삶이 행복해지기 위해서는 한국 생활, 결혼 생활에 잘 적응해야 한다. 그러나 상실은 세상과 자신에 대한 이해를 교란시키고 의사와 아무 상관없이 일방적으로 변화를 강요한다(페니베이커, 2007:13). 잘 떠남은 시간에 떠밀려서 떠나는 것이 아니라 주체가 되어 떠나는 것이다. 그러기 위해서 상실을 탐색하고 충분히 슬퍼하고, 그리고 그 자리에서 일어나 새로운 곳으로 나아가야 한다. 여성결혼이민자들의 행복한 삶은 상실을 충분히 애도함으로써 결혼과 이민으로 인한 새로운 관계 맺기를 해야 하며 새로운 관계는 새로운 정체성을 부여하게 된다.

새로운 관계 맺기의 통로인 한국어는 여성결혼이민자들에게는 커다란 부담이면서 결혼, 이민의 삶의 적응도를 보여주는 기준이기도 하다.

1) 새로운 소통

다문화 소통에서 한국어가 지니는 의미는 매우 크다. 한국어 능력 향상과 한국 사회에 적응하는 것은 비례한다고 볼 수 있다.

> 한국말을 잘 하는 것만으로도 어느 정도 한국 생활을 잘 할 수 있을 것이라고 믿기 때문이다. (센위안 낫티나, 태국)

> 공부방에는 필리핀 친구가 있고 선생님이 계셔서 시간 가는 줄 모르고 공부하고 이야기 나누었습니다. 그러다보면 제가 주부라는 사실을 잊고 필리핀 시절로 돌아가는 것 같았습니다. 집으로 돌아갈 때는 배운 한국말을 써먹을 생각에 빨리 걷기도 했습니다. (아이비, 필리핀)

> 그렇게 오기로 열심히 한 한국어는 하면 할수록 재미가 나서 나는 남편이 사다주는 책들과 TV프로그램을 보고 있으면 스트레스가 다 풀릴 지경이었다. (사또 아까네, 일본)

다문화 상담에서는 내담자의 모국어를 통한 심리 상담을 주장한다. 물론 이민 초기 한국어를 사용하지 못하는 이민자를 대상으로 하는 경우, 급박하게 개입과 해결을 요하는 경우는 내담자의 모국어를 통한 심리 상담이 매우 필요하다. 그러나 내담자의 모국어가 한국에서 적응하면서 살아가는 데 초기의 상실을 슬퍼하게 하는 중간 대상의 역할을 할 수 있지만, 그 언어에서 떠나는 용기가 필요하다. 그 용기가 그를 내적으로 강하게 할 수 있고 새로운 관계를 맺게 하는 것이다. 그렇다고 모국어에서 떠난다는 것이 모국어를 부정하고, 사용하지 않는다는 것을 의미하는 것은 아니다. 오히려 본국의 언어를 더 적극적으로 활용할 방법을 찾는 것을 의미한다. 내담자의 모국어에서 떠난다는 것은 새로운 관계 맺기를 지연하고 있는 심리적인 부적응에서 떠나는 것을 의미한다. 그런 의미에서 한국어는 새로운 관계를 맺게 하는 첫 소통의 통로라고 할 수 있다.

2) 새로운 정체성

여성결혼이민자는 내국인이 보지 못하는 문화적인 특성을 관찰할 뿐만 아니라, 나아가서는 자신이 속한 사회의 문화를 새로운 눈으로 인지할 수 있는 이방인의 특수한 인지적인 위치를 지닌다(신인아, 2007:107). 사람들은 상대방 문화를 자신의 문화와 비교하고 자신의 문화를 다른 관점에서 보게 됨으로써 양쪽 문화를 훨씬 체계적으로, 그리고 심층적으로 이해하게 된다. 자신의 문화에 대한 거리두기이다. 이는 다른 문화에 대해서도 더 이상 지나치게 방어적인 태도를 취하지 않게 된다(신인아, 2007:111). 아래 인용문에서 지은이는 구체적인 사례 속에서 한국인과 일본인을 모두 이해하고 있다. 즉 포대기 밖으로 아기발이 나와 있을 때 한국인과 일본인이 엄마를 중심으로 보고 있느냐, 아기를 중심으로 보고 있느냐에 따른 차이로 두 나라를 객관적으로 비교하여 이해하고 있다.

> 조금 쌀쌀한 날씨에 아이를 포대기로 업고 외출했을 때에 포대기 밖으로 아기발이 나와 있으면 지나가는 사람마다 "아기엄마, 발이 나와 있어서 아기가 감기 걸려"라든가 "이런 날씨에 데리고 나가면 안 돼."등 타인이 아이를 걱정하며 말합니다. 옆에 사람이 있는지 없는지 상관없이 말합니다. 일본에서는 만약 발이 나와 있더라도 그것을 엄마가 모르는 것이 아니기 때문에 굳이 말하면 상처를 입힐 수도 있다는 생각에서 봐도 못 본 체 합니다. '추운 날에 아이를 데려 나오지 않으면 안 되는 일이 있으니까 어쩔 수 없이 아이를 데리고 나왔구나.'라고 생각해서 굳이 아무것도 말하지 않습니다. 한국과 일본에

서는 신경을 쓰는 법이 다릅니다. 그리고 보는 관점이 다른 것이라고 생각합니다. 아이를 중심으로 보고 있는지, 엄마를 중심으로 보고 있는지 말입니다.(이시카와 마수미, 일본)

이러한 예는 여성결혼이민자들의 글 속에서 많이 나타나는데, 이는 여성결혼이민자가 모국이나 한국에서 갖는 이방인의 특수한 인지적 위치에 따른 것이다. 이러한 새로운 인지는 여성결혼이민자의 정체성과도 연관이 있다.

여성결혼이민자들의 생활수기에서도 새롭게 자기의 정체성을 찾으려는 모습들이 확인된다. 대부분 두 나라의 경계에서 두 나라의 언어, 문화를 이어주는 '다리'와 같은 소통의 정체성을 갖는 것을 볼 수 있다. 아픈 자만이 성숙할 수 있다는 말처럼 소통의 아픔을 겪은 여성결혼이민자들은 소통의 정체성으로 성숙된 변화를 시도하기도 한다.

제게 작은 소원이 있다면, 역사적으로도 밀접한 이 두 나라, 한국과 터키에 서로를 알리고 배울 수 있는 '다리' 같은 사람이 되는 것입니다.(주예심, 터키)

5. 나오며

이 글은 여성결혼이민자들의 행복한 삶을 위한 인문치료 소통모델의 기초연구이다. 47편의 생활수기를 통해 그들의 부적응 사례를 파악하고, 결혼과 이민, 두 이동이 주는 상실의 문제들을 관계, 환경, 문화, 언어, 꿈의 상실로 유형화하였다. 그 상실의 유형에 따른 슬퍼하는 방법에 대해서도 생활수기를 참조하며 고찰해 보았다. 또한 잘 떠남을 통한 새로운 관계를 맺을 때, 소통의 통로로서의 한국어의 중요성과 여성결혼이민자들의 건강한 정체성의 변화로, 소통의 정체성을 확인할 수 있었다.

이 글에서는 여성결혼이민자들이 삶의 문제들을 해결해 나가는 과정 속에서 떠남-상실-애도-잘 떠남의 구조를 파악하였다. 이 구조를 인문치료 내적 의사소통의 한 모델로 할 수 있다. 단계별 한국어 능력을 고려한 텍스트 선정과 글쓰기치료와 미술치료 등의 기법을 활용한 세부적인 구상이 필요하고, 임상을 통해 보완되어야 한다.

※ 이 글은 필자의 논문 「Multicultural Communication from the View of Humanities Therapy」(*Journal of Humanities Therapy* Vol.1 (2010): 83-104)를 수정 · 보완한 것이다.

참고문헌

I. 문학과 치유적 기능

문학과 은유의 치유적 기능 및 활용 _ 이민용

김욱동. 『은유와 환유』. 민음사, 1999.
김춘경. 「동화의 치료적 은유법을 활용한 정서 · 행동장애아 교육의 치료교육적 접근 고찰」. 『정서 · 행동장애연구』, Vol. 19, No. 2(2003): 53-79.
도리스 브렛. 김인옥 (역). 『은유적 이야기치료―아동을 위한 스토리텔링기법』. 어문각, 2009.
박영순. 『한국어 은유 연구』. 고려대학교출판부, 2000.
양유성. 「상담에서 나타나는 은유의 이해와 사용」. 『교수 논문집』 Vol. 7(2003): 257-279.
이윤주 · 양정국 . 『밀턴 에릭슨 상담의 핵심 은유와 최면』. 학지사, 2007.
정기철. 『상징, 은유 그리고 이야기』. 문예출판사, 2002.
정성미. 「은유의 치료적 활용」, 『어문논집』 제42집(2009): 121-136.
존슨 레이코프. 노양진, 나익주 (역). 『삶으로서의 은유』. 박이정, 2008.
졸탄 쾨벡세스. 김동환 (역): 『은유와 문화의 만남. 보편성과 다양성』. 연세대학교 출판부, 2009.
졸탄 쾨벡세스. 김동환, 최영호 (역). 『은유와 감정: 언어, 문화, 몸의 통섭』. 동문선, 2009.
칼 심스. 『(해석의 영혼) 폴 리쾨르』. 도서출판 앨피, 2009.
Breuer, Josef / Freud, Sigmund. *Studies on Hysteria*, The Standard Edition of The Complete Psychological Works of Sigmund Freud, Translated from the German under the General Editionship of James Strachey, In Collaboration with Anna Freud, Volume

II(1893-1895), London : The Hogarth Press and The Institute of Psycho-Analysis 1957.

Fuhrmann, Manfred. *Aristoteles: Poetik.* Griechisch / Deutsch. Reclam, Stuttgart, 2. bibliogr. erg. Ausgabe, 2001.

Kövecses, Zotan. *Metaphor. A Practical Introduction.* Oxford: Oxford UP, 2002.[이정화, 우수정, 손수진, 이진희 (역). 『은유. 실용입문서』. 한국문화사, 2002.]

Ricoeur, Paul. *The rule of metaphor.* Toronto; Buffalo: Toronto UP, 1977.

Sieveke, Franz G. *Aristoteles, Rhetorik.* Fink, München, 1980.

프로이트의 정신분석학과 내러티브 인문치료 _ 이민용

김서영. 『프로이트의 환자들, 정신분석을 낳은 150가지 사례 이야기』. 프로네시스, 2010.

미산, 한자경 등. 『마음, 어떻게 움직이는가』. 운주사, 2009.

박찬부. 「내러티브의 위기와 전이의 문제」, 『영어영문학』 제40집(1994).

박찬부, 「정신분석학과 서사(narrative)의 문제」, 『비평과 이론』 제1집(1996).

시모어 채트먼. 한용환 (역). 『이야기와 담론』. 푸른사상, 2003.

이민용. 「불안공포 신경증과 이야기치료의 정신분석학적 근거」, 『뷔히너와 현대문학』 제38집(2012).

이민용. 「서사 담화와 스토리텔링 치료- 강박증치료 스토리텔링을 중심으로」, 『뷔히너와 현대문학』 제36집(2011).

이창재. 「병리적 정신현상의 원인론과 극복론: 사후작용」, 『철학과 현상학 연구』 제15집(2000).

정운채. 「리몬 케논의 서사이론과 문학치료학의 서사이론」. 『문학치료연구』 제18집(2011).

정운채. 「프랭스의 서사이론과 문학치료학의 서사이론」. 『문학치료연구』 제17집(2010).

패트릭 오닐. 이호 (역). 『담화의 허구』. 예림기획, 2004.

프로이트. 임진수 (역). 『정신분석의 탄생』. 열린책들, 2005.

H. 포터 애벗. 우찬제 외 (역). 『서사학 강의』. 문학과지성사, 2010.

Barthes, Roland. "An Introduction to Structual Analysis of Narrative." *New Literary History* VI(1975).

Breuer, Josef & Freud. *Sigmund. Studies on Hysteria*, The Standard Edition of The Complete Psychological Works of Sigmund Freud, Translated from the German under the General Editionship of James Strachey, In Collaboration with Anna Freud, Vol II(1893-1895), London: The Hogarth Press and The Institute of Psycho-Analysis 1957.

Brooks, Peter. *Psychoanalysis and Storytelling*. Oxford: Blackwell, 1994.

Brooks, Peter. *Reading for the Plot. Design and Intention in Narrative*. Cambridge: Harvard UP, 1992.

Chatman, Seymour. *Story and Discourse, Narrative Structure in Fiction and Film*. Ithaca. Cornell UP, 1978.

Freud, Sigmund. "Project for a scientific psychologie". *Pre-Psycho-Analytic Publications and Unpublished Drafts*. The Standard Edition of The Complete Psychological Works of Sigmund Freud, Translated from the German under the General Editionship of James Strachey, In Collaboration with Anna Freud, Vol I(1895), London: The Hogarth Press and The Institute of Psycho-Analysis 1966.

Spence, Donald P. *Narrative Truth and Historical Truth*. New York: W. W. Norton, 1982.

문학텍스트에서 찾는 '과학적' 이라는 말의 의미 _ 김익진

김익진. 「몰리에르의 스콜라적 사변의학에 대한 거부」. 『불어불문학연구』 66권(2006).

Gusdorf, G. *La Révolutin galiléenne*. Payot, 1967.

Lavisse, E. *Histoire de France*. Hachette, 1914.

Mandrou, R. *Des humanistes aux hommes de science*. Seuil, 1973.

Martin, H. J. *Livre, pouvoirs et société à Paris au XVIIème(1598-1701)*. Droz, Genève, 1969.

Mouy, P. *Le Développement de la physique cartésienne(1646-1712)*. Vrin, 1934.

d'Occagne, M. *Hommes et choses de science*. Vuibert, 1936.

Ornstein, M. *The Role of Scientific Societies in the seventeenth Century*. Chicago UP, 1928.

Rousseau, P. *Histoire de la science*. Fayard, 1945.

Sagnac Ph., et de Saint-Léger A. *La prépondérance française : Loui XIV(1661-1715)*. PUF, 1944

II. 치유적 관점에서 본 문학과 개인

글쓰기를 통한 늙음의 수용과 극복 _ 유건상

강원대학교 인문과학연구소. 『인문치료』. 강원대학교 출판부, 2009.

변학수. 「문학치료와 문학적 경험」. 『독어독문학』 10집(2006): 267-300.

변학수. 『문학치료』. 학지사, 2007.

신주철. 「시치료의 가능성 탐색을 위한 시론」. 『세계문학비교연구』 14권(2006): 47-68.

이봉희. 「시/문학치료와 문학수업, 그 만남의 가능성 모색」. 『한국문예비평연구』 20권 (2006): 103-128.
이창배. 『예이츠 시의 이해』. 문학과 지성사, 1987.
정운채. 『문학치료의 이론적 기초』. 문학과 치료, 2006.
Desalvo, Louise. *Writing as a Way of Healing*. Boston: Beacon Press, 1999.
Ellmann, Richard. *The Identity of Yeats*. London: Faber & Faber, 1983.
Ellmann. W. B. *Yeats's Second Puberty*. Washington: Library of Congress, 1985.
Fox, John. Poetic Medicine: *The Healing Art of Poem-Making*. New York: Penguin Putnam Inc., 1997.
Mazza, Nicolas. *Poetry Therapy: Theory and Practice*. New York and London: Routledge, 2003.
Pennebaker, James W. *Writing to Heal: A Guided Journal for Recovering From Trauma & Emotional Upheaval*. Oakland: New Harbinger Publications, Inc., 2004.
Reiter, Sherry. "Poetry Therapy: Testimony on Capitol Hill," *Journal of Poetry Therapy* Vol. 10-3(1997): 169-178.
Rousley, Joseph. *Yeats's Autobiography*. Cambridge: Harvard UP, 1968.
Unterecker, John. *A Reader's Guide to W. B. Yeats*. London: Thames and Hudson, 1982.
Yeats, W. B. *Mythologies*. London: Macmillan, 1962.

예이츠의 사랑시에 나타난 절망과 치유 _ 유건상

변학수. 「문학치료와 문학적 경험」. 『독어독문학』 10집(2006): 267-300.
이창배. 『예이츠 시의 이해』. 문학과 지성사, 1987.
Bolton, Gilie. "Every Poem Breaks a Silence That Had to Be Overcome:

The Therapeutic Power of Poetry Writing." *Feminist Review 62*(1999): 118-133.

Brady, Margery. *The Love Story of W. B. Yeats and Maud Gonne*. Cork: Mercier, 1990.

Eliot, T. S. *On Poetry and Poets*. Faber & Faber, 1956.

Heninger, O. E. "Poetry Therapy in Private Practice." *Poetry in the Therapeutic Experience*. Ed. A. Lerner. New York: Pergamon, 1978. 56-62.

Heninger. *Poetry Therapy in Private Practice: An Odyssey into the Healing Power of Poetry*. New York: Longman, 1994.

Hynes, A. M., & Hynes-Berry, M. *Biblio/Poetry Therapy: The Interactive Process-A Handbook*. 3rd ed. St. Cloud. MN: North Star, 2012.

Jeffares, A. Norman. *W. B. Yeats: Man and Poet*. 2nd ed. New York: Barnes, 1966.

NAPT homepage. www.poetrytherapy.org. "A Brief Overview of Poetry Therapy."

Reiter, Sherry. "Poetry Therapy: Testimony on Capitol Hill," *Journal of Poetry Therapy* Vol. 10-3(1997): 169-178.

Schauffler, Robert H. *The Poetry Cure: A Pocket Medicine Chest of Verse*. New York: Dodd, Mead, 1925.

White, A MacBride. & Jeffares, A. Norman. Eds. *The Gonne-Yeats Letters 1893-1938: Always Your Friend*. London: Norton, 1992.

Yeats. *Essays and Introductions*. London: Macmillan, 1985.

박완서의 『한 말씀만 하소서』에 나타난 애도와 치유언어의 특징 _ 정성미

김수이. 「우울증에 따른 자살 예방을 위한 한국문학 콘텐츠 구축의 필요성과 방안-최인훈 소설 『웃음소리』를 중심으로」. 『한국언어문화』 Vol. 42(2010a): 135-160.

김수이.「김수영 시에 나타난 우울증의 양상과 치유기제- 현대성을 기원으로 하는 우울증의 세 차원을 중심으로」.『한국시학연구』 28(2010b): 205-236.

김승희.「전후 시의 언술 특성 : 애도의 언어와 우울증의 언어」.『한국시학연구』 23(2008): 123-152.

김홍근.「발달적 애도를 통한 변형적 내면화 과정」.『신학과 실천』 Vol. 24 No. 2(2010): 109-142.

박완서 외.『우리시대의 소설가 박완서를 찾아서』. 웅진닷컴, 2002.

박완서.『꼴찌에게 보내는 갈채』. 세계사, 2003.

박완서.『한 말씀만 하소서』. 솔출판사, 1994.

베레나 카스트. 채기화 (역).『애도』. 궁리출판, 1982.

보리스 시럴니크. 임희근(역).『불행의 놀라운 치유력.』북하우스, 2006.

손광현.「발화행위의 기능적 이해(1)」.『언어학연구』 제4호(2000): 241-280.

유인순.「김유정의 우울증」.『현대소설연구』 35(2007): 121-138.

이규호.『말의 힘』. 제일출판사, 1993.

장선영.「‘햄릿’의 애도와 우울증 분석-프로이드와 라캉을 경유해서」.『세익스피어비평』 Vol. 44, No. 3(2008): 517-543.

정성미 외 12.『인문치료』. 강대출판부, 2010.

제임스 카래트&미첼 카래트 쉬오타. 민경환 외 (역).『정서심리학』. 시그마프레스, 2009.

제임스 페니베이커. 김종한 · 박광배 (역).『털어놓기와 건강』. 학지사, 2008.

쥴리아 크리스테바. 김인환 (역).『검은 태양 - 우울증과 멜랑콜리』. 동문선, 2004.

지그문트 프로이드. 윤희기 · 박찬부 (역).「슬픔과 우울증」,『정신분석학의 근본개념』. 열린책들, 1997. 239-268.

허버트 앤더슨 & 케네스 미첼. 김형준 · 윤혜원 (역).『상실과 슬픔의 치유』. 상담과 치유, 2005.

III. 문학과 사회적 치유

신화와 사회적 치유의 담론 _ 이민용

끌로드 레비-스트로스. 안정남 (역). 『야생의 사고』. KBS사업단, 1990.

나카자와 신이치. 김옥희 (역). 『신화, 인류 최고(最古)의 철학』. 동아시아, 2003.

미르치아 엘리아데. 이은봉 (역). 『성과 속』. 한길사, 1998.

이민용. 「현대과학의 눈으로 본 유럽신화」. 『브레히트와 현대연극』 제16집(2007).

이민용. 「서사와 서사학의 치유적 활용」, 『독일언어문학』 제47집(2010).

임한순. 「게르만어권의 신화와 민담--북유럽신화 『에다』와 그림동화를 중심으로」. 『인문논총』 특집 (2002).

제임스 조지 프레이저. 박규태 (역). 『황금가지』. 을유문화사, 2005.

제임스 조지 프레이저. 제임스 조지. 신상웅 (역). 『황금가지』. 동서문화사, 1979(2007).

진중권. 「황금가지」. 『인물과 사상』 Vol. 40(2001): 82-89.

Die Edda. Götterlieder, Heldenlieder und Spruchweisheiten der Germanen, vollständig bearbeitet und mit einem Nachwort versehen von Manfred Stange, Wiesbaden: marixverlag 2004.

Die Edda des Snorri Sturluson. Ausgewählt, übersetzt und kommentiert von Arnulf Krause, Stuttgart: Philipp Reclam jun. GmbH & Co 1997.

Frazer, James George. *The New Golden Bough*, Edited, and with Notes and Foreword by Dr. Theodoe H. Gaster, S. G. Phillips, Inc: Canada, 1964.

Crossley-Holland, Kevin (Ed). *The Norse Myths*. Random House, 1981.

Grimm, Jakob. *Deutsche Mythologie*. Coburg: K. W. Verlag O. J. Überarbeiteter Reprint der Originalausgabe von 1943.

Simek, Rudolf. *Lexikon der germanischen Mythologie*. Stuttgart: Alfred Kröner Verlag 1995.

Tetzner, Reiner. *Germanische Götter - und Heldensagen*. Philipp Reclam Jun. Verlag GmbH & Co. 1997 [성금숙(역). 『게르만 신화와 전설』. 범우사, 2002.]

'도가니 신드롬', 치유의 한 징후 _ 유강하

공지영(인터뷰). "공지영, 『도가니』 속에서 진정성을 찾다"(2009/7/7) http://www. dcnews.in / news _ list. php?code=book&id=555212

공지영. 『도가니』. 창비, 2011.

김경수. 「공지영 소설의 공적 상상력」. 『황해문화』 58(2008).

김현 · 김주연 엮음. 『문학이란 무엇인가』. 문학과지성사, 2005.

스테판 에셀. 임희근 (역). 『분노하라』. 돌베개, 2011.

조한상. 『공공성이란 무엇인가』. 책세상, 2009.

황동혁 감독. (영화) 〈도가니〉. 2011.

환상, 치유를 갈망하는 또 하나의 목소리 _ 유강하

[interview] 李鋭 · 蔣韻 · 水龙吟. 「著名作家李鋭 · 蔣韻夫婦搜狐聊天實錄」(2007年05月25日). http://book.sohu.com/20070525/n250220622_3.shtml, 2007.

A. C. 그레일링. 윤길순 (역). 『새 인문학 사전』. 웅진지식하우스, 2010.

김우창. 『자유와 인간적인 삶』. 생각의 나무, 2007.

李彦文. 「身份认同困境的寓言」. 『邯郸学院学报』 19-2(2009).

毛澤東. 문영찬 (역). 「인민 내부 모순을 정확히 처리하는 문제에 관하여」(1957년 2월 27일). 『노동사회과학』 3(2010).

아서 클라인만 외. 안종설 외 (역). 『사회적 고통』. 그린비, 2002.
王業霖. 이지은 (역). 『영혼을 훔친 황제의 금지문자』. 애플북스, 2010.
劉曉波. 김지은 (역). 『류샤오보, 중국을 말하다』. 지식갤러리, 2011.
李銳. 김택규 (역). 『사람의 세상에서 죽다』. 시작, 2010.
李銳. 『李銳散文』. 人民文學出版社, 2009.
李銳. 『人間』. 重慶出版社, 2007.
一然. 김원중 (역). 『삼국유사』. 민음사, 2007.
翟永明. 「試論李銳小說對人類存在困境的追問」. 『錦陽師範學院學報』 30-9(2011).
존 킹 페어뱅크. 중국사연구회 (역). 『新中國史』. 까치, 1994.
鍾祖康. 정우석 (역). 『다시는 중국인으로 태어나지 않겠다』. 포앤북, 2012.

IV. 문학 중심 인문치료의 실제

문학 창작을 통한 치유: 미래자서전 쓰기 _ 유강하

강원대학교 인문과학연구소. 『인문치료』. 강원대학교출판부, 2009.
강유원. 『인문 古典 강의』. 라티오, 2010.
공지영. 「글쓰기는 하나의 생을 덤으로 얹어준다」. 『나를 일깨우는 글쓰기』. 시아, 2009.
김석수. 「21세기 사회, '소통' 인문학의 길을 찾아」. 『서강인문논총』 23(2008).
김석수. 『한국 인문학의 자기성찰과 혁신』. 경제 · 인문사회연구회, 2008.
김예슬. (대자보)「오늘 나는 대학을 그만둔다. 아니 거부한다」(2010).
김예슬. 『김예슬 선언: 오늘 나는 대학을 그만둔다, 아니 거부한다』. 느린

걸음, 2010.
나은미. 「대학 글쓰기 교육에서 자서전과 자기소개서 쓰기 연계 교육 방안」. 『한국화법학회』 14(2009).
로제마리 마이어 델 올리보. 박여명 (역). 『나를 일깨우는 글쓰기』. 시아, 2009.
뤼시앵 보이아. 김웅권 (역). 『상상력의 세계사』. 동문선, 2000.
셰퍼드 코미나스. 임옥희 (역). 『치유의 글쓰기』. 홍익출판사, 2008.
손동현. 「인문교양교육의 의미와 과제」. 『인문과학』 37(2006).
얼 쇼리스. 고병헌 · 이병곤 · 임정아 (역). 『희망의 인문학』. 이매진, 2008.
유종호. 『문학이란 무엇인가』. 민음사, 2010.
장경렬 · 진형준 · 정재서 (편역). 『상상력이란 무엇인가』. 살림, 1997.

시 중심의 인문치료: 중년여성의 행복 찾기 _ 유건상

국립국어연구원. 『표준국어대사전』. 두산동아, 1999.
권두승 외. 『성인학습 및 상담』. 교육과학사, 2003.
김동연 외. 2006. 『HTP와 KHTP 심리진단법』. 동아문화사, 2006.
김재인 외. 『여성교육개론』. 교육과학사, 2001.
김종로. 「기획된 영화감상이 행복감 증진에 미치는 영향」. 『인문과학연구』 제25집(2010): 369-388.
김형태. 『집단상담 프로그램』. 글누리, 2007.
D. J. 레빈슨. 김애순(역). 『여자가 겪는 인생의 사계절』. 세종연구원, 1998.
Bradburn, N. M. *The Structure of Psychological Well-being*. Chicago: Aldine, 1969.
Leedy, Jack. J. *Poetry as Healer: Mending the Troubled Mind*. New York: Vanguard, 1985.
Levinson, Daniel. J. *The Seasons of a Man's Life*. New York: Knopf,

1978.
Riff, C. D. "Happiness is Everything, or is it? Explorations on the Meaning of Psychological Well-being." *Journal of Personality and Social Psychology*. 1989.

V. 언어 중심 인문치료의 실제

결혼이민자의 글쓰기를 통한 치유와 언어 분석 _ 정성미

로제마리 마이어 델 올리보. 박여명 (역). 『나를 일깨우는 글쓰기』. 시아, 2010.
박윤호. 「한일 여류 일기 문학의 자전적 성격」. 『일어교육』 제42집(2007): 127-149.
벌코 외 2. 이찬규 (역). 『언어 커뮤니케이션』, 한국문화사, 2003.
셰퍼드 코미나스. 임옥희 (역). 『치유의 글쓰기』. 홍익출판사, 2008.
에린 그루웰. 김태훈 (역). 『프리덤 라이터스 다이어리』. 랜덤하우스코리아, 2008.
원진숙. 「삶을 주제로 한 자기 표현적 쓰기 경험이 이주 여성의 자아 정체성 형성에 미치는 영향에 관한 한국어 쓰기 교육 사례 연구」. 『작문연구』제11집(2010): 137-164.
위니프레드 갤러거. 『몰입, 생각의 재발견』. 오늘의 책, 2010.
이경우 · 김경희. 『커뮤니케이션과 대인관계』. 보고사, 2006.
이봉희. 「저널쓰기: 새로운 일기쓰기」. 『새국어교육』 제77호(2007): 235-264.
정기철. 「글쓰기 능력 향상을 위한 자기표현 글쓰기 – '내 슬픔에 대해 글쓰기'를 중심으로」. 『한국언어문학』 제74집(2010.): 529-558.

정성미a. 「비탄의 기록에 나타난 언어의 특징-인문치료 소통모델 기초연구」. 『한국어문교육연구회 학술대회 발표집』. 2010.
정성미b. 「인문치료에서 바라본 다문화 소통」. 『인문치료 제2회 국제학술대회 발표집』. 강원대학교 인문한국인문치료사업단. 2010
정성미c. 「한국어교육에서 여성결혼이민자를 위한 글쓰기치료적 접근」. 『어문논집』 제45집(2010): 193-212.
정성미. 「여성결혼이민자의 치유의 글쓰기-인문치료사례연구」. 『다문화콘텐츠연구』 10집(2011): 75-116.
정성미 외 13. 「소통인문치료 원리와 방법」. 『인문치료의 이론과 원리』. (2011): 179-196.
정현숙. 「우리는 왜 문화간 커뮤니케이션을 알아야 하나」. 『한국인과 문화간 커뮤니케이션』. (2007): 31-44.
제임스 페니케이커. 김종한 · 박광배 역. 『털어놓기와 건강』. 학지사, 2008.
제임스 페니케이커. 이봉희 역. 『글쓰기치료』. 학지사, 2007.
채연숙. 『글쓰기치료 - 이론과 실제』. 경북대학교출판부, 2010.
캐서린 아담스. 강은주 · 이봉희 역. 『저널치료』. 학지사, 2006.
Candace Jesse Stout. 1993. "The Dialogue Journal: A Forum for Critical Consideration." *A Journal of Issues and Research* 35(1). 34-44.

여성결혼이민자의 상실과 애도 언어 _ 정성미

강원대학교 HK인문치료사업단. 『인문치료』. 네오뮤즈, 2008.
김상준. 『스피치 커뮤니케이션』. 역락, 2007.
김숙현외 6. 『한국인과 문화간 커뮤니케이션』. 커뮤니케이션북스, 2007
김태호 「현대 한국사회의 새로운 상담 방향 모색: 다문화적 접근을 중심으로」. 『다문화와 평화』. 제3집 2호(2009).
나단 그래저. 서종남, 최현미 (역). 『우리는 이제 모두 다문화인이다』. 미래를 소유한 사람들, 2009

마르틴 부버. 표재명 (역). 『나와 너』, 문예출판사, 1995.
벌코 외 2. 이찬규 (역). 『언어 커뮤니케이션』. 한국문화사, 2003.
법무부. 『사회통합프로그램 소양교육 기본교재』. 법무부, 2010.
베레나 카스트. 채기화 (역). 『애도』. 궁리출판, 1982
변학수. 『문학치료』. 학지사, 2007
유수연. 『문화간 의사소통의 이해』. 한국문화사, 2008
이경우 · 김경희. 『커뮤니케이션과 대인관계』. 보고사, 2006.
이창영 편. 『무지개를 타고 온 사람들』. 법무부 · 매일신문사, 2010.
임은희. 「여성결혼이민자의 정신건강 문제에 관한 시론적 연구」. 『한영논총12』(2008).
전종윤. 「대화철학과 대화주의」. 『해석학연구』 제25집(2009).
제임스 페니베이커. 이봉희 (역). 『글쓰기 치료』. 학지사, 2007
최일 · 김병석 · 안정희. 『다문화교육의 이론과 실제』. 학지사, 2009.
캐서린 아담스. 강은주 · 이봉희 (역). 『저널치료』. 학지사, 2006.
홍경자. 『의사소통의 심리학』. 학지사, 2008.

찾 / 아 / 보 / 기

ㅅ

ㅇ

ㅈ

저자소개

김익진

강원대학교 인문과학연구소 HK교수
고려대학교 불어불문학과 및 동대학원 졸업, 프랑스 파리 10대학 졸업(문학박사)
한국예술심리치료학회 이사, 한국발달장애학회 이사, 한국다문화가족학회 이사,
예술심리치료전문가, 발달장애심리진단전문가.
저서 : 『인문치료』(공저), 『인문치료의 이론과 원리』 (공저) 등
논문 : 「자활과 인문치료」, 「소통의 모델에 기초한 인문치료의 이론 모형」 등

유강하

강원대학교 인문과학연구소 HK연구교수
강원대학교 중어중문학과 졸업 및 연세대학교 대학원 졸업(문학박사)
강원도춘천교육지원청 어린이인문학교 전임교수
저서 : 『인문학, 아이들의 꿈집을 만들다』(공저), 『도상, 문명의 이동을 말하다』등
논문 : 「공자의 인문학 강의와 인간의 삶」, 「자유의 상실, 그 고통에 대하여」 등

유건상

강원대학교 인문과학연구소 HK연구교수
강원대학교 영어영문학과 및 동대학원 졸업(문학박사)
한국통합문학치료학회 이사, 전문문학치료사, 미술치료사, 예술심리치료전문가
저서 : 『인문치료』(공저), 『인문치료, 어떻게 할 것인가』(공저) 등
논문 : 「시치료로 본 『A.H.H.를 추모하며』」, 「중도장애환자의 자아존중감과 소통 증진을 위한 인문치료 사례」 등

이민용
강원대학교 인문과학연구소 HK교수
서울대학교 독어독문학과 졸업 및 동 대학원 졸업(문학박사)
한국독서치료학회 이사, 한국시치료학회 이사, 한국군상담학회 이사
전문문학치료사, 독서치료전문가, 예술심리치료전문가
저서 : 『인문치료』(공저), 『인문치료학의 모색』(공저) 등
논문 : 「인문치료와 이야기치료」, 「스토리텔링 치료의 치료 요인과 그 적용」 등

정성미
강원대학교 인문과학연구소 HK교수
강원대학교 국어국문학과 및 동대학원 졸업(문학박사)
한국통합문학치료학회 이사, 강원서부하나센터 부소장
전문문학치료사, 다문화사회전문가, 국제공인 NLP Practitioner
저서 : 『인문치료』(공저), 『인문치료의 이론과 원리』(공저) 등
논문 : 「감성과 인문치료의 언어, 은유」, 「여성결혼이민자의 치유적 글쓰기를 활용한 인문치료 사례 연구」 등

인문치료와 문학, 그리고 언어

저　자 : 김익진, 유강하, 유건상, 이민용, 정선미
펴낸이 : 신승호(辛承昊)
펴낸곳 : 강원대학교 출판부
200-701 춘천시 강원대학길1(효자2동 192-1)
☎ (033) 250-7171 / FAX 259-5716
등　록 : 춘천시 제28호
발행일 : 2013년 5 월 22 일 초판

ISBN 978-89-7157-331-0　　정가 15,000원